ŒUVRES COMPLÈTES
DE
Alfred de Vigny

I

CINQ-MARS

OU

UNE CONJURATION SOUS LOUIS XIII

I

PARIS

ALPHONSE LEMERRE, ÉDITEUR

27-31, PASSAGE CHOISEUL, 27-31

—

M DCCC LXXXIII

ŒUVRES COMPLÈTES

DE

Alfred de Vigny

IL A ÉTÉ TIRÉ DE CET OUVRAGE

25 exemplaires sur papier de Chine.
25 — sur papier de Hollande.
5 — sur papier Whatman.

*Tous ces exemplaires sont numérotés et paraphés
par l'Éditeur.*

ŒUVRES COMPLÈTES
DE
Alfred de Vigny

CINQ-MARS

OU

UNE CONJURATION SOUS LOUIS XIII

I

PARIS
ALPHONSE LEMERRE, ÉDITEUR
27-31, PASSAGE CHOISEUL, 27-31

M D CCC LXXXIII

Cinq-Mars

Le Roi était tacitement le chef de cette conjuration. Le grand-écuyer Cinq-Mars en était l'âme; le nom dont on se servait était celui du duc d'Orléans, frère unique du Roi, et leur conseil était le duc de Bouillon... La Reine sut l'entreprise et les noms des conjurés...

Mémoires sur Anne d'Autriche,
par Mme DE MOTTEVILLE.

Qui trompe-t-on donc ici?
Barbier de Séville.

RÉFLEXIONS

SUR

LA VÉRITÉ DANS L'ART

'ÉTUDE du destin général des sociétés n'est pas moins nécessaire aujourd'hui dans les écrits que l'analyse du cœur humain. Nous sommes dans un temps où l'on veut tout connaître et où l'on cherche la source de tous les fleuves. La France surtout aime à la fois l'Histoire et le Drame, parce que l'une retrace les vastes destinées de l'HUMANITÉ, et l'autre le sort particulier de l'HOMME. C'est là toute la vie. Or, ce n'est qu'à la Religion, à la Philosophie, à la Poésie pure, qu'il appartient

d'aller plus loin que la vie, au delà des temps, jusqu'à l'éternité.

*Dans ces dernières années (et c'est peut-être une suite de nos mouvements politiques), l'Art s'est empreint d'histoire plus fortement que jamais. Nous avons tous les yeux attachés sur nos Chroniques, comme si, parvenus à la virilité en marchant vers de plus grandes choses, nous nous arrêtions un moment pour nous rendre compte de notre jeunesse et de ses erreurs. Il a donc fallu doubler l'*INTÉRÊT *en y ajoutant le* SOUVENIR.

Comme la France allait plus loin que les autres nations dans cet amour des faits et que j'avais choisi une époque récente et connue, je crus aussi ne pas devoir imiter les étrangers, qui, dans leurs tableaux, montrent à peine à l'horizon les hommes dominants de leur histoire; je plaçai les nôtres sur le devant de la scène, je les fis principaux acteurs de cette tragédie dans laquelle j'avais dessein de peindre les trois sortes d'ambition qui nous peuvent remuer, et, à côté d'elles, la beauté du sacrifice de soi-même à une généreuse pensée. Un traité sur la chute de la féodalité, sur la position extérieure et intérieure de la France au dix-septième siècle, sur la question des alliances avec les armes étrangères, sur la justice aux mains des parlements ou des commissions secrètes et sur les accusations de sorcellerie, n'eût pas été lu peut-être ; le roman le fut.

Je n'ai point dessein de défendre ce dernier système de composition plus historique, convaincu que le germe de la grandeur d'une œuvre est dans l'ensemble des idées et des sentiments d'un homme, et non pas dans le genre qui leur sert de forme. Le choix de telle époque nécessitera cette MANIÈRE, *telle autre la devra repousser ; ce sont là des secrets du travail de la pensée qu'il n'importe point de faire connaître. A quoi bon qu'une théorie nous apprenne pourquoi nous sommes charmés ? Nous entendons les sons de la harpe ; mais sa forme élégante nous cache les ressorts de fer. Cependant, puisqu'il m'est prouvé que ce livre a en lui quelque vitalité*[1], *je ne puis m'empêcher de jeter ici ces réflexions sur la liberté que doit avoir l'imagination d'enlacer dans ses nœuds formateurs toutes les figures principales d'un siècle, et, pour donner plus d'ensemble à leurs actions, de faire céder parfois la réalité des faits à* l'IDÉE *que*

---

1. Treize éditions réelles de formats divers et des traductions dans toutes les langues peuvent en être la preuve.

(Note de l'ÉDITEUR.)

chacun d'eux doit représenter aux yeux de la postérité ; enfin sur la différence que je vois entre la VÉRITÉ de l'Art et le VRAI du Fait.

De même que l'on descend dans sa conscience pour juger des actions qui sont douteuses pour l'esprit, ne pourrions-nous pas aussi chercher en nous-mêmes le sentiment primitif qui donne naissance aux formes de la pensée, toujours indécises et flottantes ? Nous trouverions dans notre cœur plein de trouble, où rien n'est d'accord, deux besoins qui semblent opposés, mais qui se confondent, à mon sens, dans une source commune : l'un est l'amour du VRAI, l'autre l'amour du FABULEUX. Le jour où l'homme a raconté sa vie à l'homme, l'Histoire est née. Mais à quoi bon la mémoire des faits véritables, si ce n'est à servir d'exemple de bien ou de mal ? Or les exemples que présente la succession lente des événements sont épars et incomplets ; il leur manque toujours un enchaînement palpable et visible, qui puisse amener sans divergence à une conclusion morale ; les actes de la famille humaine sur le théâtre du monde ont sans doute un ensemble, mais le sens de cette vaste tragédie qu'elle y joue ne sera visible qu'à l'œil de Dieu, jusqu'au dénoûment qui le révélera peut-être au dernier homme. Toutes les philosophies se sont en vain épuisées à l'expliquer, roulant sans cesse leur rocher, qui n'arrive jamais et retombe sur elles; chacune élevant son frêle édifice sur la ruine des autres et le voyant crouler à son tour. Il me semble donc que l'homme, après avoir satisfait à cette première curiosité des faits, désira quelque chose de plus complet, quelque groupe, quelque réduction à sa portée et à son usage des anneaux de cette vaste chaîne d'événements que sa vue ne pouvait embrasser; car il voulait aussi trouver, dans les récits, des exemples qui pussent servir aux vérités morales dont il avait la conscience; peu de destinées particulières suffisaient à ce désir, n'étant que les parties incomplètes du TOUT insaisissable de l'histoire du monde; l'une était pour ainsi dire un quart, l'autre une moitié de preuve; l'imagination fit le reste et les compléta. De là, sans doute, sortit la fable. — L'homme la créa vraie, parce qu'il ne lui est pas donné de voir autre chose que lui-même et la nature qui l'entoure; mais il la créa VRAIE d'une VÉRITÉ toute particulière.

Cette VÉRITÉ toute belle, tout intellectuelle, que je sens, que je vois et voudrais définir, dont j'ose ici distinguer le nom de celui du VRAI, pour me mieux faire entendre, est comme l'âme de tous les arts. C'est un choix du signe caractéristique dans toutes les beautés et toutes les grandeurs du VRAI visible ; mais ce n'est pas lui-même, c'est mieux que lui ; c'est un ensemble idéal de ses principales formes, une teinte lumineuse qui comprend ses plus vives couleurs, un baume enivrant de ses parfums les plus purs, un élixir délicieux de ses sucs les meilleurs, une harmonie parfaite de ses sons les plus mélodieux ; enfin c'est une somme complète de toutes ses valeurs. A cette seule VÉRITÉ doivent prétendre les œuvres de l'Art qui sont une représentation morale de la vie, les œuvres dramatiques. Pour l'atteindre, il faut sans doute commencer par connaître tout le VRAI de chaque siècle, être imbu profondément de son ensemble et de ses détails ; ce n'est là qu'un pauvre mérite d'attention, de patience et de mémoire ; mais ensuite il faut choisir et grouper autour d'un centre inventé : c'est là l'œuvre de l'imagination et de ce grand BON SENS qui est le génie lui-même.

A quoi bon les Arts, s'ils n'étaient que le redoublement et la contre-épreuve de l'existence ? Eh ! bon Dieu, nous ne voyons que trop autour de nous la triste et désenchanteresse réalité : la tiédeur insupportable des demi-caractères, des ébauches de vertus et de vices, des amours irrésolus, des haines mitigées, des amitiés tremblotantes, des doctrines variables, des fidélités qui ont leur hausse et leur baisse, des opinions qui s'évaporent; laissez-nous rêver que parfois ont paru des hommes plus forts et plus grands, qui furent des bons ou des méchants plus résolus; cela fait du bien. Si la pâleur de votre VRAI nous poursuit dans l'Art, nous fermerons ensemble le théâtre et le livre pour ne pas le rencontrer deux fois. Ce que l'on veut des œuvres qui font mouvoir des fantômes d'hommes, c'est, je le répète, le spectacle philosophique de l'homme profondément travaillé par les passions de son caractère et de son temps; c'est donc la VÉRITÉ de cet homme et de ce TEMPS, mais tous deux élevés à une puissance supérieure et idéale qui en concentre toutes les forces. On la reconnaît, cette VÉRITÉ, dans les œuvres de la pensée, comme l'on se récrie sur la ressemblance d'un portrait dont on n'a jamais vu l'original; car un beau talent peint la vie plus encore que le vivant.

Pour achever de dissiper sur ce point les scrupules de quelques consciences littérairement timorées que j'ai vues saisies d'un trouble tout particulier en considérant la hardiesse avec laquelle l'imagination se jouait des personnages les plus graves qui aient jamais eu vie, je me hasarderai jusqu'à avancer que, non dans son entier, je ne l'oserais dire, mais dans beaucoup de ses pages, et qui ne sont peut-être pas les moins belles, L'HISTOIRE EST UN ROMAN DONT LE PEUPLE EST L'AUTEUR. — L'esprit humain ne me semble se soucier du VRAI que dans le caractère général d'une époque ; ce qui lui importe surtout, c'est la masse des événements et les grands pas de l'humanité qui emportent les individus ; mais, indifférent sur les détails, il les aime moins réels que beaux, ou plutôt grands et complets.

Examinez de près l'origine de certaines actions, de certains cris héroïques qui s'enfantent on ne sait comment : vous les verrez sortir tout faits des ON DIT et des murmures de la foule, sans avoir en eux-mêmes autre chose qu'une ombre de vérité ; et pourtant ils demeureront historiques à jamais. — Comme par plaisir et pour se jouer de la postérité, la voix publique invente des mots sublimes pour les prêter, de leur vivant même et sous leurs yeux, à des personnages qui, tout confus, s'en excusent de leur mieux comme ne méritant pas tant de gloire [1] et ne pouvant porter si haute

---

1. De nos jours un général russe n'a-t-il pas renié l'in-

renommée. N'importe, on n'admet point leurs réclamations ; qu'ils les crient, qu'ils les écrivent, quils les publient, qu'ils les signent, on ne veut pas les écouter, leurs paroles sont sculptées dans le bronze, les pauvres gens demeurent historiques et sublimes malgré eux. Et je ne vois pas que tout cela se soit fait seulement dans les âges de barbarie ; cela se passe à présent encore, et accommode l'Histoire de la veille au gré de l'opinion générale, muse tyrannique et capricieuse qui conserve l'ensemble et se joue du détail. Eh ! qui de vous n'a assisté à ses transformations ? Ne voyez-vous pas de vos yeux la chrysalide du FAIT *prendre par degré les ailes de la* FICTION ? — *Formé à demi par les nécessités du temps, un* FAIT *est enfoui*

cendie de Moscou, que nous avons fait tout romain, et qui demeurera tel ? Un général français n'a-t-il pas nié le mot du champ de bataille de Waterloo qui l'immortalisera ? Et si le respect d'un évènement sacré ne me retenait, je rappellerais qu'un prêtre a cru devoir désavouer publiquement un mot sublime qui restera comme le plus beau qui ait été prononcé sur un échafaud : Fils de saint Louis, montez au ciel ! Lorsque je connus tout dernièrement son auteur véritable, je m'affligeai tout d'abord de la perte de mon illusion, mais bientôt je fus consolé par une idée qui honore l'humanité à mes yeux. Il me semble que la France a consacré ce mot, parce qu'elle a éprouvé le besoin de se réconcilier avec elle-même, de s'étourdir sur son énorme égarement, et de croire qu'alors il se trouva un honnête homme qui osa parler haut.

*tout obscur et embarrassé, tout naïf, tout rude, quelquefois mal construit, comme un bloc de marbre non dégrossi; les premiers qui le déterrent et le prennent en main le voudraient autrement tourné, et le passent à d'autres mains déjà un peu arrondi; d'autres le polissent en le faisant circuler; en moins de rien il arrive au grand jour transformé en statue impérissable. Nous nous récrions; les témoins oculaires et auriculaires entassent réfutations sur explications; les savants fouillent, feuillettent et écrivent; on ne les écoute pas plus que les humbles héros qui se renient; le torrent coule et emporte le tout sous la forme qu'il lui a plu de donner à ces actions individuelles. Qu'a-t-il fallu pour toute cette œuvre ? Un rien, un mot; quelquefois le caprice d'un journaliste désœuvré ? Et y perdons-nous ? Non. Le fait adopté est toujours mieux composé que le vrai, et n'est même adopté que parce qu'il est plus beau que lui; c'est que l'*HUMANITÉ ENTIÈRE *a besoin que ses destinées soient pour elle-même une suite de leçons; plus indifférente qu'on ne pense sur la* RÉALITÉ DES FAITS, *elle cherche à perfectionner l'événement pour lui donner une grande signification morale; sentant bien que la succession des scènes qu'elle joue sur la terre n'est pas une comédie, et que,* *puisqu'elle avance, elle marche à un but dont il faut chercher l'explication au delà de ce qui se voit.*

Quant à moi, j'avoue que je sais bon gré à la voix publique d'en agir ainsi, car souvent sur la plus belle vie se trouvent des taches bizarres et des défauts d'accord qui me font peine lorsque je les aperçois. Si un homme me paraît un modèle parfait d'une grande et noble faculté de l'âme, et que l'on vienne m'apprendre quelque ignoble trait qui le défigure, je m'en attriste, sans le connaître, comme d'un malheur qui me serait personnel, et je voudrais presque qu'il fût mort avant l'altération de son caractère.

Aussi, lorsque la MUSE *(et j'appelle ainsi l'Art tout entier, tout ce qui est du domaine de l'imagination, à peu près comme les anciens nommaient* MUSIQUE *l'éducation entière), lorsque la* MUSE *vient raconter, dans ses formes passionnées, les aventures d'un personnage que je sais avoir vécu, et qu'elle recompose ses événements, selon la plus grande idée de vice ou de vertu que l'on puisse concevoir de lui, réparant les vides, voilant les disparates de sa vie et lui rendant cette unité parfaite de conduite que nous aimons à voir représentée même dans le mal; si elle conserve d'ailleurs la chose essentielle à l'instruction du monde, le* génie de l'époque, je ne sais pourquoi l'on serait plus difficile avec elle qu'avec cette voix des peuples qui fait subir chaque jour à chaque fait de si grandes mutations.

Cette liberté, les anciens la portaient dans l'histoire même ; ils n'y voulaient voir que la marche générale et le large mouvement des sociétés et des nations, et, sur ces grands fleuves déroulés dans un cours bien distinct et bien pur, ils jetaient quelques figures colossales, symboles d'un grand caractère et d'une haute pensée. On pourrait presque calculer géométriquement que, soumise à la double composition de l'opinion et de l'écrivain, leur histoire nous arrive de troisième main et éloignée de deux degrés de la vérité du fait.

C'est qu'à leurs yeux l'Histoire était aussi une œuvre de l'Art ; et, pour avoir méconnu que c'est là sa nature, le monde chrétien tout entier a encore à désirer un monument historique pareil à ceux qui dominent l'ancien monde et consacrent la mémoire de ses destinées, comme ses pyramides, ses obélisques, ses pylônes et ses portiques dominent encore la terre qui lui fut connue, et y consacrent la grandeur antique.

Si donc nous trouvions partout les traces de ce penchant à déserter le POSITIF, pour apporter l'IDÉAL jusque dans les annales, je crois qu'à plus forte raison l'on doit s'abandonner à une grande indifférence de la réalité historique pour juger les œuvres dramatiques, poèmes, romans ou tragédies, qu'empruntent à l'histoire des personnages mémorables. L'ART ne doit jamais être considéré que dans ses rapports avec sa BEAUTÉ IDÉALE. Il faut le dire, ce qu'il y a de VRAI n'est que secondaire; c'est seulement une illusion de plus dont il s'embellit, un de nos penchants qu'il caresse. Il pourrait s'en passer, car la VÉRITÉ dont il doit se nourrir est la vérité d'observation sur la nature humaine, et non l'authenticité du fait. *Les noms des personnages ne font rien à la chose.*

L'Idée est tout. Le nom propre n'est rien que l'exemple et la preuve de l'idée.

Tant mieux pour la mémoire de ceux que l'on choisit pour représenter des idées philosophiques ou morales; mais, encore une fois, la question n'est pas là : l'imagination fait d'aussi belles choses sans eux ; elle est une puissance toute créatrice ; les êtres fabuleux qu'elle anime sont doués de vie autant que les êtres réels qu'elle ranime. Nous croyons à Othello comme à Richard III, dont le monument est à Westminster ; à Lovelace et à Clarisse autant qu'à Paul et Virginie, dont les tombes sont *à l'Ile de France. C'est du même œil qu'il faut voir jouer ces personnages et ne demander à la* MUSE *que sa* VÉRITÉ *plus belle que le* VRAI; *soit que, rassemblant les traits d'un* CARACTÈRE *épars dans mille individus complets, elle en compose un* TYPE *dont le nom seul est imaginaire ; soit qu'elle aille choisir sous leur tombe et toucher de sa chaîne galvanique les morts dont on sait de grandes choses, les force à se lever encore et les traîne, tout éblouis, au grand jour, où dans le cercle qu'a tracé cette fée ils reprennent à regret leurs passions d'autrefois et recommencent par-devant leurs neveux le triste drame de la vie.*

Écrit en 1827.

CINQ-MARS

CINQ-MARS

CHAPITRE PREMIER

LES ADIEUX

> Fare thee well, and if for ever,
> Still for ever fare thee well.
> LORD BYRON.

> Adieu ! et si c'est pour toujours,
> pour toujours encore adieu...

ONNAISSEZ-VOUS cette contrée que l'on a surnommée le jardin de la France, ce pays où l'on respire un air si pur dans les plaines verdoyantes arrosées par un grand fleuve ? Si vous avez traversé, dans les mois

d'été, la belle Touraine, vous aurez longtemps
suivi la Loire paisible avec enchantement, vous
aurez regretté de ne pouvoir déterminer, entre
les deux rives, celle où vous choisirez votre
demeure, pour y oublier les hommes auprès
d'un être aimé. Lorsque l'on accompagne le flot
jaune et lent du beau fleuve, on ne cesse de
perdre ses regards dans les riants détails de la
rive droite. Des vallons peuplés de jolies maisons blanches qu'entourent des bosquets, des
coteaux jaunis par les vignes ou blanchis par
les fleurs du cerisier, de vieux murs couverts
de chèvrefeuilles naissants, des jardins de roses
d'où sort tout à coup une tour élancée, tout
rappelle la fécondité de la terre ou l'ancienneté
de ses monuments, et tout intéresse dans les
œuvres de ses habitants industrieux. Rien ne
leur a été inutile : il semble que, dans leur
amour d'une aussi belle patrie, seule province
de France que n'occupa jamais l'étranger, ils
n'aient pas voulu perdre le moindre espace de
son terrain, le plus léger grain de son sable.
Vous croyez que cette vieille tour démolie n'est
habitée que par des oiseaux hideux de la nuit?
Non. Au bruit de vos chevaux, la tête riante
d'une jeune fille sort du lierre poudreux, blanchi
sous la poussière de la grande route ; si vous
gravissez un coteau hérissé de raisins, une petite fumée vous avertit tout à coup qu'une

cheminée est à vos pieds ; c'est que le rocher même est habité, et que des familles de vignerons respirent dans ses profonds souterrains, abritées dans la nuit par la terre nourricière qu'elles cultivent laborieusement pendant le jour. Les bons Tourangeaux sont simples comme leur vie, doux comme l'air qu'ils respirent, et forts comme le sol puissant qu'ils fertilisent. On ne voit sur leurs traits bruns ni la froide immobilité du Nord, ni la vivacité grimacière du Midi ; leur visage a, comme leur caractère, quelque chose de la candeur du vrai peuple de saint Louis ; leurs cheveux châtains sont encore longs et arrondis autour des oreilles comme les statues de pierre de nos vieux rois ; leur langage est le plus pur français, sans lenteur, sans vitesse, sans accent ; le berceau de la langue est là, près du berceau de la monarchie.

Mais la rive gauche de la Loire se montre plus sérieuse dans ses aspects : ici, c'est Chambord que l'on aperçoit de loin, et qui, avec ses dômes bleus et ses petites coupoles, ressemble à une grande ville de l'Orient ; là, c'est Chanteloup, suspendant au milieu de l'air son élégante pagode. Non loin de ces palais un bâtiment plus simple attire les yeux du voyageur par sa position magnifique et sa masse imposante : c'est le château de Chaumont. Construit sur la colline la plus élevée du rivage de la

Loire, il encadre ce large sommet avec ses hautes murailles et ses énormes tours ; de longs clochers d'ardoise les élèvent aux yeux, et donnent à l'édifice cet air de couvent, cette forme religieuse de tous nos vieux châteaux, qui imprime un caractère plus grave aux paysages de la plupart de nos provinces. Des arbres noirs et touffus entourent de tous côtés cet ancien manoir, et de loin ressemblent à ces plumes qui environnaient le chapeau du roi Henri ; un joli village s'étend au pied du mont, sur le bord de la rivière, et l'on dirait que ses maisons blanches sortent du sable doré ; il est lié au château qui le protège par un étroit sentier qui circule dans le rocher ; une chapelle est au milieu de la colline ; les seigneurs descendaient et les villageois montaient à son autel : terrain d'égalité, placé comme une ville neutre entre la misère et la grandeur, qui se sont trop souvent fait la guerre.

Ce fut là que, dans une matinée du mois de juin 1639, la cloche du château ayant sonné à midi, selon l'usage, le dîner de la famille qui l'habitait, il se passa dans cette antique demeure des choses qui n'étaient pas habituelles. Les nombreux domestiques remarquèrent qu'en disant la prière du matin à toute la maison assemblée, la maréchale d'Effiat avait parlé d'une voix moins assurée et les larmes dans les yeux, qu'elle avait paru vêtue d'un deuil plus austère que de coutume. Les gens de la maison et les Italiens de la duchesse de Mantoue, qui s'était alors retirée momentanément à Chaumont, virent avec surprise des préparatifs de départ se faire tout à coup. Le vieux domestique du maréchal d'Effiat, mort depuis six mois, avait repris ses bottes, qu'il avait juré précédemment d'abandonner pour toujours. Ce brave homme, nommé Grandchamp, avait suivi partout le chef de la famille dans les guerres et dans ses travaux de finance ; il avait été son écuyer dans les unes et son secrétaire dans les autres ; il était revenu d'Allemagne depuis peu de temps, apprendre à la mère et aux enfants les détails de la mort du maréchal, dont il avait reçu les derniers soupirs à Luzzelstein ; c'était un de ces fidèles serviteurs dont les modèles sont devenus trop rares en France, qui souffrent des malheurs de la famille et se réjouissent de ses joies, désirent qu'il se forme des mariages pour avoir à élever de jeunes maîtres, grondent les enfants et quelquefois les pères, s'exposent à la mort pour eux, les servent sans gages dans les révolutions, travaillent pour les nourrir, et, dans les temps prospères, les suivent et disent : « Voilà nos vignes » en revenant au château. Il avait une figure sévère très remarquable, un teint fort cuivré, des cheveux gris argentés et dont quelques mèches, encore noires comme ses sourcils épais, lui donnaient un air dur au premier aspect; mais un regard pacifique adoucissait cette première impression. Cependant le son de sa voix était rude. Il s'occupait beaucoup ce jour-là de hâter le dîner, et commandait à tous les gens du château vêtus de noir comme lui.

— « Allons, disait-il, dépêchez-vous de servir pendant que Germain, Louis et Étienne vont seller leurs chevaux ; M. Henri et nous, il faut que nous soyons loin d'ici à huit heures du soir. Et vous, messieurs les Italiens, avez-vous averti votre jeune princesse ? Je gage qu'elle est allée lire avec ses dames au bout du parc ou sur les bords de l'eau. Elle arrive toujours après le premier service, pour faire lever tout le monde de table.

— Ah! mon cher Grandchamp, dit à voix basse une jeune femme de chambre qui passait et s'arrêta, ne faites pas songer à la duchesse ; elle est bien triste, et je crois qu'elle restera dans son appartement. *Sancta Maria !* je vous plains de voyager aujourd'hui, partir un vendredi, le 13 du mois, et le jour de saint Gervais et saint Protais, le jour des deux martyrs. J'ai dit mon chapelet toute la matinée pour M. de Cinq-Mars ; mais en vérité je n'ai pu m'empêcher de songer à tout ce que je vous dis ; ma maîtresse y pense aussi bien que moi, toute grande dame qu'elle est ; ainsi n'ayez pas l'air d'en rire. »

En disant cela, la jeune Italienne se glissa comme un oiseau à travers la grande salle à manger, et disparut dans un corridor, effrayée de voir ouvrir les doubles battants des grandes portes du salon.

Grandchamp s'était à peine aperçu de ce qu'elle avait dit, et semblait ne s'occuper que des apprêts du dîner ; il remplissait les devoirs importants de maître d'hôtel, et jetait le regard le plus sévère sur les domestiques, pour voir s'ils étaient tous à leur poste, se plaçant lui-même derrière la chaise du fils aîné de la maison, lorsque tous les habitants du château entrèrent successivement dans la salle : onze personnes, hommes et femmes, se placèrent à table. La maréchale avait passé la dernière, donnant le bras à un beau vieillard vêtu magnifiquement, qu'elle fit placer à sa gauche. Elle s'assit dans un grand fauteuil doré, au milieu de la table, dont la forme était un carré long. Un autre siège un peu plus orné était à sa droite, mais il resta vide. Le jeune marquis d'Effiat, placé en face de sa mère, devait l'aider à faire les honneurs ; il n'avait pas plus de vingt ans, et son visage était assez insignifiant ; beaucoup de gravité et des manières distinguées annonçaient pourtant un naturel sociable, mais rien de plus. Sa jeune sœur de quatorze ans, deux gentilshommes de la province, trois jeunes seigneurs italiens de la suite de Marie de Gonzague (duchesse de Mantoue), une demoiselle de compagnie, gouvernante de la jeune fille du maréchal, et un abbé du voisinage, vieux et fort sourd, composaient l'assemblée. Une place à gauche du fils aîné restait vacante encore.

La maréchale, avant de s'asseoir, fit le signe de la croix et dit le *Benedicite* à haute voix : tout le monde y répondit en faisant le signe entier, ou sur la poitrine seulement. Cet usage s'est conservé en France dans beaucoup de familles jusqu'à la révolution de 1789 ; quelques-unes l'ont encore, mais plus en province qu'à Paris, et non sans quelque embarras et quelque phrase préliminaire sur le bon temps, accompagnés d'un sourire d'excuse, quand il se présente un étranger : car il est trop vrai que le bien a aussi sa rougeur.

La maréchale était une femme d'une taille imposante, dont les yeux grands et bleus étaient d'une beauté remarquable. Elle ne paraissait pas encore avoir atteint quarante-cinq ans ; mais, abattue par le chagrin, elle marchait avec lenteur et ne parlait qu'avec peine, fermant les yeux et laissant tomber sa tête sur sa poitrine pendant un moment, lorsqu'elle avait été forcée d'élever la voix. Alors sa main appuyée sur son sein montrait qu'elle y ressentait une vive douleur. Aussi vit-elle avec satisfaction que le personnage placé à gauche, s'emparant, sans en être prié par personne, du dé de la conversation, le tint avec un sang-froid imperturbable pendant tout le repas. C'était le vieux maréchal de Bassompierre ; il avait conservé sous ses cheveux blancs un air de vivacité et de jeunesse fort étrange à voir ; ses manières nobles et polies avaient quelque chose d'une galanterie surannée comme son costume, car il portait une fraise à la Henri IV et les manches tailladées à la manière du dernier règne, ridicule impardonnable aux yeux des *beaux* de la cour. Cela ne nous paraît pas plus singulier qu'autre chose à présent ; mais il est convenu que dans chaque siècle on rira de l'habitude de son père, et je ne vois guère que les Orientaux qui ne soient pas attaqués de ce mal.

L'un des gentilshommes italiens avait à peine fait une question au maréchal sur ce qu'il pensait de la manière dont le Cardinal traitait la fille du duc de Mantoue, que celui-ci s'écria dans son langage familier :

« Eh corbleu ! monsieur, à qui parlez-vous ? Puis-je rien comprendre à ce régime nouveau sous lequel vit la France ? Nous autres, vieux compagnons d'armes du feu roi, nous entendons mal la langue que parle la cour nouvelle, et elle ne sait plus la nôtre. Que dis-je? on n'en parle aucune dans ce triste pays, car tout le monde s'y tait devant le Cardinal; cet orgueilleux petit vassal nous regarde comme de vieux portraits de famille, et de temps en temps il en retranche la tête; mais la devise y reste toujours, heureusement. N'est-il pas vrai, mon cher Puy-Laurens? »

Ce convive était à peu près du même âge que le maréchal; mais, plus grave et plus circonspect que lui, il répondit quelques mots vagues, et fit un signe à son contemporain pour lui faire remarquer l'émotion désagréable qu'il avait fait éprouver à la maîtresse de la maison en lui rappelant la mort récente de son mari et en parlant ainsi du ministre son ami; mais ce fut en vain, car Bassompierre, content du signe de demi-approbation, vida d'un trait un fort grand verre de vin, remède qu'il vante dans ses Mémoires comme parfait contre la peste et la réserve, et, se penchant en arrière pour en recevoir un autre de son écuyer, s'établit plus carrément que jamais sur sa chaise et dans ses idées favorites.

— « Oui, nous sommes tous de trop ici : je le dis l'autre jour à mon cher duc de Guise, qu'ils ont ruiné. On compte les minutes qui nous restent à vivre, et l'on secoue notre sablier pour le hâter. Quand M. le Cardinal-duc voit dans un coin trois ou quatre de nos grandes figures qui ne quittaient pas les côtés du feu roi, il sent bien qu'il ne peut pas mouvoir ces statues de fer, et qu'il y fallait la main du grand homme ; il passe vite et n'ose pas se mêler à nous, qui ne le craignons pas. Il croit toujours que nous conspirons, et, à l'heure qu'il est, on dit qu'il est question de me mettre à la Bastille.

— Eh ! monsieur le maréchal, qu'attendez-vous pour partir ? dit l'Italien ; je ne vois que la Flandre qui vous puisse être un abri.

— Ah ! monsieur, vous ne me connaissez guère ; au lieu de fuir, j'ai été trouver le roi avant son départ, et je lui ai dit que c'était afin qu'on n'eût pas la peine de me chercher, et que si je savais où il veut m'envoyer, j'irais moi-même sans qu'on m'y menât. Il a été aussi bon que je m'y attendais, et m'a dit : « Comment, vieil ami, « aurais-tu la pensée que je le voulusse faire ? « Tu sais bien que je t'aime. »

— Ah ! mon cher maréchal, je vous fais compliment, dit madame d'Effiat d'une voix douce, je reconnais la bonté du roi à ce mot-là : il se souvient de la tendresse que le roi son père avait pour vous : il me semble même qu'il vous a accordé tout ce que vous vouliez pour les vôtres, ajouta-t-elle avec insinuation, pour le remettre dans la voie de l'éloge et le tirer du mécontentement qu'il avait entamé si hautement.

— Certes, madame, reprit-il, personne ne sait mieux reconnaître ses vertus que François de Bassompierre ; je lui serai fidèle jusqu'à la fin, parce que je me suis donné corps et biens à son père dans un bal ; et je jure que, de mon consentement du moins, personne de ma famille ne manquera à son devoir envers le roi de France. Quoique les *Bestein* soient étrangers et Lorrains, mordieu ! une poignée de main de Henri IV nous a conquis pour toujours : ma plus grande douleur a été de voir mon frère mourir au service de l'Espagne, et je viens d'écrire à mon neveu que je le déshériterais s'il passait à l'empereur, comme le bruit en a couru. »

Un des gentilshommes, qui n'avait rien dit encore, et que l'on pouvait remarquer à la profusion des nœuds de rubans et d'aiguillettes qui couvraient son habit, et à l'ordre de Saint-Michel dont le cordon noir ornait son cou, s'inclina en disant que c'était ainsi que tout sujet fidèle devait parler.

— « Pardieu, monsieur de Launay, vous vous trompez fort, dit le maréchal, en qui revint le souvenir de ses ancêtres ; les gens de notre sang sont sujets par le cœur, car Dieu nous a fait naître tout aussi bien seigneurs de nos terres que le roi l'est des siennes. Quand je suis venu en France, c'était pour me promener, et suivi de mes gentilshommes et de mes pages. Je m'aperçois que plus nous allons, plus on perd cette idée, et surtout à la cour. Mais voilà un jeune homme qui arrive bien à propos pour m'entendre. »

La porte s'ouvrit, en effet, et l'on vit entrer un jeune homme d'une assez belle taille ; il était pâle, ses cheveux étaient bruns, ses yeux noirs, son air triste et insouciant : c'était Henri d'Effiat, marquis de CINQ-MARS (nom tiré d'une terre de famille) ; son costume et son manteau court étaient noirs ; un collet de dentelle tombait sur son cou jusqu'au milieu de sa poitrine; de petites bottes fortes très évasées et ses éperons faisaient assez de bruit sur les dalles du salon pour qu'on l'entendît venir de loin. Il marcha droit à la maréchale d'Effiat en la saluant profondément, et lui baisa la main. « Eh bien ! Henri, lui dit-elle, vos chevaux sont-ils prêts ? A quelle heure partez-vous ?—Après le diner, sur-le-champ, madame, si vous permettez, » dit-il à sa mère avec le cérémonieux respect du temps. Et, passant derrière elle, il fut saluer M. de Bassompierre, avant de s'asseoir à la gauche de son frère aîné.

— « Eh bien, dit le maréchal tout en dînant de fort bon appétit, vous allez partir, mon enfant ; vous allez à la cour ; c'est un terrain glissant aujourd'hui. Je regrette pour vous qu'il ne soit pas resté ce qu'il était. La cour autrefois n'était autre chose que le salon du roi, où il recevait ses amis naturels ; les nobles des grandes maisons, ses pairs, qui lui faisaient visite pour lui montrer leur dévouement et leur amitié, jouaient leur argent avec lui et l'accompagnaient dans ses parties de plaisir, mais ne recevaient rien de lui que la permission de conduire leurs vassaux se faire casser la tête avec eux pour son service. Les honneurs que recevait un homme de qualité ne l'enrichissaient guère, car il les payait de sa bourse ; j'ai vendu une terre à chaque grade que j'ai reçu ; le titre de colonel général des Suisses m'a coûté quatre cent mille écus, et le baptême du roi actuel me fit acheter un habit de cent mille francs.

— Ah ! pour le coup, vous conviendrez, dit en riant la maîtresse de la maison, que rien ne vous y forçait : nous avons entendu parler de la magnificence de votre habit de perles ; mais je serais très fâchée qu'il fût encore de mode d'en porter de pareils.

— Ah ! madame la marquise, soyez tranquille, ce temps de magnificence ne reviendra plus. Nous faisions des folies, sans doute, mais elles prouvaient notre indépendance ; il est clair qu'alors on n'eût pas enlevé au roi des serviteurs que l'amour seul attachait à lui, et dont les couronnes de duc ou de marquis avaient autant de diamants que sa couronne fermée. Il est visible aussi que l'ambition ne pouvait s'emparer de toutes les classes, puisque de semblables dépenses ne pouvaient sortir que des mains riches, et que l'or ne vient que des mines. Les grandes maisons que l'on détruit avec tant d'acharnement n'étaient point ambitieuses, et souvent, ne voulant aucun emploi du gouvernement, tenaient leur place à la cour par leur propre poids, existaient de leur propre être, et disaient comme l'une d'elles : *Prince ne daigne, Rohan je suis*. Il en était de même de toute famille noble à qui sa noblesse suffisait, et que le roi relevait lui-même en écrivant à l'un de mes amis : *L'argent n'est pas chose commune entre gentilshommes comme vous et moi*.

— Mais, monsieur le maréchal, interrompit froidement et avec beaucoup de politesse M. de Launay, qui peut-être avait dessein de l'échauffer, cette indépendance a produit aussi bien des guerres civiles et des révoltes, comme celle de M. de Montmorency.

— Corbleu ! monsieur, je ne puis entendre parler ainsi ! dit le fougueux maréchal en sautant sur son fauteuil. Ces révoltes et ces guerres, monsieur, n'ôtaient rien aux lois fondamentales de l'État, et ne pouvaient pas plus renverser le trône que ne le ferait un duel. De tous ces grands chefs de parti il n'en est pas un qui n'eût mis sa victoire aux pieds du roi s'il eût réussi, sachant bien que tous les autres seigneurs aussi grands que lui l'eussent abandonné ennemi du souverain légitime. Nul ne s'est armé que contre une faction et non contre l'autorité souveraine, et, cet accident détruit, tout fût rentré dans l'ordre. Mais qu'avez-vous fait en nous écrasant? Vous avez cassé les bras du trône et ne mettez rien à leur place. Oui, je n'en doute plus à présent, le Cardinal-duc accomplira son dessein en entier, la grande noblesse quittera et perdra ses terres, et, cessant d'être la grande propriété, cessera d'être une puissance; la cour n'est déjà plus qu'un palais où l'on sollicite : elle deviendra plus tard une antichambre, quand elle ne se composera plus que des gens de la suite du roi; les grands noms commenceront par ennoblir des charges viles; mais, par une terrible réaction, ces charges finiront par avilir les grands noms. Étrangère à ses foyers, la Noblesse ne sera plus rien que par les emplois qu'elle aura reçus, et si les peuples, sur lesquels elle n'aura plus d'influence, veulent se révolter...

— Que vous êtes sinistre aujourd'hui, maréchal! interrompit la marquise. J'espère que ni moi ni mes enfants ne verrons ces temps-là. Je ne reconnais plus votre caractère enjoué à toute cette politique; je m'attendais à vous entendre donner des conseils à mon fils. Eh bien, Henri, qu'avez-vous donc? Vous êtes bien distrait! »

Cinq-Mars, les yeux attachés sur la grande croisée de la salle à manger, regardait avec tristesse le magnifique paysage qu'il avait sous les yeux. Le soleil était dans toute sa splendeur et colorait les sables de la Loire, les arbres et les gazons d'or et d'émeraude; le ciel était d'azur, les flots d'un jaune transparent, les îles d'un vert plein d'éclat; derrière leurs têtes arrondies, on voyait s'élever les grandes voiles latines des bateaux marchands comme une flotte en embuscade. « O nature, nature! se disait-il, belle nature, adieu! Bientôt mon cœur ne sera plus assez simple pour te sentir, et tu ne plairas plus qu'à mes yeux; ce cœur est déjà brûlé par une passion profonde, et le récit des intérêts des hommes y jette un trouble inconnu : il faut donc entrer dans ce labyrinthe; je m'y perdrai peut-être, mais pour Marie... »

Se réveillant alors au mot de sa mère, et craignant de montrer un regret trop enfantin de son beau pays et de sa famille :

« Je songeais, madame, à la route que je vais prendre pour aller à Perpignan, et aussi à celle qui me ramènera chez vous.

— N'oubliez pas de prendre celle de Poitiers et d'aller à Loudun voir votre ancien gouverneur, notre bon abbé Quillet; il vous donnera d'utiles conseils sur la cour, il est fort bien avec le duc de Bouillon; et, d'ailleurs, quand il ne vous serait pas très nécessaire, c'est une marque de déférence que vous lui devez bien.

— C'est donc au siège de Perpignan que vous vous rendez, mon ami? répondit le vieux maréchal, qui commençait à trouver qu'il était resté bien longtemps dans le silence. Ah! c'est bien heureux pour vous. Peste! un siège! c'est un joli début : j'aurais donné bien des choses pour en faire un avec le feu roi à mon arrivée à sa cour ; j'aurais mieux aimé m'y faire arracher les entrailles du ventre qu'à un tournoi, comme je fis. Mais on était en paix, et je fus obligé d'aller faire le coup de pistolet contre les Turcs avec le Rosworm des Hongrois, pour ne pas affliger ma famille par mon désœuvrement. Du reste, je souhaite que Sa Majesté vous reçoive d'une manière aussi aimable que son père me reçut. Certes, le roi est brave et bon ; mais on l'a habitué malheureusement à cette froide étiquette espagnole qui arrête tous les mouvements du cœur ; il contient lui-même et les autres par cet abord immobile et cet aspect de glace : pour moi, j'avoue que j'attends toujours l'instant du dégel, mais en vain. Nous étions accoutumés à d'autres manières par ce spirituel et simple Henri, et nous avions du moins la liberté de lui dire que nous l'aimions. »

Cinq-Mars, les yeux fixés sur ceux de Bassompierre, comme pour se contraindre lui-même à faire attention à ses discours, lui demanda quelle était la manière de parler du feu roi.

— « Vive et franche, dit-il. Quelque temps après mon arrivée en France, je jouais avec lui et la duchesse de Beaufort à Fontainebleau, car il voulait, disait-il, me gagner mes pièces d'or et mes belles portugalaises. Il me demanda ce qui m'avait fait venir dans ce pays. « Ma foi,
« sire, lui dis-je franchement, je ne suis point
« venu à dessein de m'embarquer à votre ser-
« vice, mais bien pour passer quelque temps à
« votre cour, et de là à celle d'Espagne ; mais
« vous m'avez tellement charmé, que, sans aller
« plus loin, si vous voulez de mon service, je
« m'y voue jusqu'à la mort. ». Alors il m'embrassa et m'assura que je n'eusse pu trouver un meilleur maître, qui m'aimât plus ; hélas !... je l'ai bien éprouvé... et moi je lui ai tout sacrifié, jusqu'à mon amour, et j'aurais fait plus encore, s'il se pouvait faire plus que de renoncer à Mlle de Montmorency. »

Le bon maréchal avait les yeux attendris ; mais le jeune marquis d'Effiat et les Italiens, se regardant, ne purent s'empêcher de sourire en pensant qu'alors la princesse de Condé n'était rien moins que jeune et jolie. Cinq-Mars s'aperçut de ces signes d'intelligence, et rit aussi, mais d'un rire amer. « Est-il donc vrai, se disait-il, que les passions puissent avoir la destinée des modes, et que peu d'années puissent frapper du même ridicule un habit et un amour ? Heureux celui qui ne survit pas à sa jeunesse, à ses illusions, et qui emporte dans la tombe tout son trésor ! »

Mais, rompant encore avec effort le cours mélancolique de ses idées, et voulant que le bon maréchal ne lût rien de déplaisant sur le visage de ses hôtes :

« On parlait donc alors avec beaucoup de liberté au roi Henri ? dit-il. Peut-être aussi au commencement de son règne avait-il besoin d'établir ce ton-là ; mais, lorsqu'il fut le maître, changea-t-il ?

— Jamais, non, jamais notre grand roi ne cessa d'être le même jusqu'au dernier jour ; il ne rougissait pas d'être un homme, et parlait à des hommes avec force et sensibilité. Eh ! mon Dieu ! je le vois encore embrassant le duc de Guise en carrosse, le jour même de sa mort ; il m'avait fait une de ses spirituelles plaisanteries, et le duc lui dit : « Vous êtes à mon gré un des
« plus agréables hommes du monde, et notre
« destin portait que nous fussions l'un à l'autre ;
« car, si vous n'eussiez été qu'un homme ordi-
« naire, je vous aurais pris à mon service, à
« quelque prix que c'eût été ; mais, puisque
« Dieu vous a fait naître un grand roi, il fallait
« bien que je fusse à vous. » Ah ! grand homme ! tu l'avais bien dit, s'écria Bassompierre les larmes aux yeux, et peut-être un peu animé par les fré-

quentes rasades qu'il se versait : « *Quand vous
« m'aurez perdu, vous connaîtrez ce que je valais.* »

Pendant cette sortie, les différents personnages de la table avaient pris des attitudes diverses, selon leurs rôles dans les affaires publiques. L'un des Italiens affectait de causer et de rire tout bas avec la jeune fille de la maréchale ; l'autre prenait soin du vieux abbé sourd, qui, mettant une main derrière son oreille pour mieux entendre, était le seul qui eût l'air attentif ; Cinq-Mars avait repris sa distraction mélancolique après avoir lancé le maréchal, comme on regarde ailleurs après avoir jeté une balle à la paume, jusqu'à ce qu'elle revienne ; son frère aîné faisait les honneurs de la table avec le même calme ; Puy-Laurens regardait avec soin la maîtresse de la maison : il était tout au duc d'Orléans et craignait le Cardinal ; pour la maréchale, elle avait l'air affligé et inquiet ; souvent des mots rudes lui avaient rappelé ou la mort de son mari ou le départ de son fils ; plus souvent encore elle avait craint pour Bassompierre lui-même qu'il ne se compromît, et l'avait poussé plusieurs fois en regardant M. de Launay, qu'elle connaissait peu, et qu'elle avait quelque raison de croire dévoué au premier ministre ; mais avec un homme de ce caractère, de tels avertissements étaient inutiles ; il eut l'air de n'y point faire attention ; et, au contraire, écrasant ce gentilhomme de ses regards hardis et du son de sa voix, il affecta de se tourner vers lui et de lui adresser tout son discours. Pour celui-ci, il prit un air d'indifférence et de politesse consentante qu'il ne quitta pas jusqu'au moment où, les deux battants étant ouverts, on annonça *Mademoiselle la duchesse de Mantoue.*

Les propos que nous venons de transcrire longuement furent pourtant assez rapides, et le dîner n'était pas à la moitié quand l'arrivée de Marie de Gonzague fit lever tout le monde. Elle était petite, mais fort bien faite, et quoique ses yeux et ses cheveux fussent très noirs, sa fraîcheur était éblouissante comme la beauté de sa peau. La maréchale fit le geste de se lever pour son rang, et l'embrassa sur le front pour sa bonté et son bel âge.

— « Nous vous avons attendue longtemps aujourd'hui, chère Marie, lui dit-elle en la plaçant près d'elle ; vous me restez heureusement pour remplacer un de mes enfants qui part. »

La jeune duchesse rougit et baissa la tête et les yeux pour qu'on ne vît pas leur rougeur, et dit d'une voix timide : « Madame, il le faut bien, puisque vous remplacez ma mère auprès de moi. » Et un regard fit pâlir Cinq-Mars à l'autre bout de la table.

Cette arrivée changea la conversation ; elle cessa d'être générale, et chacun parla bas à son voisin. Le maréchal seul continuait à dire quelques mots de la magnificence de l'ancienne cour, et de ses guerres en Turquie, et des tournois, et de l'avarice de la cour nouvelle ; mais, à son grand regret, personne ne relevait ses paroles, et on allait sortir de table, lorsque, l'horloge ayant sonné deux heures, cinq chevaux parurent dans la grande cour : quatre seulement étaient montés par des domestiques en manteaux et bien armés ; l'autre cheval, noir et très vif, était tenu en main par le vieux Grandchamp : c'était celui de son jeune maître.

— « Ah ! ah ! s'écria Bassompierre, voilà notre cheval de bataille tout sellé et bridé ; allons, jeune homme, il faut dire comme notre vieux Marot :

> Adieu la Court, adieu les dames !
> Adieu les filles et les femmes !
> Adieu vous dy pour quelque temps ;
> Adieu vos plaisans passe-temps ;
> Adieu le bal, adieu la dance,
> Adieu mesure, adieu cadance,
> Tabourins, Haut-bois, Violons,
> Puisqu'à la guerre nous allons. »

Ces vieux vers et l'air du maréchal faisaient rire toute la table, hormis trois personnes.

— « Jésus-Dieu ! il me semble, continua-t-il, que je n'ai que dix-sept ans comme lui ; il va nous revenir tout brodé, madame ; il faut laisser son fauteuil vacant. »

Ici tout à coup la maréchale pâlit, sortit de table en fondant en larmes, et tout le monde se leva avec elle : elle ne put faire que deux pas et retomba assise sur un autre fauteuil. Ses fils et sa fille et la jeune duchesse l'entourèrent avec une vive inquiétude et démêlèrent parmi des étouffements et des pleurs qu'elle voulait retenir : « Pardon !... mes amis... c'est une folie... un enfantillage... mais je suis si faible à présent, que je n'en ai pas été maîtresse. Nous étions treize à table, et c'est vous qui en avez été cause, ma chère duchesse. Mais c'est bien mal à moi de montrer tant de faiblesse devant lui. Adieu, mon enfant, donnez-moi votre front à baiser, et que Dieu vous conduise ! Soyez digne de votre nom et de votre père. »

Puis, comme a dit Homère, *riant sous les pleurs,* elle se leva en le poussant et disant : « Allons, que je vous voie à cheval, bel écuyer ! »

Le silencieux voyageur baisa les mains de sa mère et la salua ensuite profondément ; il s'inclina aussi devant la duchesse sans lever les yeux ; puis, embrassant son frère aîné, serrant la main au maréchal et baisant le front de sa jeune sœur presque à la fois, il sortit et dans un instant fut à cheval. Tout le monde se mit aux fenêtres qui donnaient sur la cour, excepté madame d'Effiat, encore assise et souffrante.

— « Il part au galop ; c'est bon signe, dit en riant le maréchal.

— Ah! Dieu! cria la jeune princesse en se retirant de la croisée.

— Qu'est-ce donc? dit la mère.

— Ce n'est rien, ce n'est rien, dit M. de Launay : le cheval de monsieur votre fils s'est abattu sous la porte, mais il l'a bientôt relevé de la main : tenez, le voilà qui salue de la route.

— Encore un présage funeste ! » dit la marquise en se retirant dans ses appartements.

Chacun l'imita en se taisant ou en parlant bas.

La journée fut triste et le souper silencieux au château de Chaumont.

Quand vinrent dix heures du soir, le vieux maréchal, conduit par son valet de chambre, se retira dans la tour du nord, voisine de la porte et opposée à la rivière. La chaleur était extrême; il ouvrit la fenêtre, et, s'enveloppant d'une vaste robe de soie, plaça un flambeau pesant sur une table et voulut rester seul. Sa croisée donnait sur la plaine, que la lune dans son premier quartier n'éclairait que d'une lumière incertaine; le ciel se chargeait de nuages épais, et tout disposait à la mélancolie. Quoique Bassompierre n'eût rien de rêveur dans le caractère, la tournure qu'avait prise la conversation du dîner lui revint à la mémoire, et il se mit à repasser en lui-même toute sa vie et les tristes changements que le nouveau règne y avait apportés, règne qui semblait avoir soufflé sur lui un vent d'infortune : la mort d'une sœur chérie, les désordres de l'héritier de son nom, les pertes de ses terres et de sa faveur, la fin récente de son ami le maréchal d'Effiat dont il occupait la chambre, toutes ces pensées lui arrachèrent un soupir involontaire ; il se mit à la fenêtre pour respirer.

En ce moment il crut entendre du côté du bois la marche d'une troupe de chevaux ; mais le vent qui vint à augmenter le dissuada de cette première pensée, et, tout bruit cessant tout à coup, il l'oublia. Il regarda encore quelque temps tous les feux du château qui s'éteignirent successivement après avoir serpenté dans les ogives des escaliers et rôdé dans les cours et les écuries ; retombant ensuite sur son grand fauteuil de tapisserie, le coude appuyé sur la table, il se livra profondément à ses réflexions ; et bientôt après, tirant de son sein un médaillon qu'il y cachait suspendu à un ruban noir : « Viens, mon bon et vieux maître, viens, dit-il, viens causer avec moi comme tu fis si souvent ; viens, grand roi, oublier ta cour pour le rire d'un ami véritable ; viens, grand homme, me consulter sur l'ambitieuse Autriche ; viens, inconstant chevalier, me parler de la bonhomie de ton amour et de la bonne foi de ton infidélité ; viens, héroïque soldat, me crier encore que je t'offusque au combat ; ah ! que ne l'ai-je fait dans Paris ! que n'ai-je reçu ta blessure ! Avec ton sang, le monde a perdu les bienfaits de ton règne interrompu... »

Les larmes du maréchal troublaient la glace du large médaillon, et il les effaçait par de respectueux baisers, quand sa porte ouverte brusquement le fit sauter sur son épée.

— « Qui va là ? » cria-t-il dans sa surprise. Elle fut bien plus grande quand il reconnut M. de Launay, qui, le chapeau à la main, s'avança jusqu'à lui, et lui dit avec embarras :

« Monsieur le maréchal, c'est le cœur navré de douleur que je me vois forcé de vous dire que le roi m'a commandé de vous arrêter. Un carrosse vous attend à la grille avec trente mousquetaires de M. le Cardinal-duc. »

Bassompierre ne s'était point levé, et avait encore le médaillon dans la main gauche et l'épée dans l'autre main ; il la tendit dédaigneusement à cet homme, et lui dit :

« Monsieur, je sais que j'ai vécu trop longtemps, et c'est à quoi je pensais ; c'est au nom de ce grand Henri que je remets paisiblement cette épée à son fils. Suivez-moi. »

Il accompagna ces mots d'un regard si ferme, que de Launay fut atterré et le suivit en baissant la tête, comme si lui-même eût été arrêté par le noble vieillard, qui, saisissant un flambeau, sortit de la cour et trouva toutes les portes ouvertes par des gardes à cheval, qui avaient effrayé les gens du château, au nom du roi, et ordonné le silence. Le carrosse était préparé et partit rapidement, suivi de beaucoup de chevaux. Le maréchal, assis à côté de M. de Launay, commençait à s'endormir, bercé par le mouvement de la voiture, lorsqu'une voix forte cria au cocher : « Arrête ! » et, comme il poursuivait, un coup de pistolet partit... Les chevaux s'arrêtèrent. « Je déclare, monsieur, que ceci se fait sans ma participation, » dit Bassompierre. Puis, mettant la tête à portière, il vit qu'il se trouvait dans un petit bois et un chemin trop étroit pour que les chevaux pussent passer à droite ou à gauche de la voiture, avantage très grand pour les agresseurs, puisque les mousquetaires ne pouvaient avancer ; il cherchait à voir ce qui se passait, lorsqu'un cavalier, ayant à la main une longue épée dont il parait les coups que lui portait un garde, s'approcha de la portière en criant : « Venez, venez, monsieur le maréchal.

— Eh quoi ! c'est vous, étourdi d'Henri, qui faites de ces escapades ? Messieurs, messieurs, laissez-le, c'est un enfant. »

Et de Launay ayant crié aux mousquetaires de le quitter, on eut le temps de se reconnaître.

— « Et comment diable êtes-vous ici, reprit Bassompierre ; je vous croyais à Tours, et même bien plus loin, si vous aviez fait votre devoir, et vous voilà revenu pour faire une folie ?

— Ce n'était point pour vous que je revenais seul ici, c'est pour affaire secrète, dit Cinq-Mars plus bas ; mais, comme je pense bien qu'on vous mène à la Bastille, je suis sûr que vous n'en direz rien ; c'est le temple de la discrétion. Cependant, si vous aviez voulu, continua-t-il très haut, je vous aurais délivré de ces messieurs dans ce bois où un cheval ne pouvait remuer ; à présent il n'est plus temps. Un paysan m'avait appris l'insulte faite à nous plus qu'à vous par cet enlèvement dans la maison de mon père.

— C'est par ordre du roi, mon enfant, et nous devons respecter ses volontés ; gardez cette ardeur pour son service ; je vous en remercie cependant de bon cœur ; touchez là, et laissez-moi continuer ce joli voyage. »

De Launay ajouta : « Il m'est permis d'ailleurs de vous dire, monsieur de Cinq-Mars, que je suis chargé par le roi même d'assurer monsieur le maréchal qu'il est fort affligé de ceci, mais que c'est de peur qu'on ne le porte à mal faire qu'il le prie de demeurer quelques jours à la Bastille[1]. »

---

1. Il y resta douze ans.

Bassompierre reprit en riant très haut : « Vous voyez, mon ami, comment on met les jeunes gens en tutelle ; ainsi prenez garde à vous.

— Eh bien, soit, partez donc, dit Henri, je ne ferai plus le chevalier errant pour les gens malgré eux. » Et, rentrant dans le bois pendant que la voiture repartait au grand trot, il prit par des sentiers détournés le chemin du château.

Ce fut au pied de la tour de l'ouest qu'il s'arrêta. Il était seul en avant de Grandchamp et de sa petite escorte, et ne descendit point de cheval ; mais, s'approchant du mur de manière à y coller sa botte, il souleva la jalousie d'une fenêtre du rez-de-chaussée, faite en forme de herse, comme on en voit encore dans quelques vieux bâtiments.

Il était alors plus de minuit, et la lune s'était cachée. Tout autre que le maître de la maison n'eût jamais su trouver son chemin par une obscurité si grande. Les tours et les toits ne formaient qu'une masse noire qui se détachait à peine sur le ciel un peu plus transparent ; aucune lumière ne brillait dans toute la maison endormie. Cinq-Mars, caché sous un chapeau à larges bords et un grand manteau, attendait avec anxiété.

Qu'attendait-il ? qu'était-il revenu chercher ? Un mot d'une voix qui se fit entendre très bas derrière la croisée :

« Est-ce vous, monsieur de Cinq-Mars ?
— Hélas ! qui serait-ce ? Qui reviendrait comme un malfaiteur toucher la maison paternelle sans y rentrer et sans dire encore adieu à sa mère ? Qui reviendrait pour se plaindre du présent, sans rien attendre de l'avenir, si ce n'était moi ? ».

La voix douce se troubla, et il fut aisé d'entendre que des pleurs accompagnaient sa réponse : « Hélas ! Henri, de quoi vous plaignez-vous ? N'ai-je pas fait plus et bien plus que je ne devais ? Est-ce ma faute si mon malheur a voulu qu'un prince souverain fût mon père ? Peut-on choisir son berceau ? et dit-on : « Je naîtrai bergère ? » Vous savez bien quelle est toute l'infortune d'une princesse : on lui ôte son cœur en naissant, toute la terre est avertie de son âge, un traité la cède comme une ville, et elle ne peut jamais pleurer. Depuis que je vous connais, que n'ai-je pas fait pour me rapprocher du bonheur et m'éloigner des trônes ! Depuis deux ans j'ai lutté en vain contre ma mauvaise fortune, qui me sépare de vous, et contre vous, qui me détournez de mes devoirs. Vous le savez bien, j'ai désiré qu'on me crût morte ; que dis-je ? j'ai presque souhaité des révolutions ! J'aurais peut-être béni le coup qui m'eût ôté mon rang, comme j'ai remercié Dieu lorsque mon père fut renversé ; mais la cour s'étonne, la reine me demande : nos rêves sont évanouis, Henri ; notre sommeil a été trop long ; réveillons-nous avec courage. Ne songez plus à ces deux belles années : oubliez tout pour ne plus vous souvenir que de notre grande résolution ; n'ayez qu'une seule pensée, soyez ambitieux... ambitieux pour moi...

— Faut-il donc oublier tout, ô Marie ! » dit Cinq-Mars avec douceur.

Elle hésita...

— « Oui, tout ce que j'ai oublié moi-même, » reprit-elle. Puis un instant après, elle continua avec vivacité :

« Oui, oubliez nos jours heureux, nos longues soirées et même nos promenades de l'étang et du bois ; mais souvenez-vous de l'avenir ; partez. Votre père était maréchal, soyez plus, connétable, prince. Partez, vous êtes jeune, noble, riche, brave, aimé...

— Pour toujours ? dit Henri.

— Pour la vie et l'éternité. »

Cinq-Mars tressaillit, et, tendant la main s'écria :

« Eh bien ! j'en jure par la Vierge dont vous portez le nom, vous serez à moi, Marie, ou ma tête tombera sur l'échafaud.

— O ciel ! que dites-vous ! s'écria-t-elle en prenant sa main avec une main blanche qui sortit de la fenêtre. Non, vos efforts ne seront jamais coupables, jurez-le-moi ; vous n'oublierez jamais que le roi de France est votre maître ; aimez-le plus que tout, après celle pourtant qui vous sacrifiera tout et vous attendra en souffrant. Prenez cette petite croix d'or ; mettez-la sur votre cœur, elle a reçu beaucoup de mes larmes. Songez que si jamais vous étiez coupable envers le roi, j'en verserais de bien plus amères. Donnez-moi cette bague que je vois briller à votre doigt. O Dieu ! ma main et la vôtre sont toutes rouges de sang !

— Qu'importe ! il n'a pas coulé pour vous ; n'avez-vous rien entendu il y a une heure ?

— Non ; mais à présent n'entendez-vous rien vous-même ?

— Non, Marie, si ce n'est un oiseau de nuit sur la tour.

— On a parlé de nous, j'en suis sûre. Mais d'où vient donc ce sang ? Dites vite, et partez.

— Oui, je pars ; voici un nuage qui nous rend la nuit. Adieu, ange céleste, je vous invoquerai. L'amour a versé l'ambition dans mon cœur comme un poison brûlant ; oui, je le sens pour la première fois, l'ambition peut être ennoblie par son but. Adieu, je vais accomplir ma destinée.

— Adieu ! mais songez à la mienne.

— Peuvent-elles se séparer ?

— Jamais, s'écria Marie, que par la mort !

— Je crains plus encore l'absence, dit Cinq-Mars.

— Adieu! je tremble; adieu! » dit la voix chérie. Et la fenêtre s'abaissa lentement sur les deux mains encore unies.

Cependant le cheval noir ne cessait de piaffer et de s'agiter en hennissant ; son maître inquiet lui permit de partir au galop, et bientôt ils furent rendus dans la ville de Tours, que les cloches de Saint-Gatien annonçaient de loin.

Le vieux Grandchamp, non sans murmurer, avait attendu son jeune seigneur, et gronda de voir qu'il ne voulait pas se coucher. Toute l'escorte partit, et cinq jours après entra dans la vieille cité de Loudun en Poitou, silencieusement et sans événement.

CHAPITRE II

LA RUE

> Je m'avançais d'un pas pénible et mal assuré vers le but de ce convoi tragique.
>
> Ch. Nodier, *Smarra*.

E règne dont nous voulons peindre quelques années, règne de faiblesse qui fut comme une éclipse de la couronne entre les splendeurs de Henri IV et de Louis le Grand, afflige les yeux qui le contemplent par quelques souillures sanglantes. Elles ne furent pas toute l'œuvre d'un homme ; de grands corps y prirent part. Il est triste de voir que, dans ce siècle encore désordonné, le clergé, pareil à une grande nation, eut sa populace, comme il eut sa noblesse ; ses ignorants et ses criminels, comme ses savants et vertueux prélats. Depuis ce temps, ce

qui lui restait de barbarie fut poli par le long règne de Louis XIV, et ce qu'il eut de corruption fut lavé dans le sang des martyrs qu'il offrit à la Révolution de 1793. Ainsi, par une destinée toute particulière, perfectionné par la monarchie et la république, adouci par l'une, châtié par l'autre, il nous est arrivé ce qu'il est aujourd'hui, austère et rarement vicieux.

Nous avons éprouvé le besoin de nous arrêter un moment à cette pensée avant d'entrer dans le récit des faits que nous offre l'histoire de ces temps, et, malgré cette consolante observation, nous n'avons pu nous empêcher d'écarter les détails trop odieux en gémissant encore sur ce qui reste de coupables actions, comme en racontant la vie d'un vieillard vertueux on pleure sur les emportements de sa jeunesse passionnée ou les penchants corrompus de son âge mûr.

Lorsque la cavalcade entra dans les rues étroites de Loudun, un bruit étrange s'y faisait entendre ; elles étaient remplies d'une foule immense ; les cloches de l'église et du couvent sonnaient de manière à faire croire à un incendie, et tout le monde, sans nulle attention aux voyageurs, se pressait vers un grand bâtiment attenant à l'église. Il était facile de distinguer sur les physionomies des traces d'impressions fort différentes et souvent opposées entre elles. Des groupes et des attroupements nombreux se formaient, le bruit des conversations y cessait tout à coup, et l'on n'y entendait plus qu'une voix qui semblait exhorter ou lire; puis des cris furieux mêlés de quelques exclamations pieuses s'élevaient de tous côtés ; le groupe se dissipait, et l'on voyait que l'orateur était un capucin ou un récollet, qui, tenant à la main un crucifix de bois, montrait à la foule le grand bâtiment vers lequel elle se dirigeait. « *Jésus, Marie !* s'écriait une vieille femme, qui aurait jamais cru que le malin esprit eût choisi notre bonne ville pour demeure ?

— Et que les bonnes Ursulines eussent été possédées ? disait l'autre.

— On dit que le démon qui agite la supérieure se nomme *Légion,* disait une troisième.

— Que dites-vous, ma chère ? interrompit une religieuse ; il y en a sept dans son pauvre corps, auquel sans doute elle avait attaché trop de soin à cause de sa grande beauté; à présent, il est le réceptacle de l'enfer; M. le prieur des Carmes, dans l'exorcisme d'hier, a fait sortir de sa bouche le démon *Eazas,* et le révérend père Lactance a chassé aussi le démon *Behérit.* Mais les cinq autres n'ont pas voulu partir, et, quand les saints exorcistes, que Dieu soutienne ! les ont sommés, en latin, de se retirer, ils ont dit qu'ils ne le feraient pas qu'ils n'eussent prouvé leur puissance, dont les huguenots et les hérétiques ont l'air de douter; et le démon *Elimi,* qui est le plus méchant, comme vous savez, a prétendu qu'aujourd'hui il enlèverait la calotte de M. de Laubardemont, et la tiendrait suspendue en l'air pendant un *Miserere.*

— Ah! sainte Vierge! reprenait la première, je tremble déjà de tout mon corps. Et quand je pense que j'ai été plusieurs fois demander des messes à ce magicien d'Urbain!

— Et moi, dit une jeune fille en se signant, moi qui me suis confessée à lui il y dix mois, j'aurais été sûrement possédée sans la relique de sainte Geneviève que j'avais heureusement sous ma robe, et...

— Et, sans reproche, Martine, interrompit une grosse marchande, vous étiez restée assez longtemps, pour cela, seule avec le beau sorcier.

— Eh bien, la belle, il y a maintenant un mois que vous seriez dépossédée, » dit un jeune soldat qui vint se mêler au groupe en fumant sa pipe.

La jeune fille rougit, et ramena sur sa jolie figure le capuchon de sa pelisse noire. Les vieilles femmes jetèrent un regard de mépris sur le soldat, et, comme elles se trouvaient alors près de la porte d'entrée encore fermée, elles reprirent leurs conversations avec plus de chaleur que jamais, voyant qu'elles étaient sûres d'entrer les premières; et, s'asseyant sur les bornes et les bancs de pierre, elles se préparèrent par leurs récits au bonheur qu'elles allaient goûter d'être spectatrices de quelque chose d'étrange, d'une apparition, ou au moins d'un supplice.

— « Est-il vrai, ma tante, dit la jeune Martine à la plus vieille, que vous ayez entendu parler les démons ?

— Vrai comme je vous vois, et tous les assistants en peuvent dire autant, ma nièce ; c'est pour que votre âme soit édifiée que je vous ai fait venir avec moi aujourd'hui, ajouta-t-elle, et vous connaîtrez véritablement la puissance de l'esprit malin.

— Quelle voix a-t-il, ma chère tante ? continua la jeune fille, charmée de réveiller une conversation qui détournait d'elle les idées de ceux qui l'entouraient.

— Il n'a pas d'autre voix que la voix même de la supérieure, à qui Notre-Dame fasse grâce Cette pauvre jeune femme, je l'ai entendue hier bien longtemps : cela faisait peine de la voir se déchirer le sein et tourner ses pieds et ses bras en dehors et les réunir tout à coup derrière son dos. Quand le saint père Lactance est arrivé et a prononcé le nom d'Urbain Grandier, l'écume est sortie de sa bouche, et elle a parlé latin comme si elle lisait la Bible. Aussi je n'ai pas bien compris, et je n'ai retenu que *Urbanus magicus rosas diabolica;* ce qui voulait dire que le magicien Urbain l'avait ensorcelée avec des roses que le diable lui avait données, et il est sorti de ses oreilles et de son cou des roses couleur de flamme, qui sentaient le soufre au point que M. le lieutenant-criminel a crié que chacun ferait bien de fermer ses narines et ses yeux, parce que les démons allaient sortir.

— Voyez-vous cela ! » crièrent d'une voix glapissante et d'un air de triomphe toutes les femmes assemblées, en se tournant du côté de la foule, et particulièrement vers un groupe d'hommes habillés en noir, parmi lesquels se trouvait le jeune soldat qui les avait apostrophées en passant.

— « Voilà encore ces vieilles folles qui se croient au sabbat, dit-il, et qui font plus de bruit que lorsqu'elles y arrivent à cheval sur un manche à balai.

— Jeune homme, jeune homme, dit un bourgeois d'un air triste, ne faites pas de ces plaisanteries en plein air : le vent deviendrait de flamme pour vous, par le temps qu'il fait.

— Ma foi, je me moque bien de tous ces exorcistes, moi ! reprit le soldat ; je m'appelle Grand-Ferré, et il n'y en a pas beaucoup qui aient un goupillon comme le mien. »

Et, prenant la poignée de son sabre d'une main, il retroussa de l'autre sa moustache blonde et regarda autour de lui en fronçant le sourcil ;

mais comme il n'aperçut dans la foule aucun regard qui cherchât à braver le sien, il partit lentement en avançant le pied gauche le premier, et se promena dans les rues étroites et noires avec cette insouciance parfaite d'un militaire qui débute, et un mépris profond pour tout ce qui ne porte pas son habit.

Cependant huit ou dix habitants raisonnables de cette petite ville se promenaient ensemble et en silence à travers la foule agitée ; ils semblaient consternés de cette étonnante et soudaine rumeur, et s'interrogeaient du regard à chaque nouveau spectacle de folie qui frappait leurs yeux. Ce mécontentement muet attristait les hommes du peuple et les nombreux paysans venus de leurs campagnes, qui tous cherchaient leur opinion dans les regards des propriétaires, leurs patrons pour la plupart ; ils voyaient que quelque chose de fâcheux se préparait, et avaient recours au seul remède que puisse prendre le sujet ignorant et trompé : la résignation et l'immobilité.

Néanmoins le paysan de France a dans le caractère certaine naïveté moqueuse dont il se sert avec ses égaux souvent, et toujours avec ses supérieurs. Il fait des questions embarrassantes pour le pouvoir, comme le sont celles de l'enfance pour l'âge mûr ; il se rapetisse à l'infini, pour que celui qu'il interroge se trouve embarrassé dans sa propre élévation ; il redouble de gaucherie dans les manières et de grossièreté dans les expressions, pour mieux voir le but secret de sa pensée ; tout prend, malgré lui cependant, quelque chose d'insidieux et d'effrayant qui le trahit ; et son sourire sardonique, et la pesanteur affectée avec laquelle il s'appuie sur son long bâton, indiquent trop à quelles espérances il se livre, et quel est le soutien sur lequel il compte.

L'un des plus âgés s'avança suivi de dix ou douze jeunes paysans, ses fils et neveux ; ils portaient tous le grand chapeau et cette blouse bleue, ancien habit des Gaulois, que le peuple de France met encore sur tous ses autres vêtements, et qui convient si bien à son climat pluvieux et à ses laborieux usages. Quand il fut à portée des personnages dont nous avons parlé, il ôta son chapeau, et toute sa famille en fit autant : on vit alors sa figure brune et son front nu et ridé, couronné de cheveux blancs fort longs ; ses épaules étaient voûtées par l'âge et le travail. Il fut accueilli avec un air de satisfaction et presque de respect par un homme très grave du groupe noir, qui, sans se découvrir, lui tendit la main.

— « Eh bien ! mon père Guillaume Leroux, lui dit-il, vous aussi, vous quittez votre ferme de la Chênaie pour la ville quand ce n'est pas jour de marché ? C'est comme si vos bons bœufs se dételaient pour aller à la chasse aux étourneaux, et abandonnaient le labourage pour voir forcer un pauvre lièvre.

— Ma fine, monsieur le comte du Lude, reprit le fermier, queuquefois le lièvre vient se jeter devant iceux ; il m'est advis qu'on veut nous jouer, et je v'nons voir un peu comment.

— Brisons là, mon ami, reprit le comte ; voici M. Fournier, l'avocat, qui ne vous trompera pas, car il s'est démis de sa charge de procureur du roi hier au soir, et dorénavant son éloquence ne servira plus qu'à sa noble pensée : vous l'entendrez peut-être aujourd'hui ; mais je le crains autant pour lui que je le souhaite pour l'accusé.

— N'importe, monsieur, la vérité est une passion pour moi, » dit Fournier.

C'était un jeune homme d'une extrême pâleur, mais dont le visage était plein de noblesse et d'expression ; ses cheveux blonds, ses yeux bleus, mobiles et très clairs, sa maigreur et sa taille mince lui donnaient d'abord l'air d'être plus jeune qu'il n'était ; mais son visage pensif et passionné annonçait beaucoup de supériorité, et cette maturité précoce de l'âme que donnent l'étude et l'énergie naturelle. Il portait un habit et un manteau noirs assez courts, à la mode du temps, et, sous son bras gauche, un rouleau de papiers, qu'en parlant il prenait et serrait convulsivement de la main droite, comme un guerrier en colère saisit le pommeau de son épée. On eût dit qu'il voulait le dérouler et en faire sortir la foudre sur ceux qu'il poursuivait de ses regards indignés. C'étaient trois capucins et un récollet qui passaient dans la foule.

— « Père Guillaume, poursuivit M. du Lude, pourquoi n'avez-vous amené que vos enfants mâles avec vous, et pourquoi ces bâtons ?

— Ma fine, monsieur, c'est que je n'aimerions pas que nos filles apprinssent à danser comme les religieuses ; et puis, pa' l'temps qui court, les garçons savont mieux se remuer que les femmes.

— Ne nous *remuons* pas, mon vieux ami, croyez-moi, dit le comte, rangez-vous tous plutôt pour voir la procession qui vient à nous, et souvenez-vous que vous avez soixante et dix ans.

— Ah ! ah ! dit le vieux père, tout en faisant ranger ses douze enfants comme des soldats, j'avons fait la guerre avec le feu roi Henri, et j'savons jouer du pistolet tout aussi bien que les *ligueux* faisiont. » Et il branla la tête et s'assit sur une borne, son bâton noueux entre les jambes, ses mains croisées dessus et son menton à barbe blanche par-dessus ses mains. Là, il ferma à demi les yeux, comme s'il se livrait tout entier à ses souvenirs d'enfance.

On voyait avec étonnement son habit rayé comme du temps du roi béarnais, et sa ressemblance avec ce prince dans les derniers temps de sa vie, quoique ses cheveux eussent été privés par le poignard de cette blancheur que ceux du paysan avaient paisiblement acquise. Mais un grand bruit de cloches attira l'attention vers l'extrémité de la grande rue de Loudun.

On voyait venir de loin une longue procession dont la bannière et les piques s'élevaient au-dessus de la foule qui s'ouvrit en silence pour examiner cet appareil à moitié ridicule et à moitié sinistre.

Des archers à barbe pointue, portant de larges chapeaux à plumes, marchaient d'abord sur deux rangs avec de longues hallebardes, puis, se partageant entre deux files de chaque côté de la rue, renfermaient dans cette double ligne deux lignes pareilles de pénitents gris ; du moins donnerons-nous ce nom, connu dans quelques provinces du midi de la France, à des hommes revêtus d'une longue robe de cette couleur, qui leur couvre entièrement la tête en forme de capuchon, et dont le masque de la même étoffe se termine en pointe sous le menton comme une longue barbe, et n'a que trois trous pour les yeux et le nez. On voit encore de nos jours quelques enterrements suivis et honorés par des costumes semblables, surtout dans les Pyrénées. Les pénitents de Loudun avaient des cierges énormes à la main, et leur marche lente, et leurs yeux qui semblaient flamboyants sous le masque, leur donnaient un air de fantômes qui attristait involontairement.

Les murmures en sens divers commencèrent dans le peuple.

— « Il y a bien des coquins cachés sous ce masque, dit un bourgeois.

— Et dont la figure est plus laide encore que lui, reprit un jeune homme.

— Ils me font peur! s'écriait une jeune femme.

— Je ne crains que pour ma bourse, répondit un passant.

— Ah! Jésus! voilà donc nos saints frères de la Pénitence, disait une vieille en écartant sa mante noire. Voyez-vous quelle bannière ils portent? quel bonheur qu'elle soit avec nous! certainement elle nous sauvera : voyez-vous dessus le diable dans les flammes et un moine qui lui attache une chaîne au cou? Voici actuellement les juges qui viennent : ah! les honnêtes gens! voyez leurs robes rouges, comme elles sont belles! Ah! sainte Vierge! qu'on les a bien choisis!

— Ce sont les ennemis personnels du curé, dit tout bas le comte du Lude à l'avocat Fournier, qui prit une note.

— Les reconnaissez-vous bien tous ? continua la vieille en distribuant des coups de poing à ses voisines, et en pinçant le bras à ses voisins jusqu'au sang pour exciter leur attention : voici ce bon M. Mignon qui parle tout bas à messieurs les conseillers au présidial de Poitiers ; que Dieu répande sa sainte bénédiction sur eux !

— C'est Roatin, Richard et Chevalier, qui voulaient le faire destituer il y a un an, continuait à demi voix M. du Lude au jeune avocat, qui écrivait toujours sous son manteau, entouré et caché par le groupe noir des bourgeois.

— Ah ! voyez, voyez, rangez-vous donc ! voici M. Barré, le curé de Saint-Jacques de Chinon, dit la vieille.

— C'est un saint, dit un autre.

— C'est un hypocrite, dit une voix d'homme.

— Voyez comme le jeûne l'a rendu maigre !

— Comme les remords le rendent pâle !

— C'est lui qui fait fuir les diables !

— C'est lui qui les souffle. »

Ce dialogue fut interrompu par un cri général : « Qu'elle est belle ! »

La supérieure des Ursulines s'avançait, suivie de toutes ses religieuses ; son voile blanc était relevé. Pour que le peuple pût voir les traits des possédées, on voulut que cela fût ainsi pour elle et six autres sœurs. Rien ne la distinguait dans son costume qu'un immense rosaire à grains noirs tombant de son cou à ses pieds, et se terminant par une croix d'or ; mais la blancheur éclatante de son visage, que relevait encore la couleur brune de son capuchon, attirait d'abord tous les regards ; ses yeux noirs semblaient porter l'empreinte d'une profonde et brûlante passion ; ils étaient couverts par les arcs parfaits de deux sourcils que la nature avait dessinés avec autant de soin que les Circassiennes en mettent à les arrondir avec le pinceau ; mais un léger pli entre eux deux révélait une agitation forte et habituelle dans les pensées. Cependant elle affectait un grand calme dans tous ses mouvements et dans tout son être ; ses pas étaient lents et cadencés ; ses deux belles mains étaient réunies, aussi blanches et aussi immobiles que celles des statues de marbre qui prient éternellement sur les tombeaux.

— « Oh ! remarquez-vous, ma tante, dit la jeune Martine, sœur Agnès et sœur Claire qui pleurent auprès d'elle ?

— Ma nièce, elles se désolent d'être la proie du démon.

— Ou se repentent, dit la même voix d'homme, d'avoir joué le ciel. »

Cependant un silence profond s'établit partout, et nul mouvement n'agita le peuple ; il sembla glacé tout à coup par quelque enchantement, lorsque, à la suite des religieuses, parut,

au milieu des quatre pénitents qui le tenaient
enchaîné, le curé de l'église de Sainte-Croix,
revêtu de la robe du pasteur ; la noblesse de son
visage était remarquable, et rien n'égalait la
douceur de ses traits ; sans affecter un calme
insultant, il regardait avec bonté et semblait
chercher à droite et à gauche s'il ne rencontre-
rait pas le regard attendri d'un ami ; il le rencontra, il le reconnut, et ce dernier bonheur
d'un homme qui voit approcher son heure dernière ne lui fut pas refusé : il entendit même
quelques sanglots ; il vit des bras s'étendre vers
lui, et quelques-uns n'étaient pas sans armes,
mais il ne répondit à aucun signe ; il baissa les
yeux, ne voulant pas perdre ceux qui l'aimaient
et leur communiquer par un coup d'œil la con-
tagion de l'infortune. C'était Urbain Grandier..

Tout à coup la procession s'arrêta à un signe
du dernier homme qui la suivait et qui semblait
commander à tous. Il était grand, sec, pâle,
revêtu d'une longue robe noire, la tête couverte
d'une calotte de même couleur ; il avait là
figure d'un Basile, avec le regard de Néron. Il
fit signe aux gardes de l'entourer, voyant avec
effroi le groupe noir dont nous avons parlé, et
que les paysans se serraient de près pour l'écouter ; les chanoines et les capucins se placèrent
près de lui, et il prononça d'une voix glapissante ce singulier arrêt :

« Nous, sieur de Laubardemont, maître des requêtes étant envoyé et subdélégué, revêtu du pouvoir discrétionnaire, relativement au procès du magicien *Urbain Grandier*, pour le juger sur tous les chefs d'accusation, assisté des révérends pères *Mignon*, chanoine ; *Barré*, curé de Saint-Jacques de Chinon; du père Lactance et de tous les juges appelés à juger icelui magicien ; avons préalablement décrété ce qui suit : *Primo*, la prétendue assemblée de propriétaires nobles, bourgeois de la ville et des terres environnantes est cassée, comme tendant à une sédition populaire ; ses actes seront déclarés nuls, et sa prétendue lettre au roi contre nous, juges, interceptée et brûlée en place publique comme calomniant les bonnes Ursulines et les révérends pères et juges. *Secundo*, il sera défendu de dire publiquement ou en particulier que les susdites religieuses ne sont point possédées du malin esprit, et de douter du pouvoir des exorcistes, à peine de vingt mille livres d'amende et punition corporelle.

« Les baillis et échevins s'y conformeront. Ce 18 juin de l'an de grâce 1639. »

A peine eut-il fini cette lecture, qu'un bruit discordant de trompette partit avant la dernière syllabe de ses paroles, et couvrit, quoique imparfaitement, les murmures qui le poursuivaient ; il pressa la marche de la procession, qui entra précipitamment dans le grand bâtiment qui tenait à l'église, ancien couvent dont les étages étaient tous tombés en ruine, et qui ne formait plus qu'une seule et immense salle propre à l'usage qu'on en voulait faire. Laubardemont ne se crut en sûreté que lorsqu'il y fut entré, et qu'il entendit les lourdes et doubles portes se refermer en criant sur la foule qui hurlait encore.

CHAPITRE III

LE BON PRÊTRE

> L'homme de paix me parla ainsi.
> VICAIRE SAVOYARD.

présent que la procession diabolique est entrée dans la salle de son spectacle, et tandis qu'elle arrange sa sanglante représentation, voyons ce qu'avait fait Cinq-Mars au milieu des spectateurs en émoi. Il était naturellement doué de beaucoup de tact, et sentit qu'il ne parviendrait pas facilement à son but de trouver l'abbé Quillet dans un moment où la fermentation des esprits était à son comble. Il resta donc à cheval avec ses quatre domestiques dans une petite rue fort obscure qui donnait dans la grande, et d'où il put voir

facilement tout ce qui s'était passé. Personne ne fit d'abord attention à lui ; mais, lorsque la curiosité publique n'eut pas d'autre aliment, il devint le but de tous les regards. Fatigués de tant de scènes, les habitants le voyaient avec assez de mécontentement, et se demandaient à demi-voix si c'était encore un exorciseur qui leur arrivait ; quelques paysans même commençaient à trouver qu'il embarrassait la rue avec ses cinq chevaux. Il sentit qu'il était temps de prendre son parti, et choisissant sans hésiter les gens les mieux mis, comme ferait chacun à sa place, il s'avança avec sa suite et le chapeau à la main vers le groupe noir dont nous avons parlé, et, s'adressant au personnage qui lui parut le plus distingué :

« Monsieur, dit-il, où pourrais-je voir M. l'abbé Quillet ? »

A ce nom, tout le monde le regarda avec un air d'effroi, comme s'il eût prononcé celui de Lucifer. Cependant personne n'en eut l'air offensé ; il semblait, au contraire, que cette demande fît naître sur lui une opinion favorable dans les esprits. Du reste, le hasard l'avait bien servi dans son choix. Le comte du Lude s'approcha de son cheval en le saluant :

« Mettez pied à terre, monsieur, lui dit-il, et je vous pourrai donner sur son compte d'utiles renseignements. »

Après avoir parlé fort bas, tous deux se quittèrent avec la cérémonieuse politesse du temps. Cinq-Mars remonta sur son cheval noir, et, passant dans plusieurs petites rues, fut bientôt hors de la foule avec sa suite.

— « Que je suis heureux ! disait-il, chemin faisant : je vais voir du moins un instant ce bon et doux abbé qui m'a élevé ; je me rappelle encore ses traits, son air calme et sa voix pleine de bonté. »

Comme il pensait tout ceci avec attendrissement, il se trouva dans une petite rue fort noire qu'on lui avait indiquée ; elle était si étroite, que les genouillères de ses bottes touchaient aux deux murs. Il trouva au bout une maison de bois à un seul étage, et, dans son empressement, frappa à coups redoublés.

— « Qui va là ? » cria une voix furieuse.

Et presque aussitôt la porte s'ouvrant laissa voir un petit homme gros, court et tout rouge, portant une calotte noire, une immense fraise blanche, des bottes à l'écuyère qui engloutissaient ses petites jambes dans leurs énormes tuyaux, et deux pistolets d'arçon à sa main.

— « Je vendrai chèrement ma vie ! cria-t-il, et... »

— Doucement, l'abbé, doucement, lui dit son élève en lui prenant le bras : ce sont vos amis.

— Ah! mon pauvre enfant, c'est vous! dit le bonhomme, laissant tomber ses pistolets, que ramassa avec précaution un domestique armé aussi jusqu'aux dents. Eh! que venez-vous faire ici? L'abomination y est venue, et j'attends la nuit pour partir. Entrez vite, mon ami, vous et vos gens; je vous ai pris pour les archers de Laubardemont, et, ma foi, j'allais sortir un peu de mon caractère. Vous voyez ces chevaux; je vais en Italie rejoindre notre ami le duc de Bouillon. Jean, Jean, fermez vite la grande porte pardessus ces braves domestiques, et recommandez-leur de ne pas faire trop de bruit, quoiqu'il n'y ait pas d'habitation près de celle-ci. »

Grandchamp obéit à l'intrépide petit abbé, qui embrassa quatre fois Cinq-Mars en s'élevant sur la pointe de ses bottes pour atteindre le milieu de sa poitrine. Il le conduisit bien vite dans une étroite chambre, qui semblait un grenier abandonné, et, s'asseyant avec lui sur une malle de cuir noir, il lui dit avec chaleur:

« Eh! mon enfant, où allez-vous? A quoi pense madame la maréchale de vous laisser venir ici? Ne voyez-vous pas bien tout ce qui se fait contre un malheureux qu'il faut perdre? Ah! bon Dieu! était-ce là le premier spectacle que mon cher élève devait avoir sous les yeux? Ah! ciel! quand vous voilà à cet âge charmant où l'amitié, les tendres affections, la douce confiance, devaient vous entourer, quand tout devait vous donner une bonne opinion de votre espèce, à votre entrée dans le monde ! quel malheur ! ah ! mon Dieu ! pourquoi êtes-vous venu ? »

Quand le bon abbé eut ainsi gémi en serrant affectueusement les deux mains du jeune voyageur dans ses mains rouges et ridées, son élève eut enfin le temps de lui dire :

« Mais ne devinez-vous pas, mon cher abbé, que c'est parce que vous étiez à Loudun que j'y suis venu ? Quant à ces spectacles dont vous parlez, ils ne m'ont paru que ridicules, et je vous jure que je n'en aime pas moins l'espèce humaine, dont vos vertus et vos bonnes leçons m'ont donné une excellente idée ; et parce que cinq ou six folles...

— Ne perdons pas de temps ; je vous dirai cette folie, je vous l'expliquerai. Mais répondez, où allez vous ? que faites-vous ?

— Je vais à Perpignan, où le Cardinal-duc doit me présenter au roi. »

Ici le bon et vif abbé se leva de sa malle, et, marchant ou plutôt courant de long en large dans la chambre en frappant du pied :

« Le Cardinal ! le Cardinal ! répéta-t-il en étouffant, devenant tout rouge et les larmes dans les yeux, pauvre enfant ! ils vont le perdre ! Ah ! mon Dieu ! quel rôle veulent-ils lui faire jouer là ? que lui veulent-ils ? Ah ! qui vous gardera, mon ami, dans ce pays dangereux? dit-il en se rasseyant et reprenant les deux mains de son élève dans les siennes avec une sollicitude paternelle, et cherchant à lire dans ses regards.

— Mais je ne sais trop, dit Cinq-Mars en regardant au plafond, je pense que ce sera le cardinal de Richelieu, qui était l'ami de mon père.

— Ah! mon cher Henri, vous me faites trembler, mon enfant; il vous perdra si vous n'êtes pas son instrument docile. Ah! que ne puis-je aller avec vous! Pourquoi faut-il que j'aie montré une tête de vingt ans dans cette malheureuse affaire?... Hélas! non, je vous serais dangereux ; au contraire, il faut que je me cache. Mais vous aurez M. de Thou près de vous, mon fils, n'est-ce pas? dit-il en cherchant à se calmer ; c'est votre ami d'enfance, un peu plus âgé que vous ; écoutez-le, mon enfant, c'est un sage jeune homme : il a réfléchi, il a des idées à lui.

— Oh! oui, mon cher abbé, comptez sur mon tendre attachement pour lui ; je n'ai pas cessé de l'aimer...

— Mais vous avez sûrement cessé de lui écrire, n'est-ce pas? reprit en souriant un peu le bon abbé.

— Je vous demande pardon, mon bon abbé ; je lui ait écrit une fois, et hier pour lui annoncer que le Cardinal m'appelle à la cour.

— Quoi ! lui-même a voulu vous avoir ! »

Alors Cinq-Mars montra la lettre du Cardinal-duc à sa mère, et peu à peu son ancien gouverneur se calma et s'adoucit.

— « Allons, allons, disait-il tout bas, allons, ce n'est pas mal, cela promet: capitaine aux gardes à vingt ans, ce n'est pas mal. »

Et il sourit.

Et le jeune homme, transporté de voir ce sourire qui s'accordait enfin avec tous les siens, sauta au cou de l'abbé et l'embrassa comme s'il se fût emparé de tout un avenir de plaisir, de gloire et d'amour.

Cependant, se dégageant avec peine de cette chaude embrassade, le bon abbé reprit sa promenade et ses réflexions. Il toussait souvent et branlait la tête, et Cinq-Mars, sans oser reprendre la conversation, le suivait des yeux et devenait triste en le voyant redevenu sérieux.

Le vieillard se rassit enfin, et commença d'un ton grave le discours suivant :

« Mon ami, mon enfant, je me suis livré en père à vos espérances ; je dois pourtant vous dire, et ce n'est point pour vous affliger, qu'elles me semblent excessives et peu naturelles. Si le Cardinal n'avait pour but que de témoigner à votre famille de l'attachement et de la reconnaissance, il n'irait pas si loin dans ses faveurs ; mais il est probable qu'il a jeté les yeux sur vous.

D'après ce qu'on lui aura dit, vous lui semblez propre à jouer tel ou tel rôle impossible à deviner, et dont il aura tracé l'emploi dans le repli le plus profond de sa pensée. Il veut vous y élever, vous y dresser, passez-moi cette expression en faveur de sa justesse, et pensez-y sérieusement quand le temps en viendra. Mais n'importe, je crois qu'au point où en sont les choses, vous feriez bien de suivre cette veine ; c'est ainsi que de grandes fortunes ont commencé, il s'agit seulement de ne point se laisser aveugler et gouverner. Tâchez que les faveurs ne vous étourdissent pas, mon pauvre enfant, et que l'élévation ne vous fasse pas tourner la tête ; ne vous effarouchez pas de ce soupçon, c'est arrivé à de plus vieux que vous. Écrivez-moi souvent, ainsi qu'à votre mère ; voyez M. de Thou, et nous tâcherons de vous bien conseiller. En attendant, mon fils, ayez la bonté de fermer cette fenêtre, d'où il me vient du vent sur la tête, et je vais vous conter ce qui s'est passé ici. »

Henri, espérant que cette partie morale du discours était finie, et ne voyant plus dans la seconde qu'un récit, ferma vite la vieille fenêtre tapissée de toiles d'araignées, et revint à sa place sans parler.

— « A présent que j'y réfléchis mieux, je pense qu'il ne vous sera peut-être pas inutile d'avoir passé par ici, quoique ce soit une triste expérience que vous y deviez trouver ; mais elle suppléera à ce que je ne vous ai pas dit autrefois de la perversité des hommes ; j'espère d'ailleurs que la fin ne sera pas sanglante, et que la lettre que nous avons écrite au roi aura le temps d'arriver.

— J'ai entendu dire qu'elle était interceptée, dit Cinq-Mars.

— C'en est fait alors, dit l'abbé Quillet ; le curé est perdu. Mais écoutez-moi bien.

« A Dieu ne plaise, mon enfant, que ce soit moi, votre ancien instituteur, qui veuille attaquer mon propre ouvrage et porter atteinte à votre foi. Conservez-la toujours et partout, cette foi simple dont votre noble famille vous a donné l'exemple, que nos pères avaient plus encore que nous-mêmes, et dont les plus grands capitaines de nos temps ne rougissent pas. En portant votre épée, souvenez-vous qu'elle est à Dieu. Mais aussi, lorsque vous serez au milieu des hommes, tâchez de ne pas vous laisser tromper par l'hypocrite ; il vous entourera, vous prendra, mon fils, par le côté vulnérable de votre cœur naïf, en parlant à votre religion ; et, témoin des extravagances de son zèle affecté, vous vous croirez tiède auprès de lui, vous croirez que votre conscience parle contre vous-même ; mais ce ne sera pas sa voix que vous entendrez. Quels cris elle jetterait, combien elle serait plus soulevée contre vous, si vous aviez contribué à perdre l'innocence en appelant contre elle le ciel même en faux témoignage !

— O mon père ! est-ce possible ? dit Henri d'Effiat en joignant les mains.

— Que trop véritable, continua l'abbé ; vous en avez vu l'exécution en partie ce matin. Dieu veuille que vous ne soyez pas témoin d'horreurs plus grandes ! Mais écoutez bien : quelque chose que vous voyiez se passer, quelque crime que l'on ose commettre, je vous en conjure, au nom de votre mère et de tout ce qui vous est cher, ne prononcez pas une parole, ne faites pas un geste qui manifeste une opinion quelconque sur cet événement. Je connais votre caractère ardent, vous le tenez du maréchal votre père ; modérez-le, ou vous êtes perdu ; ces petites colères du sang procurent peu de satisfaction et attirent de grands revers ; je vous y ai vu trop enclin ; si vous saviez combien le calme donne de supériorité sur les hommes ! Les anciens l'avaient empreint sur le front de la Divinité, comme son plus bel attribut, parce que l'impassibilité attestait l'être placé au-dessus de nos craintes, de nos espérances, de nos plaisirs et de nos peines. Restez donc aussi impassible dans les scènes que vous allez voir, mon cher enfant ; mais voyez-les, il le faut ; assistez à ce jugement funeste ; pour moi, je vais subir les conséquences de ma sottise d'écolier. La voici : elle vous montrera qu'avec une tête chauve on peut être encore enfant comme sous vos beaux cheveux châtains. »

Ici l'abbé Quillet lui prit la tête dans ses deux mains et continua ainsi :

« Oui, j'ai été curieux de voir les diables des Ursulines tout comme un autre, mon cher fils ; et sachant qu'ils s'annonçaient pour parler toutes les langues, j'ai eu l'imprudence de quitter le latin et de leur faire quelques questions en grec ; la supérieure est fort jolie, mais elle n'a pas pu répondre dans cette langue. Le médecin Duncan a fait tout haut l'observation qu'il était surprenant que le démon, qui n'ignorait rien, fît des barbarismes et des solécismes, et ne pût répondre en grec. La jeune supérieure, qui était alors sur son lit de parade, se tourna du côté du mur pour pleurer, et dit tout bas au père Barré : « *Monsieur! je n'y tiens plus;* » je le répétai tout haut, et je mis en fureur tous les exorcistes : ils s'écrièrent que je devais savoir qu'il y avait des démons plus ignorants que des paysans, et dirent que pour leur puissance et leur force physique nous n'en pouvions douter, puisque les esprits nommés *Grésil des Trônes*, *Aman des puissances* et *Asmodée* avaient promis d'enlever la calotte de M. de Laubardemont. Ils s'y préparaient, quand le chirurgien Duncan, qui est homme savant et probe, mais assez moqueur, s'avisa de tirer un fil qu'il découvrit attaché à une colonne et caché par un tableau de sainteté, de manière à retomber, sans être vu, fort près du maître des requêtes ; cette fois on l'appela huguenot, et je crois que si le maréchal de Brézé n'était son protecteur il s'en tirerait mal. M. le comte du Lude s'est avancé alors avec son sang-froid ordinaire, et a prié les exorcistes d'agir devant lui. Le père Lactance, ce capucin dont la figure est si noire et le regard si dur, s'est chargé de la sœur Agnès et de la sœur Claire ; il a élevé ses deux mains, les regardant comme le serpent regarderait deux colombes, et a crié d'une voix terrible : « *Quis te misit, Diabole ?* » et les deux filles ont dit parfaitement ensemble : « *Urbanus.* » Il allait continuer, quand M. du Lude, tirant d'un air de componction une petite boîte d'or, a dit qu'il tenait là une relique laissée par ses ancêtres, et que, ne doutant pas de la possession, il voulait l'éprouver. Le père Lactance, ravi, s'est saisi de la boîte, et à peine en a-t-il touché le front des deux filles, qu'elles ont fait des sauts prodigieux, se tordant les pieds et les mains ; Lactance hurlait ses exorcismes, Barré se jetait à genoux avec toutes les vieilles femmes, Mignon et les juges applaudissaient. Laubardemont, impassible, faisait (sans être foudroyé !) le signe de la croix.

« Quand M. du Lude, reprenant sa boîte, les religieuses sont restées paisibles : « Je ne crains

« pas, a dit fièrement Lactance, que vous doutiez
« de la vérité de vos reliques !

— Pas plus que de celle de la possession, »
a répondu M. du Lude en ouvrant sa boîte.

Elle était vide.

— « Messieurs, vous vous moquez de nous, »
a dit Lactance.

« J'étais indigné de ces momeries et lui dis :
« Oui, monsieur, comme vous vous moquez
« de Dieu et des hommes. » C'est pour cela que
vous me voyez, mon cher ami, des bottes de
sept lieues si lourdes et si grosses, qui me font
mal aux pieds, et de longs pistolets ; car notre
ami Laubardemont m'a décrété de prise de corps,
et je ne veux point le lui laisser saisir, tout
vieux qu'il est.

— Mais, s'écria Cinq-Mars, est-il donc si
puissant ?

— Plus qu'on ne le croit et qu'on ne peut le
croire ; je sais que l'abbesse possédée est sa
nièce, et qu'il est muni d'un arrêt du conseil
qui lui ordonne de juger, sans s'arrêter à tous
les appels interjetés au parlement, à qui le Cardinal interdit connaissance de la cause d'Urbain
Grandier.

— Et enfin quels sont ses torts ? dit le jeune
homme, déjà puissamment intéressé.

— Ceux d'une âme forte et d'un génie supérieur ; une volonté inflexible qui a irrité la puissance contre lui, et une passion profonde qui a entraîné son cœur et lui a fait commettre le seul péché mortel que je croie pouvoir lui être reproché ; mais ce n'a été qu'en violant le secret de ses papiers, qu'en les arrachant à Jeanne d'Estièvre, sa mère octogénaire, qu'on a su et publié son amour pour la belle Madeleine de Brou ; cette jeune demoiselle avait refusé de se marier et voulait prendre le voile. Puisse ce voile lui avoir caché le spectacle d'aujourd'hui ! L'éloquence de Grandier et sa beauté angélique ont souvent exalté des femmes qui venaient de loin pour l'entendre parler ; j'en ai vu s'évanouir durant ses sermons ; d'autres s'écrier que c'était un ange, toucher ses vêtements et baiser ses mains lorsqu'il descendait de la chaire. Il est certain que, si ce n'est sa beauté, rien n'égalait la sublimité de ses discours, toujours inspirés : le miel pur des Évangiles s'unissait, sur ses lèvres, à la flamme étincelante des prophéties, et l'on sentait au son de sa voix un cœur tout plein d'une sainte pitié pour les maux de l'homme, et tout gonflé de larmes prêtes à couler sur nous. »

Le bon prêtre s'interrompit, parce que lui-même avait des pleurs dans la voix et dans les yeux ; sa figure ronde et naturellement gaie était plus touchante qu'une autre dans cet état, car la tristesse semblait ne pouvoir l'atteindre.

Cinq-Mars, toujours plus ému, lui serra la main sans rien dire, de crainte de l'interrompre. L'abbé tira un mouchoir rouge, s'essuya les yeux, se moucha et reprit :

« Cette effrayante attaque de tous les ennemis d'Urbain est la seconde ; il avait déjà été accusé d'avoir ensorcelé les religieuses et examiné par de saints prélats, par des magistrats éclairés, par des médecins instruits, qui l'avaient absous, et qui, tous indignés, avaient imposé silence à ces démons de fabrique humaine. Le bon et pieux archevêque de Bordeaux se contenta de choisir lui-même les examinateurs de ces prétendus exorcistes, et son ordonnance fit fuir ces prophètes et taire leur enfer. Mais, humiliés par la publicité des débats, honteux de voir Grandier bien accueilli de notre bon roi lorsqu'il fut se jeter à ses pieds à Paris, ils ont compris que, s'il triomphait, ils étaient perdus et regardés comme des imposteurs ; déjà le couvent des Ursulines ne semblait plus être qu'un théâtre d'indignes comédies ; les religieuses, des actrices déhontées ; plus de cent personnes acharnées contre le curé s'étaient compromises dans l'espoir de le perdre : leur conjuration, loin de se dissoudre, a repris des forces par son premier échec : voici les moyens que ses ennemis implacables ont mis en usage.

« Connaissez-vous un homme appelé l'Éminence grise, ce capucin redouté que le Cardinal emploie à tout, consulte souvent et méprise toujours? c'est à lui que les capucins de Loudun se sont adressés. Une femme de ce pays et du petit peuple, nommée Hamon, ayant eu le bonheur de plaire à la reine quand elle passa dans ce pays, cette princesse l'attacha à son service. Vous savez quelle haine sépare sa cour de celle du Cardinal, vous savez qu'Anne d'Autriche et M. de Richelieu se sont quelque temps disputé la faveur du roi, et que, de ces deux soleils, la France ne savait jamais le soir lequel se lèverait le lendemain. Dans un moment d'éclipse du Cardinal, une satire parut, sortie du système planétaire de la Reine; elle avait pour titre la *Cordonnière de la reine mère;* elle était bassement écrite et conçue, mais renfermait des choses si injurieuses sur la naissance et la personne du Cardinal, que les ennemis de ce ministre s'en emparèrent et lui donnèrent une vogue qui l'irrita. On y révélait, dit-on, beaucoup d'intrigues et de mystères qu'il croyait impénétrables; il lut cet ouvrage anonyme et voulut en savoir l'auteur. Ce fut dans ce temps même que les capucins de cette petite ville écrivirent au père Joseph qu'une correspondance continuelle entre Grandier et la Hamon ne leur laissait aucun doute qu'il ne fût l'auteur de cette diatribe. En vain avait-il publié précédemment des livres religieux de prières et de méditations dont le style seul devait l'absoudre d'avoir mis la main à un libelle écrit dans le langage des halles ; le Cardinal, dès longtemps prévenu contre Urbain, n'a voulu voir que lui de coupable : on lui a rappelé que lorsqu'il n'était encore que prieur de Coussay, Grandier lui disputa le pas, le prit même avant lui : je suis bien trompé si ce pas ne met son pied dans la tombe... »

Un triste sourire accompagna ce mot sur les lèvres du bon abbé.

— « Quoi ! vous croyez que cela ira jusqu'à la mort ?

— Oui, mon enfant, oui, jusqu'à la mort ; déjà on a enlevé toutes les pièces et les sentences d'absolution qui pouvaient lui servir de défense, malgré l'opposition de sa pauvre mère, qui les conservait comme la permission de vivre donnée à son fils ; déjà on a affecté de regarder un ouvrage contre le célibat des prêtres, trouvé dans ses papiers, comme destiné à propager le schisme. Il est bien coupable, sans doute, et l'amour qui l'a dicté, quelque pur qu'il puisse être, est une faute énorme dans l'homme qui est consacré à Dieu seul ; mais ce pauvre prêtre était loin de vouloir encourager l'hérésie, et c'était, dit-on, pour apaiser les remords de mademoiselle de Brou qu'il l'avait composé. On a si bien vu que ces fautes véritables ne suffisaient pas pour le faire mourir, qu'on a réveillé l'accusation de sorcellerie assoupie depuis longtemps, et que, feignant d'y croire, le Cardinal a établi dans cette ville un tribunal nouveau, et enfin mis à sa tête Laubardemont ; c'est un signe de mort. Ah ! fasse le ciel que vous ne connaissiez jamais ce que la corruption des gouvernements appelle *coups d'État.* »

En ce moment un cri horrible retentit au delà d'un petit mur de la cour ; l'abbé effrayé se leva ; Cinq-Mars en fit autant.

— « C'est un cri de femme, dit le vieillard.

— Qu'il est déchirant ! dit le jeune homme. Qu'est-ce ? » cria-t-il à ses gens qui étaient tous sortis dans la cour.

Ils répondirent qu'on n'entendait plus rien.

— « C'est bon, c'est bon ! cria l'abbé, ne faites plus de bruit. »

Il referma la fenêtre et mit ses deux mains sur ses yeux.

— « Ah ! quel cri ! mon enfant, dit-il (et il était fort pâle), quel cri ! il m'a percé l'âme ; c'est quelque malheur. Ah ! mon Dieu ! il m'a troublé ; je ne puis plus continuer à vous parler. Faut-il que je l'aie entendu quand je vous parlais de votre destinée ! Mon cher enfant, que Dieu vous bénisse ! Mettez-vous à genoux. »

Cinq-Mars fit ce qu'il voulait, et fut averti

par un baiser sur ses cheveux que le vieillard l'avait béni et le relevait en disant :

« Allez vite, mon ami, l'heure s'avance ; on pourrait vous trouver avec moi, partez ; laissez vos gens et vos chevaux ici ; enveloppez-vous dans un manteau, et partez. J'ai beaucoup à écrire avant l'heure où l'obscurité me permettra de prendre la route d'Italie. » Ils s'embrassèrent une seconde fois en se promettant des lettres, et Henri s'éloigna. L'abbé, le suivant encore des yeux par la fenêtre, lui cria : « Soyez bien sage, quelque chose qui arrive ; » et lui envoya encore une fois sa bénédiction paternelle en disant : « Pauvre enfant ! »

CHAPITRE IV

LE PROCÈS

Oh! vendetta di Dio, quanto tu dei
Esser temuta da ciascun che legge
Cio, che fu manifesto agli occhi miei.
                           DANTE.

O vengeance de Dieu, combien tu
dois être redoutable à quiconque va lire
ceci, qui se manifesta sous mes yeux!

ALGRÉ l'usage des séances secrètes alors mis en vigueur par Richelieu, les juges du curé de Loudun avaient voulu que la salle fût ouverte au peuple, et ne tardèrent pas à s'en repentir. Mais d'abord ils crurent en avoir assez imposé à la multitude par leurs jongleries, qui durèrent près de six mois; ils étaient tous intéressés à la perte d'Urbain Gran-

dier, mais ils voulaient que l'indignation du pays sanctionnât en quelque sorte l'arrêt de mort qu'ils préparaient et qu'ils avaient ordre de porter, comme l'avait dit le bon abbé à son élève.

Laubardemont était une espèce d'oiseau de proie que le Cardinal envoyait toujours quand sa vengeance voulait un agent sûr et prompt, et, en cette occasion, il justifia le choix qu'on avait fait de sa personne. Il ne fit qu'une faute, celle de permettre la séance publique, contre l'usage ; il avait l'intention d'intimider et d'effrayer ; il effraya, mais fit horreur.

La foule que nous avons laissée à la porte y était restée deux heures, pendant qu'un bruit sourd de marteaux annonçait que l'on achevait dans l'intérieur de la grande salle des préparatifs inconnus et faits à la hâte. Des archers firent tourner péniblement sur leurs gonds les lourdes portes de la rue, et le peuple avide s'y précipita. Le jeune Cinq-Mars fut jeté dans l'intérieur avec le second flot, et, placé derrière un pilier fort lourd de ce bâtiment, il y resta pour voir sans être vu. Il remarqua avec déplaisir que le groupe noir des bourgeois était près de lui ; mais les grandes portes, en se refermant, laissèrent toute la partie du local où était le peuple dans une telle obscurité, qu'on n'eût pu le reconnaître. Quoique l'on ne fût qu'au milieu du jour, des flambeaux éclairaient la salle, mais étaient presque tous placés à l'extrémité, où s'élevait l'estrade des juges, rangés derrière une table fort longue ; les fauteuils, les tables, les degrés, tout était couvert de drap noir et jetait sur les figures de livides reflets. Un banc réservé à l'accusé était placé sur la gauche, et sur le crêpe qui le couvrait on avait brodé en relief des flammes d'or, pour figurer la cause de l'accusation. Le prévenu y était assis, entouré d'archers, et toujours les mains attachées par des chaînes que deux moines tenaient avec une frayeur simulée, affectant de s'écarter au plus léger de ses mouvements, comme s'ils eussent tenu en laisse un tigre ou un loup enragé, ou que la flamme eût dû s'attacher à leurs vêtements. Ils empêchaient aussi avec soin que le peuple ne pût voir sa figure.

Le visage impassible de M. de Laubardemont paraissait dominer les juges de son choix ; plus grand qu'eux presque de toute la tête, il était placé sur un siège plus élevé que les leurs ; chacun de ses regards ternes et inquiets leur envoyait un ordre. Il était vêtu d'une longue et large robe rouge, une calotte noire couvrait ses cheveux ; il semblait occupé à débrouiller des papiers qu'il faisait passer aux juges et circuler dans leurs mains. Les accusateurs, tous ecclésiastiques, siégeaient à droite des juges ; ils étaient revêtus d'aubes et d'étoles ; on distinguait le père Lactance à la simplicité de son habit de capucin, à sa tonsure et à la rudesse de ses traits. Dans une tribune était caché l'évêque de Poitiers ; d'autres tribunes étaient pleines de femmes voilées. Aux pieds des juges, une foule ignoble de femmes et d'hommes de la lie du peuple s'agitait derrière six jeunes religieuses des Ursulines dégoûtées de les approcher ; c'étaient les témoins.

Le reste de la salle était plein d'une foule immense, sombre, silencieuse, suspendue aux corniches, aux portes, aux poutres, et pleine d'une terreur qui en donnait aux juges, car cette stupeur venait de l'intérêt du peuple pour l'accusé. Des archers nombreux, armés de longues piques, encadraient ce lugubre tableau d'une manière digne de ce farouche aspect de la multitude.

Au geste du président on fit retirer les témoins, auxquels un huissier ouvrit une porte étroite. On remarqua la supérieure des Ursulines, qui, en passant devant M. de Laubardemont, s'avança, et dit assez haut : « Vous m'avez trompée, monsieur. » Il demeura impassible : elle sortit.

Un silence profond régnait dans l'assemblée.

Se levant avec gravité, mais avec un trouble visible, un des juges, nommé Houmain, lieutenant criminel d'Orléans, lut une espèce de mise en accusation d'une voix très basse et si enrouée, qu'il était impossible d'en saisir aucune parole. Cependant il se faisait entendre lorsque ce qu'il avait à dire devait frapper l'esprit du peuple. Il divisa les preuves du procès en deux sortes : les unes résultant des dépositions de soixante-douze témoins ; les autres, et les plus certaines, des exorcismes des révérends pères ici présents, s'écria-t-il en faisant le signe de la croix.

Les pères Lactance, Barré et Mignon s'inclinèrent profondément en répétant aussi ce signe sacré. « Oui, messeigneurs, dit-il, en s'adressant aux juges, on a reconnu et déposé devant vous ce bouquet de roses blanches et ce manuscrit signé du sang du magicien, copie du pacte qu'il avait fait avec Lucifer, et qu'il était forcé de porter sur lui pour conserver sa puissance. On lit encore avec horreur ces paroles écrites au bas du parchemin : *La minute est aux enfers, dans le cabinet de Lucifer.* »

Un éclat de rire qui semblait sortir d'une poitrine forte s'entendit dans la foule. Le président rougit, et fit signe à des archers, qui essayèrent en vain de trouver le perturbateur. Le rapporteur continua :

« Les démons ont été forcés de déclarer leurs noms par la bouche de leurs victimes. Ces noms et leurs faits sont déposés sur cette table : ils s'appellent Astaroth, de l'ordre des Séraphins ; Easas, Celsus, Acaos, Cédron, Asmodée, de l'ordre des Trônes ; Alex, Zabulon, Cham, Uriel et Achas, des Principautés, etc. ; car le nombre en était infini. Quant à leurs actions, qui de nous n'en fut témoin ? »

Un long murmure sortit de l'assemblée ; on imposa silence, quelques hallebardes s'avancèrent, tout se tut.

— « Nous avons vu avec douleur la jeune et respectable supérieure des Ursulines déchirer son sein de ses propres mains et se rouler dans la poussière ; les autres sœurs, Agnès, Claire, etc., sortir de la modestie de leur sexe par des gestes passionnés ou des rires immodérés. Lorsque des impies ont voulu douter de la présence des démons, et que nous-mêmes avons senti notre conviction ébranlée, parce qu'ils refusaient de s'expliquer devant des inconnus, soit en grec, soit en arabe, les révérends pères nous ont raffermis en daignant nous expliquer que, la malice des mauvais esprits étant extrême, il n'était pas surprenant qu'ils eussent feint cette ignorance pour être moins pressés de questions ; qu'ils avaient même fait, dans leurs réponses, quelques barbarismes, solécismes et autres fautes, pour qu'on les méprisât, et que par dédain les saints docteurs les laissassent en repos ; et que leur haine était si forte, que, sur le point de faire un de leurs tours miraculeux, ils avaient fait suspendre une corde au plancher pour faire accuser de superchérie des personnages aussi révérés, tandis qu'il a été affirmé sous serment, par des personnes respectables, que jamais il n'y eut de corde en cet endroit.

« Mais, messieurs, tandis que le ciel s'expliquait ainsi miraculeusement par ses saints interprètes, une autre lumière nous est venue tout à l'heure : à l'instant même où les juges étaient plongés dans leurs profondes méditations, un grand cri a été entendu près de la salle du conseil ; et, nous étant transportés sur les lieux, nous avons trouvé le corps d'une jeune demoiselle d'une haute naissance ; elle venait de rendre le dernier soupir dans la voie publique, entre les mains du révérend père Mignon, chanoine ; et nous avons su de ce même père, ici présent, et de plusieurs autres personnages graves, que, soupçonnant cette demoiselle d'être possédée, à cause du bruit qui s'était répandu dès longtemps de l'admiration d'Urbain Grandier pour elle, il eut l'heureuse idée de l'éprouver, et lui dit tout coup en l'abordant : *Grandier vient d'être mis à mort;* sur quoi elle ne poussa qu'un seul grand cri, et tomba morte, privée par le démon du temps nécessaire pour les secours de notre sainte mère l'Église catholique. »

Un murmure d'indignation s'éleva dans la foule, où le mot d'*assassin* fut prononcé ; les huissiers imposèrent silence à haute voix ; mais le rapporteur le rétablit en reprenant la parole, ou plutôt la curiosité générale triompha.

— « Chose infâme, messeigneurs, continua-t-il, cherchant à s'affermir par des exclamations, on a trouvé sur elle cet ouvrage écrit de la main d'Urbain Grandier. »

Et il tira de ses papiers un livre couvert en parchemin.

— « Ciel ! s'écria Urbain de son banc.

— Prenez garde ! s'écrièrent les juges aux archers qui l'entouraient.

— Le démon va sans doute se manifester, dit le père Lactance d'une voix sinistre ; resserrez ses liens. »

On obéit.

Le lieutenant-criminel continua : « Elle se nommait Madeleine de Brou, âgée de dix-neuf ans.

— « Ciel ! ô ciel ! c'en est trop ! » s'écria l'accusé, tombant évanoui sur le parquet.

L'assemblée s'émut en sens divers ; il y eut un moment de tumulte. « Le malheureux ! il l'aimait, » disaient quelques-uns. « Une demoiselle si bonne ! » disaient les femmes. La pitié commençait à gagner. On jeta de l'eau froide sur Grandier sans le faire sortir, et on l'attacha sur la banquette. Le rapporteur continua :

« Il nous est enjoint de lire le début de ce livre à la cour. Et il lut ce qui suit :

« C'est pour toi, douce et belle Madeleine,
« c'est pour mettre en repos ta conscience trou-
« blée, que j'ai peint dans un livre une seule
« pensée de mon âme. Elles sont toutes à toi,
« fille céleste, parce qu'elles y retournent
« comme au but de toute mon existence ; mais
« cette pensée que je t'envoie comme une fleur
« vient de toi, n'existe que par toi, et retourne
« à toi seule.

« Ne sois pas triste parce que tu m'aimes ;
« ne sois pas affligée parce que je t'adore. Les
« anges du ciel, que font-ils ? et les âmes des
« bienheureux, que leur est-il promis ? Sommes-
« nous moins purs que les anges ? nos âmes
« sont-elles moins détachées de la terre qu'après
« la mort ? O Madeleine, qu'y a-t-il en nous
« dont le regard du Seigneur s'indigne ? Est-ce
« lorsque nous prions ensemble, et que, le front
« prosterné dans la poussière devant ses autels,
« nous demandons une mort prochaine qui nous
« vienne saisir durant la jeunesse et l'amour ?
« Est-ce au temps où, rêvant seuls sous les ar-
« bres funèbres du cimetière, nous cherchions
« une double tombe, souriant à notre mort et
« pleurant sur notre vie ? Serait-ce lorsque tu
« viens t'agenouiller devant moi-même au tri-
« bunal de la pénitence, et que, parlant en

« présence de Dieu, tu ne peux rien trouver de
« mal à me révéler, tant j'ai soutenu ton âme
« dans les régions pures du ciel? Qui pour-
« rait donc offenser notre Créateur? Peut-être,
« oui, peut-être seulement, je le crois, quelque
« esprit du ciel aurait pu m'envier ma félicité,
« lorsqu'au jour de Pâques je te vis prosternée
« devant moi, épurée par de longues austérités
« du peu de souillure qu'avait pu laisser en
« toi la tache originelle. Que tu étais belle !
« ton regard cherchait ton Dieu dans le ciel,
« et ma main tremblante l'apporta sur tes
« lèvres pures que jamais lèvre humaine n'osa
« effleurer. Être angélique, j'étais seul à par-
« tager les secrets du Seigneur, ou plutôt
« l'unique secret de la pureté de ton âme ;
« je t'unissais à ton Créateur, qui venait de
« descendre aussi dans mon sein. Hymen inef-
« fable dont l'Éternel fut le prêtre lui-même,
« vous étiez seul permis entre la Vierge et le
« Pasteur; la seule volupté de chacun de nous
« fut de voir une éternité de bonheur com-
« mencer pour l'autre, et de respirer ensemble
« les parfums du ciel, de prêter déjà l'oreille à
« ses concerts, et d'êtres sûrs que nos âmes
« dévoilées à Dieu seul et à nous étaient dignes
« de l'adorer ensemble.

« Quel scrupule pèse encore sur ton âme, ô
« ma sœur? Ne crois-tu pas que j'aie rendu

« un culte trop grand à ta vertu ? Crains-tu
« qu'une si pure admiration ne m'ait détourné
« de celle du Seigneur ?... »

Houmain en était là quand la porte par laquelle étaient sortis les témoins s'ouvrit tout à coup. Les juges, inquiets, se parlèrent à l'oreille. Laubardemont, incertain, fit signe aux pères pour savoir si c'était quelque scène exécutée par leur ordre ; mais, étant placés à quelque distance de lui et surpris eux-mêmes, ils ne purent lui faire entendre que ce n'était point eux qui avaient préparé cette interruption. D'ailleurs, avant que leurs regards eussent été échangés, l'on vit, à la grande stupéfaction de l'assemblée, trois femmes en chemise, pieds nus, la corde au cou, un cierge à la main, s'avancer jusqu'au milieu de l'estrade. C'était la supérieure, suivie des sœurs Agnès et Claire. Toutes deux pleuraient ; la supérieure était fort pâle, mais son port était assuré et ses yeux fixes et hardis : elle se mit à genoux ; ses compagnes l'imitèrent ; tout fut si troublé que personne ne songea à l'arrêter, et d'une voix claire et ferme, elle prononça ces mots, qui retentirent dans tous les coins de la salle :

« Au nom de la très sainte Trinité, moi, Jeanne de Belfiel, fille du baron de Cose ; moi, supérieure indigne du couvent des Ursulines de Loudun, je demande pardon à Dieu et aux hommes du crime que j'ai commis en accusant l'innocent Urbain Grandier. Ma possession était fausse, mes paroles suggérées, le remords m'accable...

— Bravo ! » s'écrièrent les tribunes et le peuple en frappant des mains. Les juges se levèrent ; les archers, incertains, regardèrent le président : il frémit de tout son corps, mais resta immobile.

— « Que chacun se taise ! dit-il d'une voix aigre ; archers, faites votre devoir ! »

Cet homme se sentait soutenu par une main si puissante, que rien ne l'effrayait, car la pensée du ciel ne lui était jamais venue.

— « Mes pères, que pensez-vous ? dit-il en faisant signe aux moines.

— Que le démon veut sauver son ami... *Obmutesce, Satanas !* » s'écria le père Lactance d'une voix terrible, ayant l'air d'exorciser encore la supérieure.

Jamais le feu mis à la poudre ne produisit un effet plus prompt que celui de ce seul mot. Jeanne de Belfiel se leva subitement, elle se leva dans toute sa beauté de vingt ans, que sa nudité terrible augmentait encore ; on eût dit une âme échappée de l'enfer apparaissant à son séducteur ; elle promena ses yeux noirs sur les moines ; Lactance baissa les siens ; elle fit deux pas vers lui avec ses pieds nus, dont les talons firent retentir fortement l'échafaudage ; son cierge semblait, dans sa main, le glaive de l'ange.

— « Taisez-vous, imposteur ! dit-elle avec énergie, le démon qui m'a possédée, c'est vous : vous m'avez trompée, il ne devait pas être jugé ; d'aujourd'hui seulement je sais qu'il l'est ; d'aujourd'hui j'entrevois sa mort ; je parlerai.

— Femme, le démon vous égare !

— Dites que le repentir m'éclaire : filles aussi malheureuses que moi, levez-vous : n'est-il pas innocent ?

— Nous le jurons ! » dirent encore à genoux les deux jeunes sœurs laies en fondant en larmes, parce qu'elles n'étaient pas animées par une résolution aussi forte que celle de la supérieure. Agnès même eut à peine dit ce mot que, se tournant du côté du peuple : « Secourez-moi, s'écria-t-elle ; ils me puniront, ils me feront mourir ! » Et, entraînant sa compagne, elle se jeta dans la foule, qui les accueillit avec amour ; mille voix leur jurèrent protection, des imprécations s'élevèrent, les hommes agitèrent leurs bâtons contre terre ; on n'osa pas empêcher le peuple de les faire sortir de bras en bras jusqu'à la rue.

Pendant cette nouvelle scène, les juges interdits chuchotaient, Laubardemont regardait les archers et leur indiquait les points où leur surveillance devait se porter ; souvent il montra du doigt le groupe noir. Les accusateurs regardèrent à la tribune de l'évêque de Poitiers, mais ils ne trouvèrent aucune expression sur sa figure apathique. C'était un de ces vieillards dont la mort s'empare dix ans avant que le mouvement cesse tout à fait en eux ; sa vue semblait voilée par un demi-sommeil ; sa bouche béante ruminait quelques paroles vagues et habituelles de piété qui n'avaient aucun sens ; il lui était resté assez d'intelligence pour distinguer le plus fort parmi les hommes et lui obéir, ne songeant même pas un moment à quel prix. Il avait donc signé la sentence des docteurs de Sorbonne qui déclarait les religieuses possédées, sans en tirer seulement la conséquence de la mort d'Urbain ; le reste lui semblait une de ces cérémonies plus ou moins longues auxquelles il ne prêtait aucune attention, accoutumé qu'il était à les voir et à vivre au milieu de leurs pompes, en étant même une partie et un meuble indispensable. Il ne donna donc aucun signe de vie en cette occasion, mais il conserva seulement un air parfaitement noble et nul.

Cependant le père Lactance, ayant eu un moment pour se remettre de sa vive attaque, se tourna vers le président et dit :

« Voici une preuve bien claire que le ciel nous envoie sur la possession, car jamais madame la supérieure n'avait oublié la modestie et la sévérité de son ordre.

— Que tout l'univers n'est-il ici pour me voir! dit Jeanne de Belfiel, toujours aussi ferme. Je ne puis être assez humiliée sur la terre, et le ciel me repoussera, car j'ai été votre complice. »

La sueur ruisselait sur le front de Laubardemont. Cependant, essayant de se remettre : « Quel conte absurde ! et qui vous y força donc, ma sœur ? »

La voix de la jeune fille devint sépulcrale ; elle en réunit toutes les forces, appuya la main sur son cœur, comme si elle eût voulu l'arracher, et, regardant Urbain Grandier, elle répondit : « L'amour ! »

L'assemblée frémit ; Urbain, qui, depuis son évanouissement, était resté la tête baissée et comme mort, leva lentement ses yeux sur elle et revint entièrement à la vie pour subir une douleur nouvelle. La jeune pénitente continua :

« Oui, l'amour qu'il a repoussé, qu'il n'a jamais connu tout entier, que j'avais respiré dans ses discours, que mes yeux avaient puisé dans ses regards célestes, que ses conseils mêmes ont accru. Oui, Urbain est pur comme l'ange, mais bon comme l'homme qui a aimé ; je ne le savais pas qu'il eût aimé ! C'est vous, dit-elle alors plus vivement, montrant Lactance, Barré et Mignon, et quittant l'accent de la passion pour celui de l'indignation, c'est vous qui m'avez appris qu'il aimait, vous qui ce matin m'avez trop cruellement vengée en tuant ma rivale par un mot ! Hélas ! je ne voulais que les séparer. C'était un crime ; mais je suis Italienne par ma mère ; je brûlais, j'étais jalouse ; vous me permettiez de voir Urbain, de l'avoir pour ami et de le voir tous les jours... »

Elle se tut ; puis, criant : « Peuple, il est innocent ! Martyr, pardonne-moi ! j'embrasse tes pieds ! » Elle tomba aux pieds d'Urbain, et versa enfin des torrents de larmes.

Urbain éleva ses mains liées étroitement, et, lui donnant sa bénédiction, dit d'une voix douce, mais faible :

« Allez, ma sœur, je vous pardonne au nom de Celui que je verrai bientôt ; je vous l'avais dit autrefois, et vous le voyez à présent, les passions font bien du mal quand on ne cherche pas à les tourner vers le ciel ! »

La rougeur monta pour la seconde fois sur le front de Laubardemont : « Malheureux ! dit-il, tu prononces les paroles de l'Église.

— Je n'ai pas quitté son sein, dit Urbain.

— Qu'on emporte cette fille ! » dit le président.

Quand les archers voulurent obéir, ils s'aperçurent qu'elle avait serré avec tant de force la corde suspendue à son cou, qu'elle était rouge et presque sans vie. L'effroi fit sortir toutes les femmes de l'assemblée, plusieurs furent emportées évanouies ; mais la salle n'en fut pas moins pleine, les rangs se serraient, et les hommes de la rue débordaient dans l'intérieur.

Les juges épouvantés se levèrent, et le président essaya de faire vider la salle ; mais le peuple, se couvrant, demeura dans une effrayante immobilité ; les archers n'étaient plus assez nombreux, il fallut céder, et Laubardemont, d'une voix troublée, dit que le conseil allait se retirer pour une demi-heure. Il leva la séance ; le public, sombre, demeura debout.

CHAPITRE V

LE MARTYRE

La torture interroge et la douleur répond.

Les Templiers.

'INTÉRÊT non suspendu de ce demi-procès, son appareil et ses interruptions, tout avait tenu l'esprit public si attentif, que nulle conversation particulière n'avait pu s'engager. Quelques cris avaient été jetés, mais simultanément, mais sans qu'aucun spectateur se doutât des impressions de son voisin, ou cherchât même à les deviner ou à communiquer les siennes. Cependant, lorsque le public fut abandonné à lui-même, il se fit comme une explosion de paroles bruyantes. On distinguait

plusieurs voix, dans ce chaos, qui dominaient le bruit général, comme un chant de trompettes domine la basse continue d'un orchestre.

Il y avait encore à cette époque assez de simplicité primitive dans les gens du peuple pour qu'ils fussent persuadés par les mystérieuses fables des agents qui les travaillaient, au point de n'oser porter un jugement d'après l'évidence ; et la plupart attendirent avec effroi la rentrée des juges, se disant à demi voix ces mots prononcés avec un certain air de mystère et d'importance qui sont ordinairement le cachet de la sottise craintive : « On ne sait qu'en penser, monsieur ! — Vraiment, madame, voilà des choses extraordinaires qui se passent ! — Nous vivons dans un temps bien singulier ! — Je me serais bien douté d'une partie de tout ceci ; mais, ma foi, je n'aurais pas prononcé, et je ne le ferais pas encore ! — Qui vivra verra, » etc. Discours idiots de la foule, qui ne servent qu'à montrer qu'elle est au premier qui la saisira fortement. Ceci était la basse continue ; mais du côté du groupe noir on entendait d'autres choses : « Nous laisserons-nous faire ainsi ? Quoi ! pousser l'audace jusqu'à brûler notre lettre au Roi ! Si le Roi le savait ! — Les barbares ! les imposteurs ! avec quelle adresse leur complot est formé ! le meurtre s'accomplira-t-il sous nos yeux ? aurons-nous peur de ces archers ? — Non, non,

non. » C'étaient les trompettes et les dessus de ce bruyant orchestre.

On remarquait le jeune avocat, qui, monté sur un banc, commença par déchirer en mille pièces un cahier de papier ; ensuite, élevant la voix : « Oui, s'écria-t-il, je déchire et jette au vent le plaidoyer que j'avais préparé en faveur de l'accusé ; on a supprimé les débats : il ne m'est pas permis de parler pour lui ; je ne peux parler qu'à vous, peuple, et je m'en applaudis ; vous avez vu ces juges infâmes : lequel peut encore entendre la vérité ? lequel est digne d'écouter l'homme de bien ? lequel osera soutenir son regard ? Que dis-je ? ils la connaissent tout entière, la vérité, ils la portent dans leur sein coupable ; elle ronge leur cœur comme un serpent ; ils tremblent dans leur repaire, où ils dévorent sans doute leur victime ; ils tremblent parce qu'ils ont entendu les cris de trois femmes abusées. Ah ! qu'allais-je faire ? j'allais parler pour Urbain Grandier ! Quelle éloquence eût égalé celle de ces infortunées ? quelles paroles vous eussent fait mieux voir son innocence ? Le ciel s'est armé pour lui en les appelant au repentir et au dévouement ; le ciel achèvera son ouvrage.

— *Vade retro, Satanas!* » prononcèrent des voix entendues par une fenêtre assez élevée.

Fournier s'interrompit un moment :

« Entendez-vous, reprit-il, ces voix qui parodient le langage divin ? Je suis bien trompé, ou ces instruments d'un pouvoir infernal préparent par ce chant quelque nouveau maléfice.

— Mais, s'écrièrent tous ceux qui l'entouraient, guidez-nous : que ferons-nous ? qu'ont-ils fait de lui ?

— Restez ici, soyez immobiles, soyez silencieux, répondit le jeune avocat : l'inertie d'un peuple est toute-puissante, c'est là sa sagesse, c'est là sa force. Regardez en silence, et vous ferez trembler.

— Ils n'oseront sans doute pas reparaître, dit le comte du Lude.

— Je voudrais bien revoir ce grand coquin rouge, dit Grand-Ferré, qui n'avait rien perdu de tout ce qu'il avait vu.

— Et ce bon monsieur le curé, » murmura le vieux père Guillaume Leroux, en regardant tous ses enfants irrités qui se parlaient bas en mesurant et comptant les archers. Ils se moquaient même de leur habit, et commençaient à les montrer au doigt.

Cinq-Mars, toujours adossé au pilier derrière lequel il s'était placé d'abord, toujours enveloppé dans son manteau noir, dévorait des yeux tout ce qui se passait, ne perdait pas un mot de ce qu'on disait, et remplissait son cœur de fiel et d'amertume ; de violents désirs de meurtre et de vengeance, une envie indéterminée de frapper, le saisissaient malgré lui : c'est la première impression que produise le mal sur l'âme d'un jeune homme ; plus tard, la tristesse remplace la colère ; plus tard, c'est l'indifférence et le mépris ; plus tard encore, une admiration calculée pour les grands scélérats qui ont réussi ; mais c'est lorsque, des deux éléments de l'homme, la boue l'emporte sur l'âme.

Cependant, à droite de la salle, et près de l'estrade élevée pour les juges, un groupe de femmes semblait fort occupé à considérer un enfant d'environ huit ans, qui s'était avisé de monter sur une corniche à l'aide des bras de sa sœur Martine que nous avons vue plaisantée à toute outrance par le jeune soldat Grand-Ferré. Cet enfant, n'ayant plus rien à voir après la sortie du tribunal, s'était élevé, à l'aide des pieds et des mains, jusqu'à une petite lucarne qui laissait passer une lumière très faible, et qu'il pensa renfermer un nid d'hirondelles ou quelque autre trésor de son âge ; mais, quand il se fut bien établi les deux pieds sur la corniche du mur et les mains attachées aux barreaux d'une ancienne châsse de saint Jérôme, il eût voulu être bien loin et cria :

« Oh ! ma sœur, ma sœur, donne-moi la main pour descendre !

— Qu'est-ce que tu vois donc ? s'écria Martine.

— Oh ! je n'ose pas le dire ; mais je veux descendre. Et il se mit à pleurer.

— Reste, reste, dirent toutes les femmes, reste, mon enfant, n'aie pas peur, et dis-nous bien ce que tu vois.

— Eh bien, c'est qu'on a couché le curé entre deux grandes planches qui lui serrent les jambes, il y a des cordes autour des planches.

— Ah ! c'est la question, dit un homme de la ville. Regarde bien, mon ami, que vois-tu encore ? »

L'enfant, rassuré, se remit à la lucarne avec plus de confiance, et, retirant sa tête, il reprit :

« Je ne vois plus le curé, parce que tous les juges sont autour de lui à le regarder, et que leurs grandes robes m'empêchent de voir. Il y a aussi des capucins qui se penchent pour lui parler tout bas. »

La curiosité assembla plus de monde aux pieds du jeune garçon, et chacun fit silence, attendant avec anxiété sa première parole, comme si la vie de tout le monde en eût dépendu.

— « Je vois, reprit-il, le bourreau qui enfonce quatre morceaux de bois entre les cordes, après que les capucins ont béni les marteaux et les clous... Ah ! mon Dieu ! ma sœur, comme ils ont l'air fâché contre lui, parce qu'il ne parle pas... Maman, maman, donne-moi la main, je veux descendre. »

Au lieu de sa mère, l'enfant, en se retournant, ne vit plus que des visages mâles qui le regardaient avec une avidité triste et lui faisaient signe de continuer. Il n'osa pas descendre, et se remit à la fenêtre en tremblant.

— « Oh! je vois le père Lactance et le père Barré qui enfoncent eux-mêmes d'autres morceaux de bois qui lui serrent les jambes. Oh! comme il est pâle! il a l'air de prier Dieu; mais voilà sa tête qui tombe en arrière comme s'il mourait. Ah! ôtez-moi de là... »

Et il tomba dans les bras du jeune avocat, de M. du Lude et de Cinq-Mars, qui s'étaient approchés pour le soutenir.

— « *Deus stetit in synagoga deorum : in medio autem Deus dijudicat...* » chantèrent des voix fortes et nasillardes qui sortaient de cette petite fenêtre; elles continuèrent longtemps un plain-chant de psaumes entrecoupé par des coups de marteau, ouvrage infernal qui marquait la mesure des chants célestes. On aurait pu se croire près de l'antre d'un forgeron; mais les coups étaient sourds et faisaient bien sentir que l'enclume était le corps d'un homme.

— « Silence! dit Fournier, il parle; les chants et les coups s'interrompent. »

Une faible voix en effet dit lentement : « O mes pères! adoucissez la rigueur de vos tourments, car vous réduiriez mon âme au désespoir, et je chercherais à me donner la mort. »

Ici partit et s'élança jusqu'aux voûtes l'explosion des cris du peuple; les hommes, furieux, se jettent sur l'estrade et l'emportent d'assaut sur les archers étonnés et hésitants; la foule sans armes les pousse, les presse, les étouffe contre les murs, et tient leurs bras sans mouvement; ses flots se précipitent sur les portes qui conduisent à la chambre de la question, et, les faisant crier sous leur poids, menacent de les enfoncer; l'injure retentit par mille voix formidables et va épouvanter les juges.

— « Ils sont partis, ils l'ont emporté! » s'écrie un homme.

Tout s'arrête aussitôt, et, changeant de direction, la foule s'enfuit de ce lieu détestable et s'écoule rapidement dans les rues. Une singulière confusion y régnait.

La nuit était venue pendant la longue séance, et des torrents de pluie tombaient du ciel. L'obscurité était effrayante; les cris des femmes glissant sur le pavé ou repoussées par le pas des chevaux des gardes, les cris sourds et simultanés des hommes rassemblés et furieux, le tintement continuel des cloches qui annonçaient le supplice avec les coups répétés de l'agonie, les roulements d'un tonnerre lointain, tout s'unissait pour le désordre. Si l'oreille était étonnée, les yeux ne l'étaient pas moins; quelques torches funèbres allumées au coin des rues et jetant une lumière capricieuse montraient des gens armés et à cheval qui passaient au galop en écrasant la foule : ils couraient se réunir sur la place de Saint-Pierre ; des tuiles les frappaient quelquefois dans leur passage, mais, ne pouvant atteindre le coupable éloigné, ces tuiles tombaient sur le voisin innocent. La confusion était extrême, et devint plus grande encore lorsque, débouchant par toutes les rues sur cette place nommée Saint-Pierre-le-Marché, le peuple la trouva barricadée de tous côtés et remplie de gardes à cheval et d'archers. Des charrettes liées aux bornes des rues en fermaient toutes les issues, et des sentinelles armées d'arquebuses étaient auprès. Sur le milieu de la place s'élevait un bûcher composé de poutres énormes posées les unes sur les autres de manière à former un carré parfait ; un bois plus blanc et plus léger les recouvrait ; un immense poteau s'élevait au centre de cet échafaud. Un homme vêtu de rouge et tenant une torche baissée était debout près de cette sorte de mât, qui s'apercevait de loin. Un réchaud énorme, recouvert de tôle à cause de la pluie, était à ses pieds.

A ce spectacle la terreur ramena partout un profond silence ; pendant un instant on n'entendit plus que le bruit de la pluie qui tombait par torrents, et du tonnerre qui s'approchait.

Cependant Cinq-Mars, accompagné de
MM. du Lude et Fournier, et de tous les
personnages les plus importants, s'était mis à
l'abri de l'orage sous le péristyle de l'église de
Sainte-Croix, élevée sur vingt degrés de pierre.
Le bûcher était en face, et de cette hauteur on
pouvait voir la place dans toute son étendue.
Elle était entièrement vide, et l'eau seule des
larges ruisseaux la traversait ; mais toutes les
fenêtres des maisons s'éclairaient peu à peu, et
faisaient ressortir en noir les têtes d'hommes et
de femmes qui se pressaient aux balcons. Le
jeune d'Effiat contemplait avec tristesse ce
menaçant appareil ; élevé dans les sentiments
d'honneur, et bien loin de toutes ces noires
pensées que la haine et l'ambition peuvent faire
naître dans le cœur de l'homme, il ne compre-
nait pas que tant de mal pût être fait sans
quelque motif puissant et secret ; l'audace d'une
telle condamnation lui sembla si incroyable, que
sa cruauté même commençait à la justifier à ses
yeux ; une secrète horreur se glissa dans son
âme, la même qui faisait taire le peuple ; il oublia presque l'intérêt que le malheureux Urbain
lui avait inspiré, pour chercher s'il n'était pas
possible que quelque intelligence secrète avec
l'enfer eût justement provoqué de si excessives
rigueurs ; et les révélations publiques des religieuses et les récits de son respectable gouver-

neur s'affaiblirent dans sa mémoire, tant le succès est puissant, même aux yeux des êtres distingués ! tant la force en impose à l'homme, malgré la voix de sa conscience ! Le jeune voyageur se demandait déjà s'il n'était pas probable que la torture eût arraché quelque monstrueux aveu à l'accusé, lorsque l'obscurité dans laquelle était l'église cessa tout à coup ; ses deux grandes portes s'ouvrirent, et, à la lueur d'un nombre infini de flambeaux, parurent tous les juges et les ecclésiastiques entourés de gardes ; au milieu d'eux s'avançait Urbain, soulevé ou plutôt porté par six hommes vêtus en pénitents noirs, car ses jambes unies et entourées de bandages ensanglantés semblaient rompues et incapables de le soutenir. Il y avait tout au plus deux heures que Cinq-Mars ne l'avait vu, et cependant il eut peine à reconnaître la figure qu'il avait remarquée à l'audience : toute couleur, tout embonpoint en avaient disparu ; une pâleur mortelle couvrait une peau jaune et luisante comme l'ivoire ; le sang paraissait avoir quitté toutes ses veines ; il ne restait de vie que dans ses yeux noirs, qui semblaient être devenus deux fois plus grands, et dont il promenait les regards languissants autour de lui ; ses cheveux bruns étaient épars sur son cou et sur une chemise blanche qui le couvrait tout entier ; cette sorte de robe à larges manches avait une teinte jaunâtre et portait avec elle une odeur de soufre ; une longue et forte corde entourait son cou et tombait sur son sein. Il ressemblait à un fantôme, mais à celui d'un martyr.

Urbain s'arrêta, ou plutôt fut arrêté sur le péristyle de l'église : le capucin Lactance lui plaça dans la main droite et y soutint une torche ardente, et lui dit avec une dureté inflexible : « Fais amende honorable, et demande pardon à Dieu de ton crime de magie. »

Le malheureux éleva la voix à peine, et dit, les yeux au ciel :

« Au nom du Dieu vivant, je t'ajourne à trois ans, Laubardemont, juge prévaricateur ! On a éloigné mon confesseur, et j'ai été réduit à verser mes fautes dans le sein de Dieu même, car mes ennemis m'entourent : j'en atteste ce Dieu de miséricorde, je n'ai jamais été magicien ; je n'ai connu de mystères que ceux de la religion catholique, apostolique et romaine dans laquelle je meurs : j'ai beaucoup péché contre moi, mais jamais contre Dieu et Notre-Seigneur...

— N'achève pas ! s'écria le capucin, affectant de lui fermer la bouche avant qu'il prononçât le nom du Sauveur ; misérable endurci, retourne au démon qui t'a envoyé ! »

Il fit signe à quatre prêtres, qui, s'approchant avec des goupillons à la main, exorcisèrent l'air que le magicien respirait, la terre qu'il touchait et le bois qui devait le brûler. Pendant cette cérémonie, le lieutenant criminel lut à la hâte l'arrêt, que l'on trouve encore dans les pièces de ce procès, en date du 10 août 1639, *déclarant Urbain Grandier dûment atteint et convaincu du crime de magie, maléfice, possession, ès personnes d'aucunes religieuses ursulines de Loudun, et autres, séculiers,* etc.

Le lecteur, ébloui par un éclair, s'arrêta un instant, et, se tournant du côté de M. de Laubardemont, lui demanda si, vu le temps qu'il faisait, l'exécution ne pouvait pas être remise au lendemain ; celui-ci répondit :

« L'arrêt porte exécution dans les vingt-quatre heures : ne craignez point ce peuple incrédule, il va être convaincu.... »

Toutes les personnes les plus considérables et beaucoup d'étrangers étaient sous le péristyle et s'avancèrent, Cinq-Mars parmi eux.

— « Le magicien n'a jamais pu prononcer le nom du Sauveur et repousse son image. »

Lactance sortit en ce moment du milieu des pénitents, ayant dans sa main un énorme crucifix de fer qu'il semblait tenir avec précaution et respect ; il l'approcha des lèvres du patient, qui, effectivement, se jeta en arrière, et, réunissant toutes ses forces, fit un geste du bras qui fit tomber la croix des mains du capucin.

— « Vous le voyez, s'écria celui-ci, il a renversé le crucifix ! »

Un murmure s'éleva dont le sens était incertain.

— « Profanation ! » s'écrièrent les prêtres.

On s'avança vers le bûcher.

Cependant Cinq-Mars, se glissant derrière un pilier, avait tout observé d'un œil avide ; il vit avec étonnement que le crucifix, en tombant sur les degrés, plus exposés à la pluie que la plate-forme, avait fumé et produit le bruit du plomb fondu jeté dans l'eau. Pendant que l'attention publique se portait ailleurs, il s'avança et y porta une main qu'il sentit vivement brûlée. Saisi d'indignation et de toute la fureur d'un cœur loyal, il prend le crucifix avec les plis de son manteau, s'avance vers Laubardemont, et le frappant au front :

« Scélérat, s'écrie-t-il, porte la marque de ce fer rougi ! »

La foule entend ce mot et se précipite.

— « Arrêtez cet insensé ! » dit en vain l'indigne magistrat.

Il était saisi lui-même par des mains d'hommes qui criaient : « Justice ! au nom du Roi !

— Nous sommes perdus ! dit Lactance, au bûcher ! au bûcher ! »

Les pénitents traînent Urbain vers la place,

tandis que les juges et les archers rentrent dans l'église et se débattent contre des citoyens furieux : le bourreau, sans avoir le temps d'attacher sa victime, se hâta de la coucher sur le bois et d'y mettre la flamme. Mais la pluie tombait par torrents, et chaque poutre, à peine enflammée, s'éteignait en fumant. En vain Lactance et les autres chanoines eux-mêmes excitaient le foyer, rien ne pouvait vaincre l'eau qui tombait du ciel.

Cependant le tumulte qui avait lieu au péristyle de l'église s'était étendu tout autour de la place. Le cri de *justice* se répétait et circulait avec le récit de ce qui s'était découvert ; deux barricades avaient été forcées, et, malgré trois coups de fusil, les archers étaient repoussés peu à peu vers le centre de la place. En vain faisaient-ils bondir leurs chevaux dans la foule, elle les pressait de ses flots croissants. Une demi-heure se passa dans cette lutte, où la garde reculait toujours vers le bûcher, qu'elle cachait en se resserrant.

— « Avançons, avançons, disait un homme, nous le délivrerons ; ne frappez pas les soldats, mais qu'ils reculent. Voyez-vous, Dieu ne veut pas qu'il meure. Le bûcher s'éteint ; amis, encore un effort. — Bien. — Renversez ce cheval. — Poussez, précipitez-vous. »

La garde était rompue et renversée de toutes

parts; le peuple se jette en hurlant sur le bûcher, mais aucune lumière n'y brillait plus : tout avait disparu, même le bourreau. On arrache, on disperse les planches : l'une d'elles brûlait encore, et sa lueur fit voir sous un amas de cendre et de boue sanglante une main noircie, préservée du feu par un énorme bracelet de fer et une chaîne. Une femme eut le courage de l'ouvrir ; les doigts serraient une petite croix d'ivoire et une image de sainte Madeleine.

— « Voilà ses restes ! dit-elle en pleurant.

— Dites les reliques du martyr, » répondit un homme.

CHAPITRE VI

LE SONGE

Le bien de la fortune est un bien périssable.
Quand on bastit sur elle, on bastit sur le sable ;
Plus on est eslevé, plus on court de dangers.
Les grands pins sont en butte aux coups de la tempeste...

RACAN.

Les vergers languissants, altérés de chaleurs,
Balancent des rameaux dépourvus de feuillage,
Il semble que l'hiver ne quitte pas les cieux.

—*Maria*, JULES LEFÈVRE.

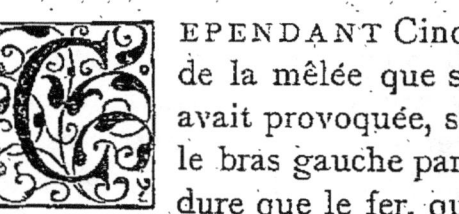EPENDANT Cinq-Mars, au milieu de la mêlée que son emportement avait provoquée, s'était senti saisir le bras gauche par une main aussi dure que le fer, qui, le tirant de la foule jusqu'au bas des degrés, le jeta derrière le mur de l'église, et lui fit voir la figure noire du vieux Grandchamp, qui dit d'une voix brusque : « Monsieur, ce n'était rien que d'attaquer

trente mousquetaires dans un bois à Chaumont, parce que nous étions à quelques pas de vous sans que vous l'ayez su, que nous vous aurions aidé au besoin, et que d'ailleurs vous aviez affaire à des gens d'honneur ; mais ici c'est différent. Voici vos chevaux et vos gens au bout de la rue : je vous prie de monter à cheval et de sortir de la ville, ou bien de me renvoyer chez madame la maréchale, parce que je suis responsable de vos bras et de vos jambes, que vous exposez bien lestement. »

Cinq-Mars, quoique un peu étourdi de cette manière brusque de rendre service, ne fut pas fâché de sortir ainsi, ayant eu le temps de réfléchir au désagrément qu'il y aurait d'être reconnu pour ce qu'il était, après avoir frappé le chef de l'autorité judiciaire et l'agent du Cardinal même qui allait le présenter au Roi. Il remarqua aussi qu'il s'était assemblé autour de lui une foule de gens de la lie du peuple, parmi lesquels il rougissait de se trouver. Il suivit donc sans raisonner son vieux domestique, et trouva en effet les trois autres serviteurs qui l'attendaient. Malgré la pluie et le vent, il monta à cheval et fut bientôt sur la grand'route avec son escorte, ayant pris le galop pour ne pas être poursuivi.

A peine sorti de Loudun, le sable du chemin, sillonné par de profondes ornières que l'eau remplissait entièrement, le força de ralentir le pas. La pluie continuait à tomber à torrents, et son manteau était presque traversé. Il en sentit un plus épais recouvrir ses épaules ; c'était encore son vieux valet de chambre qui l'approchait et lui donnait ces soins maternels.

— « Eh bien, Grandchamp, à présent que nous voilà hors de cette bagarre, dis-moi donc comment tu t'es trouvé là, dit Cinq-Mars, quand je t'avais ordonné de rester chez l'abbé. — Parbleu ! monsieur, répondit d'un air grondeur le vieux serviteur, croyez-vous que je vous obéisse plus qu'à M. le Maréchal ? Quand feu mon maître me disait de rester dans sa tente et qu'il me voyait derrière lui dans la fumée du canon, il ne se plaignait pas, parce qu'il avait un cheval de rechange quand le sien était tué, et il ne me grondait qu'à la réflexion. Il est vrai que pendant quarante ans que je l'ai servi, je ne lui ai rien vu faire de semblable à ce que vous avez fait depuis quinze jours que je suis avec vous. Ah ! ajouta-t-il en soupirant, nous allons bien, et, si cela continue, je suis destiné à en voir de belles, à ce qu'il paraît.

— Mais sais-tu, Grandchamp, que ces coquins avaient fait rougir le crucifix, et qu'il n'y a pas d'honnête homme qui ne se fût mis en fureur comme moi ?

— Excepté M. le Maréchal votre père, qui

n'aurait point fait ce que vous faites, monsieur.

— Et qu'aurait-il donc fait?

— Il aurait laissé brûler très tranquillement ce curé par les autres curés, et m'aurait dit : « Grandchamp, aie soin que mes chevaux aient « de l'avoine, et qu'on ne la retire pas ; » ou bien : « Grandchamp, prends bien garde que la pluie « ne fasse rouiller mon épée dans le fourreau et « ne mouille l'amorce de mes pistolets ; » car M. le Maréchal pensait à tout et ne se mêlait jamais de ce qui ne le regardait pas. C'était son grand principe ; et, comme il était, Dieu merci, aussi bon soldat que général, il avait toujours soin de ses armes comme le premier lansquenet venu, et il n'aurait pas été seul contre trente jeunes gaillards avec une petite épée de bal. »

Cinq-Mars sentait fort bien les pesantes épigrammes du bonhomme, et craignait qu'il ne l'eût suivi plus loin que le bois de Chaumont ; mais il ne voulait pas l'apprendre, de peur d'avoir des explications à donner, ou un mensonge à faire, ou le silence à ordonner ; ce qui eût été un aveu et une confidence ; il prit le parti de piquer son cheval et de passer devant son vieux domestique ; mais celui-ci n'avait pas fini, et, au lieu de marcher à la droite de son maître, il revint à sa gauche et continua la conversation.

— « Croyez-vous, monsieur, par exemple, que je me permette de vous laisser aller où vous voulez, sans vous suivre? Non, monsieur, j'ai trop avant dans l'âme le respect que je dois à madame la marquise pour me mettre dans le cas de m'entendre dire : « Grand-
« champ, mon fils a été tué d'une balle ou
« d'un coup d'épée; pourquoi n'étiez-vous pas
« devant lui? » ou bien : « Il a reçu un coup
« de stylet d'un Italien, parce qu'il allait la
« nuit sous la fenêtre d'une grande princesse;
« pourquoi n'avez-vous pas arrêté l'assassin? »
Cela serait fort désagréable pour moi, monsieur, et jamais on n'a rien eu de ce genre à me reprocher. Une fois M. le Maréchal me prêta à son neveu, M. le Comte, pour faire une campagne dans les Pays-Bas, parce que je sais l'espagnol; eh bien, je m'en suis tiré avec honneur, comme je le fais toujours. Quand M. le Comte reçut son boulet dans le bas-ventre, je ramenai moi seul ses chevaux, ses mulets, sa tente et tout son équipage, sans qu'il manquât un mouchoir, monsieur; et je puis vous assurer que les chevaux étaient aussi bien pansés et harnachés, en rentrant à Chaumont, que si M. le Comte eût été prêt à partir pour la chasse. Aussi n'ai-je reçu que des compliments et des choses agréables de toute la famille, comme j'aime à m'en entendre dire.

— C'est très-bien, mon ami, dit Henri d'Effiat, je te donnerai peut-être un jour des chevaux à ramener ; mais, en attendant, prends donc cette grande bourse d'or que j'ai pensé perdre deux ou trois fois, et tu payeras pour moi partout ; cela m'ennuie tant !...

— M. le Maréchal ne faisait pas cela, monsieur. Comme il avait été surintendant des finances, il comptait son argent de sa main ; et je crois que vos terres ne seraient pas en si bon état et que vous n'auriez pas tant d'or à compter vous-même s'il eût fait autrement ; ayez donc la bonté de garder votre bourse, dont vous ne savez sûrement pas le contenu exactement.

— Ma foi non ! »

Grandchamp fit entendre un profond soupir à cette exclamation dédaigneuse de son maître.

— « Ah ! monsieur le marquis ! monsieur le marquis ! quand je pense que le grand roi Henri, devant mes yeux, mit dans sa poche ses gants de chamois parce que la pluie les gâtait ; quand je pense que M. de Rosny lui refusait de l'argent, quand il en avait trop dépensé ; quand je pense...

— Quand tu penses, tu es bien ennuyeux, mon ami, interrompit son maître, et tu ferais mieux de me dire ce que c'est que cette figure noire qui me semble marcher dans la boue derrière nous.

— Je crois que c'est quelque pauvre paysanne qui veut demander l'aumône ; elle peut nous suivre aisément, car nous n'allons pas vite avec ce sable où s'enfoncent les chevaux jusqu'aux jarrets. Nous irons peut-être aux Landes un jour, monsieur, et vous verrez alors un pays comme celui-ci, des sables et de grands sapins tout noirs ; c'est un cimetière continuel à droite et à gauche de la route, et en voici un petit échantillon. Tenez, à présent que la pluie a cessé et qu'on y voit un peu, regardez toutes ces bruyères et cette grande plaine sans un village ni une maison. Je ne sais pas trop où nous passerons la nuit ; mais, si monsieur me croit, nous couperons des branches d'arbres, et nous bivouaquerons ; vous verrez comme je sais faire une baraque avec un peu de terre : on a chaud là-dessous comme dans un bon lit.

— J'aime mieux continuer jusqu'à cette lumière que j'aperçois à l'horizon, dit Cinq-Mars ; car je me sens, je crois, un peu de fièvre, et j'ai soif. Mais va-t'en derrière, je veux marcher seul ; rejoins les autres, et suis-moi. »

Grandchamp obéit, et se consola en donnant à Germain, Louis et Étienne, des leçons sur la manière de reconnaître le terrain la nuit.

Cependant son jeune maître était accablé de fatigue. Les émotions violentes de la journée avaient remué profondément son âme ; et ce long voyage à cheval, ces deux derniers jours, presque sans nourriture, à cause des événements précipités, la chaleur du soleil, le froid glacial de la nuit, tout contribuait à augmenter son malaise, à briser son corps délicat. Pendant trois heures il marcha en silence devant ses gens, sans que la lumière qu'il avait vue à l'horizon parût s'approcher; il finit par ne plus la suivre des yeux, et sa tête, devenue plus pesante, tomba sur sa poitrine; il abandonna les rênes à son cheval fatigué, qui suivit de lui-même la grand'route, et, croisant les bras, il se laissa bercer par le mouvement monotone de son compagnon de voyage, qui buttait souvent contre de gros cailloux jetés par les chemins. La pluie avait cessé, ainsi que la voix des domestiques, dont les chevaux suivaient à la file celui du maître. Ce jeune homme s'abandonna librement à l'amertume de ses pensées; il se demanda si le but éclatant de ses espérances ne le fuirait pas dans l'avenir et de jour en jour, comme cette lumière phosphorique le fuyait dans l'horizon de pas en pas. Était-il probable que cette jeune Princesse, rappelée presque de force à la cour galante d'Anne d'Autriche, refusât toujours les mains, peut-être royales, qui lui seraient offertes? Quelle apparence qu'elle se résignât à renoncer au trône pour attendre qu'un caprice de la fortune vînt réaliser des espérances romanesques et saisir un adolescent presque dans les derniers rangs de l'armée, pour le porter à une telle élévation avant que l'âge de l'amour fût passé! Qui l'assurait que les vœux mêmes de Marie de Gonzague eussent été bien sincères? « Hélas! se disait-il, peut-être est-elle parvenue à s'étourdir elle-même sur ses propres sentiments; la solitude de la campagne avait préparé son âme à recevoir des impressions profondes. J'ai paru, elle a cru que j'étais celui qu'elle avait rêvé; notre âge et mon amour ont fait le reste. Mais lorsqu'à la cour elle aura mieux appris, par l'intimité de la Reine, à contempler de bien haut les grandeurs auxquelles j'aspire, et que je ne vois encore que de bien bas; quand elle se verra tout à coup en possession de tout son avenir, et qu'elle mesurera d'un coup d'œil sûr le chemin qu'il me faut faire; quand elle entendra, autour d'elle, prononcer des serments semblables aux miens par des voix qui n'auraient qu'un mot à dire pour me perdre et détruire celui qu'elle attend pour son mari, pour son seigneur, ah! insensé que j'ai été! elle verra toute sa folie et s'irritera de la mienne. »

C'était ainsi que le plus grand malheur de l'amour, le doute, commençait à déchirer son cœur malade; il sentait son sang brûlé se porter à la tête et l'appesantir; souvent il tombait sur le cou de son cheval ralenti, et un demi-sommeil accablait ses yeux; les sapins noirs qui bordaient la route lui paraissaient de gigantesques cadavres qui passaient à ses côtés; il vit ou crut voir la même femme vêtue de noir qu'il avait montrée à Grandchamp s'approcher de lui jusqu'à toucher les crins de son cheval, tirer son manteau et s'enfuir en ricanant; le sable de la route lui parut une rivière qui coulait sur lui en voulant remonter vers sa source : cette vue bizarre éblouit ses yeux affaiblis; il les ferma et s'endormit sur son cheval.

Bientôt il se sentit arrêté; mais le froid l'avait saisi. Il entrevit des paysans, des flambeaux, une masure, une grande chambre où on le transportait, un vaste lit dont Grandchamp fermait les lourds rideaux, et se rendormit étourdi par la fièvre qui bourdonnait à ses oreilles.

Des songes plus rapides que les grains de poussière chassés par le vent tourbillonnaient sous son front; il ne pouvait les arrêter et s'agitait sur sa couche. Urbain Grandier torturé, sa mère en larmes, son gouverneur armé, Bassompierre chargé de chaînes, passaient en lui faisant un signe d'adieu; il porta la main sur sa tête en dormant et fixa le rêve, qui sembla se développer sous ses yeux comme un tableau de sable mouvant :

Une place publique couverte d'un peuple étranger, un peuple du Nord qui jetait des cris de joie, mais des cris sauvages ; une haie de gardes, de soldats farouches ; ceux-ci étaient Français.

— « Viens avec moi, dit d'une voix douce Marie de Gonzague en lui prenant la main. Vois-tu, j'ai un diadème ; voici ton trône, viens avec moi. »

Et elle l'entraînait, et le peuple criait toujours.

Il marcha, il marcha longtemps.

— « Pourquoi donc êtes-vous triste, si vous êtes reine ? » disait-il en tremblant. Mais elle était pâle, et sourit sans parler. Elle monta et s'élança sur les degrés, sur un trône, et s'assit : « Monte, » disait-elle en tirant sa main avec force.

Mais ses pieds faisaient crouler toujours de lourdes solives, et il ne pouvait monter.

— « Rends grâce à l'amour, » reprit-elle.

Et la main, plus forte, le souleva jusqu'en haut. Le peuple cria.

Il s'inclinait pour baiser cette main secourable, cette main adorée... c'était celle du bourreau !

— « O ciel ! » s'écria Cinq-Mars en poussant un profond soupir.

Et il ouvrit les yeux : une lampe vacillante

éclairait la chambre délabrée de l'auberge ; il referma sa paupière, car il avait vu, assise sur son lit, une femme, une religieuse, si jeune, si belle ! Il crut rêver encore, mais elle serrait fortement sa main. Il rouvrit ses yeux brûlants et les fixa sur cette femme.

— « O Jeanne de Belfiel ! est-ce vous ? La pluie a mouillé votre voile et vos cheveux noirs : que faites-vous ici, malheureuse femme ?

— Tais-toi, ne réveille pas mon Urbain ; il est dans la chambre voisine, qui dort avec moi. Oui, ma tête est mouillée, et mes pieds, regarde-les, mes pieds étaient si blancs autrefois ! Vois comme la boue les a souillés. Mais j'ai fait un vœu, je ne les laverai que chez le Roi, quand il m'aura donné la grâce d'Urbain. Je vais à l'armée pour le trouver ; je lui parlerai, comme Grandier m'a appris à lui parler, et il lui pardonnera ; mais, écoute, je lui demanderai aussi ta grâce ; car j'ai lu sur ton visage que tu es condamné à mort. Pauvre enfant ! tu es bien jeune pour mourir, tes cheveux bouclés sont beaux ; mais cependant tu es condamné, car tu as sur le front une ligne qui ne trompe jamais. L'homme que tu as frappé te tuera. Tu t'es trop servi de la croix, c'est là ce qui te porte malheur ; tu as frappé avec elle, et tu la portes au cou avec des cheveux... Ne cache pas ta tête sous tes draps ! T'aurais-je dit quelque chose qui t'afflige? ou bien est-ce que vous aimez, jeune homme? Ah! soyez tranquille, je ne ne dirai pas tout cela à votre amie; je suis folle, mais je suis bonne, bien bonne, et il y a trois jours encore que j'étais bien belle. Est-elle belle aussi? Oh! comme elle pleurera un jour! Ah! si elle peut pleurer, elle sera bien heureuse. »

Et Jeanne se mit tout à coup à réciter l'office des morts d'une voix monotone, avec une volubilité incroyable, toujours assise sur le lit, et tournant dans ses doigts les grains d'un long rosaire.

Tout à coup la porte s'ouvre; elle regarde et s'enfuit par une entrée pratiquée dans une cloison.

— « Que diable est-ce que ceci? Est-ce un lutin ou un ange qui dit la messe des morts sur vous, monsieur? et vous voilà sous vos draps comme dans un linceul. »

C'était la grosse voix de Grandchamp, qui fut si étonné, qu'il laissa tomber un verre de limonade qu'il apportait. Voyant que son maître ne lui répondait pas, il s'effraya encore plus et souleva les couvertures. Cinq-Mars était fort rouge et semblait dormir; mais son vieux domestique jugeait que le sang lui portant à la tête l'avait presque suffoqué; et, s'emparant d'un vase plein d'eau froide, il le lui versa tout entier sur le front. Ce remède militaire manque rarement son effet, et Cinq-Mars revint à lui en sautant.

— « Ah ! c'est toi, Grandchamp ! quels rêves affreux je viens de faire !

— Peste ! monsieur, vos rêves sont fort jolis, au contraire : j'ai vu la queue du dernier, vous choisissez très bien.

— Qu'est-ce que tu dis, vieux fou ?

— Je ne suis pas fou, monsieur ; j'ai de bons yeux, et j'ai vu ce que j'ai vu. Mais certainement, étant malade comme vous l'êtes, monsieur le maréchal ne...

— Tu radotes, mon cher ; donne-moi à boire, car la soif me dévore. O ciel ! quelle nuit ! je vois encore toutes ces femmes.

— Toutes ces femmes, monsieur ? Et combien y en a-t-il ici ?

— Je te parle d'un rêve, imbécile ! Quand tu resteras là immobile au lieu de me donner à boire !

— Cela me suffit, monsieur ; je vais demander d'autre limonade. »

Et, s'avançant à la porte, il cria du haut de l'escalier :

« Eh ! Germain ? Étienne ! Louis ! »

L'aubergiste répondit d'en bas :

« On y va, monsieur, on y va ; c'est qu'ils viennent de m'aider à courir après la folle.

— Quelle folle ? » dit Cinq-Mars s'avançant hors de son lit.

L'aubergiste entra, et ôtant son bonnet de coton, dit avec respect :

« Ce n'est rien, monsieur le marquis; c'est une folle qui est arrivée à pied cette nuit, et qu'on avait fait coucher près de cette chambre; mais elle vient de s'échapper : on n'a pas pu la rattraper.

— Comment, dit Cinq-Mars comme revenant à lui et passant la main sur ses yeux, je n'ai donc pas rêvé? Et ma mère, où est-elle? et le maréchal, et... Ah! c'est un songe affreux. Sortez tous. »

En même temps il se retourna du côté du mur, et ramena encore les couvertures sur sa tête.

L'aubergiste, interdit, frappa trois fois de suite sur son front avec le bout du doigt en regardant Grandchamp, comme pour lui demander si son maître était aussi en délire.

Celui-ci fit signe de sortir en silence; et, pour veiller pendant le reste de la nuit près de Cinq-Mars, profondément endormi, il s'assit seul dans un grand fauteuil de tapisserie, en exprimant des citrons dans un verre d'eau avec un air aussi grave et aussi sévère qu'Archimède calculant les flammes de ses miroirs.

CHAPITRE VII

LE CABINET

> Les hommes ont rarement le courage d'être tout à fait bons ou tout à fait méchants.
> MACHIAVEL.

AISSONS notre jeune voyageur endormi. Bientôt il va suivre en paix une grande et belle route. Puisque nous avons la liberté de promener nos yeux sur tous les points de la carte, arrêtons-les sur la ville de Narbonne.

Voyez la Méditerranée, qui étend, non loin de là, ses flots bleuâtres sur les rives sablonneuses. Pénétrez dans cette cité semblable à celle d'Athènes ; mais pour trouver celui qui y règne, suivez cette rue inégale et obscure, montez les degrés du vieux archevêché, et entrons dans la première et la plus grande des salles.

Elle était fort longue, mais éclairée par une suite de hautes fenêtres en ogive, dont la partie supérieure seulement avait conservé les vitraux bleus, jaunes et rouges, qui répandaient une lueur mystérieuse dans l'appartement. Une table ronde énorme la remplissait dans toute sa largeur, du côté de la grande cheminée ; autour de cette table, couverte d'un tapis bariolé et chargée de papiers et de portefeuilles, étaient assis et courbés sous leurs plumes huit secrétaires occupés à copier des lettres qu'on leur passait d'une table plus petite. D'autres hommes debout rangeaient les papiers dans les rayons d'une bibliothèque, que les livres reliés en noir ne remplissaient pas tout entière, et ils marchaient avec précaution sur le tapis dont la salle était garnie.

Malgré cette quantité de personnes réunies, on eût entendu les ailes d'une mouche. Le seul bruit qui s'élevât était celui des plumes qui couraient rapidement sur le papier, et une voix grêle qui dictait, en s'interrompant pour tousser. Elle sortait d'un immense fauteuil à grands bras, placé au coin du feu, allumé en dépit des chaleurs de la saison et du pays. C'était un de ces fauteuils qu'on voit encore dans quelques vieux châteaux, et qui semblent faits pour s'endormir en lisant, sur eux, quelque livre que ce soit, tant chaque compartiment est soigné : un croissant de plumes y soutient les reins ; si la tête se penche, elle trouve ses joues reçues par des oreillers couverts de soie, et le coussin du siège déborde tellement les coudes, qu'il est permis de croire que les prévoyants tapissiers de nos pères avaient pour but d'éviter que le livre ne fît du bruit et ne les réveillât en tombant.

Mais quittons cette digression pour parler de l'homme qui s'y trouvait et qui n'y dormait pas. Il avait le front large et quelques cheveux fort blancs, des yeux grands et doux, une figure pâle et effilée à laquelle une petite barbe blanche et pointue donnait cet air de finesse que l'on remarque dans tous les portraits du siècle de Louis XIII. Une bouche presque sans lèvres, et nous sommes forcé d'avouer que Lavater regarde ce signe comme indiquant la méchanceté à n'en pouvoir douter ; une bouche pincée, disons-nous, était encadrée par deux petites moustaches grises et par une *royale,* ornement alors à la mode, et qui ressemble assez à une virgule par sa forme. Ce vieillard avait sur la tête une calotte rouge et était enveloppé dans une vaste robe de chambre et portait des bas de soie pourprée, et n'était rien moins qu'Armand Duplessis, cardinal de Richelieu.

Il avait très près de lui, autour de la plus

petite table dont il a été question, quatre jeunes gens de quinze à vingt ans : ils étaient pages ou domestiques, selon l'expression du temps, qui signifiait alors familier, ami de la maison. Cet usage était un reste de patronage féodal demeuré dans nos mœurs. Les cadets gentilhommes des plus hautes familles recevaient des *gages* des grands seigneurs, et leur étaient dévoués en toute circonstance, allant appeler en duel le premier venu au moindre désir de leur patron. Les pages dont nous parlons rédigeaient des lettres dont le Cardinal leur avait donné la substance ; et, après un coup d'œil du maître, ils les passaient aux secrétaires, qui les mettaient au net. Le Cardinal-duc, de son côté, écrivait sur son genou des notes secrètes sur de petits papiers, qu'il glissait dans presque tous les paquets avant de les fermer de sa propre main.

Il y avait quelques instants qu'il écrivait, lorsqu'il aperçut, dans une glace placée en face de lui, le plus jeune de ses pages traçant quelques lignes interrompues, sur une feuille d'une taille inférieure à celle du papier ministériel ; il se hâtait d'y mettre quelques mots, puis la glissait rapidement sous la grande feuille qu'il était chargé de remplir à son grand regret ; mais, placé derrière le Cardinal, il espérait que sa difficulté à se retourner l'empêcherait de s'apercevoir du petit manége qu'il semblait exercer avec assez d'habitude. Tout à coup, Richelieu, lui adressant la parole sèchement, lui dit :

« Venez ici, monsieur Olivier. »

Ces deux mots furent comme un coup de foudre pour ce pauvre enfant, qui paraissait n'avoir que seize ans. Il se leva pourtant très vite, et vint se placer debout devant le ministre, les bras pendants et la tête baissée.

Les autres pages et les secrétaires ne remuèrent pas plus que des soldats lorsque l'un d'eux tombe frappé d'une balle, tant ils étaient accoutumés à ces sortes d'appels. Celui-ci pourtant s'annonçait d'une manière plus vive que les autres.

— « Qu'écrivez-vous là ?

— Monseigneur... ce que Votre Éminence me dicte.

— Quoi ?

— Monseigneur... la lettre à don Juan de Bragance.

— Point de détours, monsieur, vous faites autre chose.

— Monseigneur, dit alors le page les larmes aux yeux, c'était un billet à une de mes cousines.

— Voyons-le. »

Alors un tremblement universel l'agita, et il fut obligé de s'appuyer sur la cheminée en disant à demi voix :

« C'est impossible.

— Monsieur le vicomte Olivier d'Entraigues, dit le ministre sans marquer la moindre émotion, vous n'êtes plus à mon service. » Et le page sortit; il savait qu'il n'y avait pas à répliquer; il glissa son billet dans sa poche, et, ouvrant la porte à deux battants, justement assez pour qu'il y eût place pour lui, il s'y glissa comme un oiseau qui s'échappe de sa cage.

Le ministre continua les notes qu'il traçait sur son genou.

Les secrétaires redoublaient de silence et d'ardeur, lorsque la porte s'ouvrant rapidement de chaque côté, on vit paraître debout, entre les deux battants, un capucin qui, s'inclinant les bras croisés sur la poitrine, semblait attendre l'aumône ou l'ordre de se retirer. Il avait un teint rembruni, profondément sillonné par la petite vérole; des yeux assez doux, mais un peu louches et toujours couverts par des sourcils qui se joignaient au milieu du front; une bouche dont le sourire était rusé, malfaisant et sinistre; une barbe plate et rousse à l'extrémité, et le costume de l'ordre de Saint-François dans toute son horreur, avec des sandales et des pieds nus qui paraissaient fort indignes de s'essuyer sur un tapis.

Tel qu'il était, ce personnage parut faire une grande sensation dans toute la salle; car, sans achever la phrase, la ligne ou le mot commencé, chaque écrivain se leva et sortit par la porte, où il se tenait debout, les uns le saluant en passant, les autres détournant la tête, les jeunes pages se bouchant le nez, mais par derrière lui, car ils paraissaient en avoir peur en secret. Lorsque tout le monde eut défilé, il entra enfin, faisant une profonde révérence, parce que la porte était encore ouverte ; mais sitôt qu'elle fut fermée, marchant sans cérémonie, il vint s'asseoir auprès du Cardinal, qui, l'ayant reconnu au mouvement qui se faisait, lui fit une inclination de tête sèche et silencieuse, le regardant fixement comme pour attendre une nouvelle, et ne pouvant s'empêcher de froncer le sourcil, comme à l'aspect d'une araignée ou de quelque autre animal désagréable.

Le Cardinal n'avait pu résister à ce mouvement de déplaisir, parce qu'il se sentait obligé, par la présence de son agent, à rentrer dans ces conversations profondes et pénibles dont il s'était reposé pendant quelques jours dans un pays dont l'air pur lui était favorable, et dont le calme avait un peu ralenti les douleurs de la maladie ; elle s'était changée en une fièvre lente ; mais ses intervalles étaient assez longs pour qu'il pût oublier, pendant son absence, qu'elle devait revenir. Donnant donc un peu de repos à son imagination jusqu'alors infatigable, il attendait sans impatience, pour la première fois de ses jours peut-être, le retour des courriers qu'il avait fait partir dans toutes les directions, comme les rayons d'un soleil qui donnait seul la vie et le mouvement à la France. Il ne s'attendait pas à la visite qu'il recevait alors, et la vue d'un de ces hommes qu'il *trempait dans le crime,* selon sa propre expression, lui rendit toutes les inquiétudes habituelles de sa vie plus présentes, sans dissiper entièrement le nuage de mélancolie qui venait d'obscurcir ses pensées.

Le commencement de sa conversation fut empreint de la couleur sombre de ses dernières rêveries; mais bientôt il en sortit plus vif et plus fort que jamais, quand la vigueur de son esprit rentra forcément dans le monde réel.

Son confident, voyant qu'il devait rompre le silence le premier, le fit ainsi assez brusquement :

« Eh bien ! monseigneur, à quoi pensez-vous ?

— Hélas ! Joseph, à quoi devons-nous penser tous tant que nous sommes, sinon à notre bonheur futur dans une vie meilleure que celle-ci ? Je songe, depuis plusieurs jours, que les intérêts humains m'ont trop détourné de cette unique pensée, et je me repens d'avoir employé quelques instants de loisir à des ouvrages profanes, tels que mes tragédies d'*Europe* et de *Mirame,* malgré la gloire que j'en ai tirée déjà parmi nos plus beaux esprits, gloire qui se répandra dans l'avenir. »

Le père Joseph, plein des choses qu'il avait à dire, fut d'abord surpris de ce début; mais il connaissait trop son maître pour en rien témoigner, et sachant bien par où il le ramènerait à d'autres idées, il entra dans les siennes sans hésiter.

— « Le mérite en est pourtant bien grand, dit-il avec un air de regret, et la France gémira de ce que ces œuvres immortelles ne sont pas suivies de productions semblables.

— Oui, mon cher Joseph, c'est en vain que des hommes tels que Boisrobert, Claveret, Colletet, Corneille, et surtout le célèbre Mairet, ont proclamé ces tragédies les plus belles de toutes celles que les temps présents et passés ont vu représenter ; je me les reproche, je vous jure, comme un vrai péché mortel, et je ne m'occupe, dans mes heures de repos, que de ma *Méthode des controverses,* et du livre sur la *Perfection du chrétien.* Je songe que j'ai cinquante-six ans et une maladie qui ne pardonne guère.

— Ce sont des calculs que vos ennemis font aussi exactement que Votre Éminence, » dit le père, à qui cette conversation commençait à donner de l'humeur, et qui voulait en sortir au plus vite.

Le rouge monta au visage du Cardinal.

— « Je le sais, je le sais bien, dit-il, je connais toute leur noirceur, et je m'attends à tout. Mais qu'y a-t-il donc de nouveau ?

— Nous étions convenus déjà, monseigneur, de remplacer mademoiselle d'Hautefort ; nous l'avons éloignée comme mademoiselle de La Fayette, c'est fort bien ; mais sa place n'est pas remplie, et le Roi...

— Eh bien ?

— Le Roi a des idées qu'il n'avait pas eues encore.

— Vraiment ? et qui ne viennent pas de moi ? Voilà qui va bien, dit le ministre avec ironie.

— Aussi, monseigneur, pourquoi laisser six jours entiers la place de favori vacante ? Ce n'est pas prudent, permettez que je le dise.

— Il a des idées, des idées ! répétait Richelieu avec une sorte d'effroi ; et lesquelles ?

— Il a parlé de rappeler la Reine-mère, dit le capucin à voix basse, de la rappeler de Cologne.

— Marie de Médicis ! s'écria le Cardinal en frappant sur les bras de son fauteuil avec ses deux mains. Non, par le Dieu vivant ! elle ne rentrera pas sur le sol de France, d'où je l'ai chassée pied par pied ! L'Angleterre n'a pas osé la garder exilée par moi ; la Hollande a craint de crouler sous elle, et mon royaume la recevrait ! Non, non, cette idée n'a pu lui venir par lui-même. Rappeler mon ennemie, rappeler sa mère, quelle perfidie! non, il n'aurait jamais osé y penser... »

Puis, après avoir rêvé un instant, il ajouta en fixant un regard pénétrant et encore plein du feu de sa colère sur le père Joseph :

« Mais... dans quels termes a-t-il exprimé ce désir? Dites-moi les mots précis.

— Il a dit assez publiquement, et en présence de Monsieur : « Je sens bien que l'un des pre-« miers devoirs d'un chrétien est d'être bon fils, « et je ne résisterai pas longtemps aux mur-« mures de ma conscience. »

— Chrétien! conscience! ce ne sont pas ses expressions; c'est le père Caussin, c'est son confesseur qui me trahit! s'écria le Cardinal. Perfide jésuite! je t'ai pardonné ton intrigue de La Fayette; mais je ne te passerai pas tes conseils secrets. Je ferai chasser ce confesseur, Joseph; il est l'ennemi de l'État, je le vois bien. Mais aussi j'ai agi avec négligence depuis quelques jours; je n'ai pas assez hâté l'arrivée de ce petit d'Effiat, qui réussira, sans doute : il est bien fait et spirituel, dit-on. Ah! quelle faute! je méritais une bonne disgrâce moi-même. Laisser près du Roi ce renard jésuite, sans lui avoir donné mes instructions secrètes, sans avoir un otage, un gage de sa fidélité à mes ordres! quel oubli! Joseph, prenez une plume et écrivez vite ceci pour l'autre confesseur que nous choisirons mieux. Je pense au père Sirmond... »

Le père Joseph se mit devant la grande table, prêt à écrire, et le Cardinal lui dicta ces devoirs de nouvelle nature, que, peu de temps après, il osa faire remettre au Roi, qui les reçut, les respecta, et les apprit par cœur comme les commandements de l'Église. Il nous sont demeurés comme un monument effrayant de l'empire qu'un homme peut arracher à force de temps, d'intrigues et d'audace :

I. Un prince doit avoir un premier ministre, et ce premier ministre trois qualités : 1° qu'il n'ait pas d'autre passion que son prince ; 2° qu'il soit habile et fidèle ; 3° qu'il soit ecclésiastique.

II. Un prince doit parfaitement aimer son premier ministre.

III. Ne doit jamais changer son premier ministre.

IV. Doit lui dire toutes choses.

V. Lui donner libre accès auprès de sa personne.

VI. Lui donner une souveraine autorité sur le peuple.

VII. De grands honneurs et de grands biens.

VIII. Un prince n'a pas de plus riche trésor que son premier ministre.

IX. Un prince ne doit pas ajouter foi à ce qu'on dit contre son premier ministre, ni se plaire à en entendre médire.

X. Un prince doit révéler à son premier ministre tout ce qu'on a dit contre lui, *quand même on aurait exigé du prince qu'il garderait le secret.*

XI. Un prince doit non seulement préférer le bien de son État, mais son premier ministre à à tous ses parents.

Tels étaient les commandements du dieu de la France, moins étonnants encore que la terrible naïveté qui lui fait léguer lui-même ses ordres à la postérité, comme si, elle aussi, devait croire en lui.

Tandis qu'il dictait son instruction, en la lisant sur un petit papier écrit de sa main, une tristesse profonde paraissait s'emparer de lui à chaque mot ; et, lorsqu'il fut au bout, il tomba au fond de son fauteuil, les bras croisés et la tête penchée sur son estomac.

Le père Joseph, interrompant son écriture, se leva, et allait lui demander s'il se trouvait mal, lorsqu'il entendit sortir du fond de sa poitrine ces paroles lugubres et mémorables :

« Quel ennui profond ! quelles interminables

inquiétudes ! Si l'ambitieux me voyait, il fuirait dans un désert. Qu'est-ce que ma puissance ? Un misérable reflet du pouvoir royal ; et que de travaux pour fixer sur mon étoile ce rayon qui flotte sans cesse ! Depuis vingt ans je le tente inutilement. Je ne comprends rien à cet homme ! il n'ose pas me fuir ; mais on me l'enlève : il me glisse entre les doigts... Que de choses j'aurais pu faire avec ses droits héréditaires, si je les avais eus ! Mais employer tant de calculs à se tenir en équilibre ! que reste-t-il de génie pour les entreprises ? J'ai l'Europe dans ma main, et je suis suspendu à un cheveu qui tremble. Qu'ai-je affaire de porter mes regards sur les cartes du monde, si tous mes intérêts sont renfermés dans mon étroit cabinet ? Ses six pieds d'espace me donnent plus de peine à gouverner que toute la terre. Voilà donc ce qu'est un premier ministre ! Enviez-moi mes gardes à présent ! »

Ses traits étaient décomposés de manière à faire craindre quelque accident, et il lui prit une toux violente et longue, qui finit par un crachement de sang. Il vit que le père Joseph, effrayé, allait saisir une clochette d'or posée sur la table, et se levant tout à coup avec la vivacité d'un jeune homme, il l'arrêta et lui dit :

« Ce n'est rien, Joseph, je me laisse quelquefois aller au découragement ; mais ces moments sont courts, et j'en sors plus fort qu'avant. Pour ma santé, je sais parfaitement où j'en suis ; mais il ne s'agit pas de cela. Qu'avez-vous fait à Paris ? Je suis content de voir le Roi arrivé dans le Béarn comme je le voulais : nous le veillerons mieux. Que lui avez-vous montré pour le faire partir ?

— Une bataille à Perpignan.

— Allons, ce n'est pas mal. Eh bien, nous pouvons la lui arranger ; autant vaut cette application qu'une autre à présent. Mais la jeune Reine, la jeune Reine, que dit-elle ?

— Elle est encore furieuse contre vous. Sa correspondance découverte, l'interrogatoire que vous lui fîtes subir !

— Bah ! un madrigal et un moment de soumission lui feront oublier que je l'ai séparée de sa maison d'Autriche et du pays de son Buckingham. Mais que fait-elle ?

— D'autres intrigues avec Monsieur. Mais, comme toutes ses confidences sont à nous, en voici les rapports jour par jour.

— Je ne me donnerai pas la peine de les lire : tant que le duc de Bouillon sera en Italie, je ne crains rien de là ; elle peut rêver de petites conjurations avec Gaston au coin du feu ; il s'en tient toujours aux aimables intentions qu'il a quelquefois, et n'exécute bien que ses sorties du royaume ; il en est à la troisième. Je lui procurerai la quatrième quand il voudra; il ne vaut pas le coup de pistolet que tu fis donner au comte de Soissons. Ce pauvre comte n'avait cependant guère plus d'énergie. »

Ici le cardinal, se rasseyant dans son fauteuil, se mit à rire assez gaîment pour un homme d'État.

— « Je rirai toute ma vie de leur expédition d'Amiens. Ils me tenaient là tous les deux. Chacun avait bien cinq cents gentilshommes autour de lui, armés jusqu'aux dents, et tout prêts à m'expédier comme Concini; mais le grand Vitry n'était plus là; ils m'ont laissé parler une heure fort tranquillement avec eux de la chasse et de la Fête-Dieu, et ni l'un ni l'autre n'a osé faire un signe à tous ces coupe-jarrets. Nous avons su depuis, par Chavigny, qu'ils attendaient depuis deux mois cet heureux moment. Pour moi, en vérité, je ne remarquai rien du tout, si ce n'est ce petit brigand d'abbé de Gondi qui rôdait autour de moi et avait l'air de cacher quelque chose dans sa manche; ce qui me fit monter en carrosse.

— A propos, monseigneur, la reine veut le faire coadjuteur absolument.

— Elle est folle! il la perdra si elle s'y attache : c'est un mousquetaire manqué, un diable en soutane; lisez son *Histoire de Fiesque*, vous l'y verrez lui-même. Il ne sera rien tant que je vivrai.

— Eh quoi ! vous jugez si bien et vous faites venir un autre ambitieux de son âge ?

— Quelle différence ! Ce sera une poupée, mon ami, une vraie poupée, que ce jeune Cinq-Mars ; il ne pensera qu'à sa fraise et à ses aiguillettes ; sa jolie tournure m'en répond, et je sais qu'il est doux et faible. Je l'ai préféré pour cela à son frère aîné ; il fera ce que nous voudrons.

— Ah ! monseigneur, dit le père d'un air de doute, je ne me suis jamais fié aux gens dont les formes sont si calmes, la flamme intérieure en est plus dangereuse. Souvenez-vous du maréchal d'Effiat, son père.

— Mais, encore une fois, c'est un enfant, et je l'élèverai ; au lieu que le Gondi est déjà un factieux accompli, un audacieux que rien n'arrête ; il a osé me disputer Mme de La Meilleraie, concevez-vous cela ? est-ce croyable, à moi ? Un petit prestolet, qui n'a d'autre mérite qu'un mince babil assez vif et un air cavalier. Heureusement que le mari a pris soin lui-même de l'éloigner. »

Le père Joseph, qui n'aimait pas mieux son maître lorsqu'il parlait de ses bonnes fortunes que de ses vers, fit une grimace qu'il voulait rendre fine et ne fut que laide et gauche ; il s'imagina que l'expression de sa bouche, tordue comme celle d'un singe, voulait dire : *Ah ! qui peut résister à monseigneur ?* mais monseigneur y lut : *Je suis un cuistre qui ne sait rien du grand monde ;* et, sans transition, il dit tout à coup, en prenant sur la table une lettre de dépêches :

« Le duc de Roban est mort, c'est une bonne nouvelle ; voilà les huguenots perdus. Il a eu bien du bonheur : je l'avais fait condamner par le parlement de Toulouse à être tiré à quatre chevaux, et il meurt tranquillement sur le champ de bataille de Rheinfeld. Mais qu'importe ? le résultat est le même. Voilà encore une grande tête par terre ! Comme elles sont tombées depuis celle de Montmorency ! Je n'en vois plus guère qui ne s'incline devant moi. Nous avons déjà à peu près puni toutes nos dupes de Versailles ; certes, on n'a rien à me reprocher : j'exerce contre eux la loi du talion, et je les traite comme ils ont voulu me faire traiter au conseil de la reine-mère. Le vieux radoteur de Bassompierre en sera quitte pour la prison perpétuelle, ainsi que l'assassin maréchal de Vitry, car ils n'avaient voté que cette peine pour moi. Quant au Marillac, qui conseilla la mort, je la lui réserve au premier faux pas, et te recommande, Joseph, de me le rappeler ; il faut être juste avec tout le monde. Reste donc encore debout ce duc de Bouillon, à qui son Sedan donne de l'orgueil ; mais je le lui ferai bien rendre. C'est une chose merveilleuse que leur aveuglement ! ils se croient tous libres de conspirer, et ne voient pas qu'ils ne font que voltiger au bout des fils que je tiens d'une main, et que j'allonge quelquefois pour leur donner de l'air et de l'espace. Et pour la mort de leur cher duc, les huguenots ont-ils bien crié comme un seul homme ?

— Moins que pour l'affaire de Loudun, qui s'est pourtant terminée heureusement.

— Quoi ! *heureusement !* J'espère que Grandier est mort ?

— Oui ; c'est ce que je voulais dire. Votre Éminence doit être satisfaite ; tout a été fini dans les vingt-quatre heures ; on n'y pense plus. Seulement Laubardemont a fait une étourderie, qui était de rendre la séance publique ; c'est ce qui a causé un peu de tumulte ; mais nous avons les signalements des perturbateurs que l'on suit.

— C'est bien, c'est très bien. Urbain était un homme trop supérieur pour le laisser là ; il tournait au protestantisme ; je parierais qu'il aurait fini par abjurer ; son ouvrage contre le célibat des prêtres me l'a fait conjecturer ; et, dans le doute, retiens ceci, Joseph : il vaut toujours mieux couper l'arbre avant que le fruit soit poussé. Ces huguenots, vois-tu, sont une vraie république dans l'État : si une fois ils avaient la majorité en France, la monarchie serait perdue ; ils établiraient quelque gouvernement populaire qui pourrait être durable.

— Et quelles peines profondes ils causent tous les jours à notre saint-père le pape! dit Joseph.

— Ah! interrompit le cardinal, je te vois venir : tu veux me rappeler son entêtement à ne pas te donner le chapeau. Sois tranquille, j'en parlerai aujourd'hui au nouvel ambassadeur que nous envoyons. Le maréchal d'Estrées obtiendra en arrivant ce qui traîne depuis deux ans que nous t'avons nommé au cardinalat ; je commence aussi à trouver que la pourpre t'irait bien, car les taches de sang ne s'y voient pas. »

Et tous deux se mirent à rire, l'un comme un maître qui accable de tout son mépris le sicaire qu'il paye, l'autre comme un esclave résigné à toutes les humiliations par lesquelles on s'élève.

Le rire qu'avait excité la sanglante plaisanterie du vieux ministre durait encore, lorsque la porte du cabinet s'ouvrit, et un page annonça plusieurs courriers qui arrivaient à la fois de divers points ; le père Joseph se leva, et, se plaçant debout, le dos appuyé contre le mur, comme une momie égyptienne, ne laissa plus paraître sur son visage qu'une stupide contemplation. Douze messagers entrèrent successivement, revêtus de déguisements divers : l'un semblait un soldat suisse ; un autre un vivandier ; un troisième, un maître maçon ; on les faisait entrer dans le palais par un escalier et un corridor secrets, et ils sortaient du cabinet par une porte opposée à celle qui les introduisait, sans pouvoir se rencontrer ni se communiquer rien de leurs dépêches. Chacun d'eux déposait un paquet de papiers roulés ou pliés sur la grande table, parlait un instant au Cardinal dans l'embrasure d'une croisée et partait. Richelieu s'était levé brusquement dès l'entrée du premier messager, et, attentif à tout faire par lui-même, il les reçut tous, les écouta et referma de sa main sur eux la porte de sortie. Il fit signe au père Joseph quand le dernier fut parti, et, sans parler, tous deux ouvrirent ou plutôt arrachèrent les paquets des dépêches, et se dirent, en deux mots, le sujet des lettres.

— « Le duc de Weimar poursuit ses avantages ; le duc Charles est battu ; l'esprit de notre général est assez bon ; voici de bons propos qu'il a tenus à dîner. Je suis content.

— Monseigneur, le vicomte de Turenne a repris les places de Lorraine ; voici ses conversations particulières...

— Ah ! passez, passez cela ; elles ne peuvent pas être dangereuses. Ce sera toujours un bon et honnête homme, ne se mêlant point de politique ; pourvu qu'on lui donne une petite armée à disposer comme une partie d'échecs, n'importe contre qui, il est content ; nous serons toujours bons amis.

— Voici le long Parlement qui dure encore en Angleterre. Les Communes poursuivent leur projet : voici des massacres en Irlande... Le comte de Strafford est condamné à mort.

— A mort ! quelle horreur !

— Je lis : « Sa Majesté Charles Ier n'a pas « eu le courage de signer l'arrêt, mais il a dé- « signé quatre commissaires... »

— Roi faible, je t'abandonne. Tu n'auras plus notre argent. Tombe, puisque tu es ingrat !... Oh malheureux Wentworth ! »

Et une larme parut aux yeux de Richelieu ; ce même homme qui venait de jouer avec la vie de tant d'autres, pleura un ministre abandonné de son prince. Le rapport de cette situation à la sienne l'avait frappé, et c'était luimême qu'il pleurait dans cet étranger. Il cessa de lire à haute voix les dépêches qu'il ouvrait, et son confident l'imita. Il parcourut avec une scrupuleuse attention tous les rapports détaillés des actions les plus minutieuses et les plus secrètes de tout personnage un peu important ; rapports qu'il faisait toujours joindre à ses nouvelles par ses habiles espions. On attachait ces rapports secrets aux dépêches du Roi, qui devaient toutes passer par les mains du Cardinal, et être soigneusement repliées, pour arriver au prince épurées et telles qu'on voulait les lui faire lire. Les notes particulières furent toutes brûlées avec soin par le Père, quand le Cardinal en eut pris connaissance ; et celui-ci cependant ne paraissait point satisfait : il se promenait fort vite en long et en large dans l'appartement avec des gestes d'inquiétude, lorsque la porte s'ouvrit, et un treizième courrier entra. Ce nouveau messager avait l'air d'un enfant de quatorze ans à peine ; il tenait sous le bras un paquet cacheté de noir pour le Roi, et ne donna au Cardinal qu'un petit billet sur lequel un regard dérobé de Joseph ne put entrevoir que quatre mots. Le Duc tressaillit, le déchira en mille pièces, et, se courbant à l'oreille de l'enfant, lui parla assez longtemps sans réponse ; tout ce que Joseph entendit fut, lorsque le Cardinal le fit sortir de la salle : *Fais-y bien attention, pas avant douze heures d'ici.* »

Pendant cet *aparté* du Cardinal, Joseph s'était occupé à soustraire de sa vue un nombre infini de libelles qui venaient de Flandre et d'Allemagne, et que le ministre voulait voir, quelque amers qu'ils fussent pour lui. Il affectait à cet égard une philosophie qu'il était loin d'avoir, et, pour faire illusion à ceux qui l'entouraient, il feignait quelquefois de trouver que ses ennemis n'avaient pas tout à fait tort, et de rire de leurs plaisanteries ; cependant ceux qui avaient une connaissance plus approfondie de son caractère démêlaient une rage profonde sous cette apparente modération et savaient qu'il n'était satisfait que lorsqu'il avait fait condamner par le Parlement le livre ennemi à être brûlé en place de Grève, comme *injurieux au Roi en la personne de son ministre l'illustrissime Cardinal,* comme on le voit dans les arrêts du temps, et que son seul regret était que l'auteur ne fût pas à la place de l'ouvrage : satisfaction qu'il se donnait quand il le pouvait, comme il le fit pour Urbain Grandier.

C'était son orgueil colossal qu'il vengeait ainsi sans se l'avouer à lui-même, et travaillant longtemps, un an quelquefois, à se persuader que l'intérêt de l'État y était engagé. Ingénieux à rattacher ses affaires particulières à celles de la France, il s'était convaincu lui-même qu'elle saignait des blessures qu'il recevait. Joseph, très attentif à ne pas provoquer sa mauvaise humeur dans ce moment, mit à part et déroba un livre intitulé : *Mystères politiques du Cardinal de la Rochelle;* un autre, attribué à un moine de Munich, dont le titre était : *Questions quolibétiques, ajustées au temps présent, et Impiété sanglante du dieu Mars.* L'honnête avocat Aubery, qui nous a transmis une des plus fidèles histoires de *l'éminentissime* Cardinal, est transporté de fureur au seul titre du premier de ces livres, et s'écrie que le *grand ministre eut bien sujet de se glorifier que ces ennemis, inspirés contre leur gré du même enthousiasme qui a fait rendre des oracles à l'ânesse de Balaam, à Caïphe et autres qui semblaient plus indignes du don de la prophétie, l'appelaient à bon titre Cardinal de la Rochelle, puisqu'il avait, trois ans après leurs écrits, réduit cette ville, de même que Scipion a été nommé l'Africain pour avoir subjugué cette* PROVINCE. Peu s'en fallut que le père Joseph, qui était nécessairement dans les mêmes idées, n'exprimât dans les mêmes termes son indignation ; car il se rappelait avec douleur la part de ridicule qu'il avait prise dans le siège de la Rochelle, qui, tout en n'étant pas une *province* comme l'Afrique, s'était permis de résister à *l'éminentissime* Cardinal, quoique le père Joseph eût voulu faire passer les troupes par un égout, se piquant d'être assez habile dans l'art des sièges. Cependant il se contint, et eut encore le temps de cacher le libelle moqueur dans la poche de sa robe brune avant que le ministre eût congédié son jeune courrier et fût revenu de la porte à la table.

— « Le départ, Joseph, le départ ! dit-il. Ouvre les portes à toute cette cour qui m'assiège, et allons trouver le Roi, qui m'attend à Perpignan ; je le tiens cette fois pour toujours. »

Le capucin se retira, et bientôt les pages, ouvrant les doubles portes dorées, annoncèrent successivement les plus grands seigneurs de cette époque, qui avaient obtenu du Roi la permission de le quitter pour venir saluer le ministre ; quelques-uns même, sous prétexte de maladie ou d'affaires de service, étaient partis à la dérobée pour ne pas être les derniers dans son antichambre, et le triste monarque s'était trouvé presque tout seul, comme les autres rois ne se voient d'ordinaire qu'à leur lit de mort ; mais il semblait que le trône fût sa couche funèbre aux yeux de la cour, son règne une continuelle agonie, et son ministre un successeur menaçant.

Deux pages des meilleures maisons de France se tenaient près de la porte où les huissiers annonçaient chaque personnage qui, dans le salon précédent, avait trouvé le père Joseph. Le Cardinal, toujours assis dans son grand fauteuil, restait immobile pour le commun des courtisans, faisait une inclination de tête aux plus distingués, et pour les princes seulement s'aidait de ses deux bras pour se soulever légèrement ; chaque courtisan allait le saluer profondément, et, se tenant debout devant lui près de la cheminée, attendait qu'il lui adressât la parole : ensuite, selon le signe du Cardinal, il continuait à faire le tour du salon pour sortir par la même porte par où l'on entrait, restait un moment à saluer le père Joseph, qui singeait son maître et que l'on avait pour cela nommé l'Éminence grise, et sortait enfin du palais, ou bien se rangeait debout derrière son fauteuil, si le ministre l'y engageait, ce qui était une marque de la plus grande faveur.

Il laissa passer d'abord quelques personnages insignifiants et beaucoup de mérites inutiles, et n'arrêta cette procession qu'au maréchal d'Estrées, qui, partant pour l'ambassade de Rome, venait lui faire ses adieux : tout ce qui suivait cessa d'avancer. Ce mouvement avertit dans le salon précédent qu'une conversation plus longue s'engageait, et le père Joseph, paraissant, échangea avec le Cardinal un regard qui voulait dire d'une part : Souvenez-vous de la promesse que vous venez de me faire ; de l'autre : Soyez tranquille. En même temps, l'adroit capucin fit voir à son maître qu'il tenait sous le bras une de ses victimes qu'il préparait à être un docile instrument : c'était un gentilhomme qui portait un manteau vert très court et une veste de même couleur, un pantalon rouge fort serré, avec de brillantes jarretières d'or dessous, habit des pages de Monsieur. Le père Joseph lui parlait bien en secret, mais point dans le sens de son maître ; il ne pensait qu'à être cardinal, et se préparait d'autres intelligences en cas de défection de la part du premier ministre.

— « Dites à Monsieur qu'il ne se fie pas aux apparences, et qu'il n'a pas de plus fidèle serviteur que moi. Le Cardinal commence à baisser ; et je crois de ma conscience d'avertir de ses fautes celui qui pourrait hériter du pouvoir royal pendant la minorité. Pour donner à votre grand prince une preuve de ma bonne foi, dites-lui qu'on veut faire arrêter Puy-Laurens, qui est à lui ; qu'il le fasse cacher, ou bien le Cardinal le mettra aussi à la Bastille. »

Tandis que le serviteur trahissait ainsi son maître, le maître ne restait pas en arrière et trahissait le serviteur. Son amour-propre et un reste de respect pour les choses de l'Église le faisaient souffrir à l'idée de voir le méprisable agent couvert du même chapeau qui était une couronne pour lui, et assis aussi haut que lui-même, à cela près de l'emploi passager de ministre. Parlant donc à demi voix au maréchal d'Estrées :

« Il n'est pas nécessaire, lui dit-il, de persécuter plus longtemps Urbain VIII en faveur de ce capucin que vous voyez là-bas ; c'est bien assez que Sa Majesté ait daigné le nommer au cardinalat, nous concevons les répugnances de Sa Sainteté à couvrir ce mendiant de la pourpre romaine. »

Puis, passant de cette idée aux choses générales :

« Je ne sais vraiment pas ce qui peut refroidir le Saint-Père à notre égard ; qu'avons-nous fait qui ne fût pour la gloire de notre sainte mère l'Église catholique ? J'ai dit moi-même la première messe à la Rochelle, et vous le voyez par vos yeux, monsieur le maréchal, notre habit est partout, et même dans vos armées ; le cardinal de La Valette vient de commander glorieusement dans le Palatinat.

— Et vient de faire une très belle retraite, » dit le maréchal, appuyant légèrement sur le mot *retraite*.

Le ministre continua, sans faire attention à ce petit mot de jalousie de métier et en élevant la voix :

« Dieu a montré qu'il ne dédaignait pas d'envoyer l'esprit de victoire à ses Lévites, car le duc de Weimar n'aida pas plus puissamment à la conquête de la Lorraine que ce pieux cardinal, et jamais une armée navale ne fut mieux commandée que par notre archevêque de Bordeaux à la Rochelle. »

On savait que dans ce moment le ministre était assez aigri contre ce prélat, dont la hauteur était telle et les impertinences si fréquentes, qu'il y avait eu deux affaires assez désagréables dans Bordeaux. Il y avait quatre ans, le duc d'Épernon, alors gouverneur de la Guyenne, suivi de tous ses gentilshommes et de ses troupes, le rencontrant au milieu de son clergé dans une procession, l'appela insolent et lui donna deux coups de canne très vigoureux; sur quoi l'archevêque l'excommunia; et tout récemment encore, malgré cette leçon, il avait eu une querelle avec le maréchal de Vitry, dont il avait reçu *vingt coups de canne ou de bâton, comme il vous plaira,* écrivait le Cardinal-Duc au cardinal de La Valette, *et je crois qu'il veut remplir la France d'excommuniés.* En effet, il excommunia encore le bâton du maréchal, se souvenant qu'autrefois le pape avait forcé le duc d'Épernon à lui demander pardon; mais Vitry, qui avait fait assassiner le maréchal d'Ancre, était trop bien en cour pour cela, et l'archevêque fut battu et, de plus, grondé par le ministre.

M. d'Estrées pensa donc avec assez de tact qu'il pouvait y avoir un peu d'ironie dans la manière dont le Cardinal vantait les talents guerriers et maritimes de l'archevêque, et lui répondit avec un sang-froid inaltérable :

« En effet, monseigneur, personne ne peut dire que ce soit sur mer qu'il ait été battu. »

Son Éminence ne put s'empêcher de sourire; mais, voyant que l'expression électrique de ce sourire en avait fait naître d'autres dans la salle, et des chuchotements et des conjectures, il reprit toute sa gravité sur-le-champ, et prenant le bras familièrement au maréchal :

« Allons, allons, monsieur l'ambassadeur, dit-il, vous avez la repartie bonne. Avec vous, je ne craindrais pas le cardinal Albornos, ni tous les Borgia du monde, ni tous les efforts de leur Espagne près du Saint-Père. »

Puis, élevant la voix et regardant tout autour de lui comme pour s'adresser au salon silencieux et captivé :

« J'espère, continua-t-il, qu'on ne nous persécutera plus comme l'on fit autrefois pour avoir fait une juste alliance avec l'un des plus grands hommes de notre temps ; mais Gustave-Adolphe est mort, le roi catholique n'aura plus de prétexte pour solliciter l'excommunication du roi très chrétien. N'êtes-vous pas de mon avis, mon cher seigneur ? dit-il en s'adressant au cardinal de La Valette qui s'approchait et n'avait heureusement rien entendu sur son compte. Monsieur d'Estrées, restez près de notre fauteuil : nous avons encore bien des choses à vous dire, et vous n'êtes pas de trop dans toutes nos conversations, car nous n'avons pas de secrets ; notre politique est franche et au grand jour : l'intérêt de Sa Majesté et de l'État, voilà tout. »

Le maréchal fit un profond salut, se rangea derrière le siège du ministre, et laissa sa place au cardinal de La Valette, qui, ne cessant de se prosterner, et de flatter et de jurer dévouement et totale obéissance au Cardinal, comme pour expier la roideur de son père le duc d'Épernon, n'eut aussi de lui que quelques mots vagues et une conversation distraite et sans intérêt, pendant laquelle il ne cessa de regarder à la porte quelle personne lui succédait. Il eut même le chagrin de se voir interrompu brusquement par le Cardinal-Duc, qui s'écria, au moment le plus flatteur de son discours mielleux :

« Ah ! c'est donc vous enfin, mon cher Fabert ! Qu'il me tardait de vous voir pour vous parler du siège ! »

Le général salua d'un air brusque et assez gauchement le Cardinal généralissime, et lui présenta les officiers venus du camp avec lui. Il parla quelque temps des opérations du siège, et le Cardinal semblait lui faire, en quelque sorte, la cour pour le préparer à recevoir plus tard ses ordres sur le champ de bataille même ; il parla aux officiers qui le suivaient, les appelant par leurs noms et leur faisant des questions sur le camp.

Ils se rangèrent tous pour laisser approcher le duc d'Angoulême ; ce Valois, après avoir lutté contre Henri IV, se prosternait devant Richelieu. Il sollicitait un commandement qu'il n'avait eu qu'en troisième au siège de la Rochelle. A sa suite parut le jeune Mazarin, toujours souple et insinuant, mais déjà confiant dans sa fortune.

Le duc d'Halluin vint après eux : le Cardinal interrompit les compliments qu'il leur adressait pour lui dire à haute voix :

« Monsieur le duc, je vous annonce avec plaisir que le Roi a créé en votre faveur un office de maréchal de France; vous signerez Schomberg, n'est-il pas vrai? A Leucate, délivrée par vous, on le pense ainsi. Mais pardon, voici M. de Montauron qui a sans doute quelque chose d'important à me dire.

— Oh! mon Dieu non, monseigneur, je voulais seulement vous dire que ce pauvre jeune homme, que vous avez daigné regarder comme à votre service, meurt de faim.

— Ah! comment, dans ce moment-ci, me parlez-vous de choses semblables! Votre petit Corneille ne veut rien faire de bon ; nous n'avons vu que *le Cid* et *les Horaces* encore ; qu'il travaille, qu'il travaille, on sait qu'il est à moi, c'est désagréable pour moi-même. Cependant, puisque vous vous y intéressez, je lui ferai une pension de cinq cents écus sur ma cassette. »

Et le trésorier de l'épargne se retira, charmé de la libéralité du ministre, et fut chez lui recevoir, avec assez de bonté, la dédicace de *Cinna,* où le grand Corneille compare son âme à celle d'Auguste, et le remercie d'avoir fait l'aumône à *quelques Muses.*

Le Cardinal, troublé par cette importunité, se leva en disant que la matinée s'avançait et qu'il était temps de partir pour aller trouver le Roi.

En cet instant même, et comme les plus grands seigneurs s'approchaient pour l'aider à marcher, un homme en robe de maître des requêtes s'avança vers lui en saluant avec un sourire avantageux et confiant qui étonna tous les gens habitués au grand monde ; il semblait dire : *Nous avons des affaires secrètes ensemble ; vous allez voir comme il sera bien pour moi ; je suis chez moi dans son cabinet.* Sa manière lourde et gauche trahissait pourtant un être très inférieur : c'était Laubardemont.

Richelieu fronça le sourcil en le voyant en face de lui, et lança un regard de feu à Joseph ; puis, se tournant vers ceux qui l'entouraient, il dit avec un rire amer :

« Est-ce qu'il y a quelque criminel autour de nous ? »

Puis, lui tournant le dos, le Cardinal le laissa plus rouge que sa robe ; et, précédé de la foule des personnages qui devaient l'escorter en voiture ou à cheval, il descendit le grand escalier de l'archevêché.

Tout le peuple de Narbonne et ses autorités regardèrent avec stupéfaction ce départ royal.

Le Cardinal seul entra dans une ample et

spacieuse litière de forme carrée, dans laquelle il devait voyager jusqu'à Perpignan, ses infirmités ne lui permettant ni d'aller en voiture, ni de faire toute cette route à cheval. Cette sorte de chambre nomade renfermait un lit, une table, et une petite chaise pour un page qui devait écrire ou lui faire la lecture. Cette machine, couverte de damas couleur de pourpre, fut portée par dix-huit hommes qui, de lieue en lieue, se relevaient ; ils étaient choisis dans ses gardes, et ne faisaient ce service d'honneur que la tête nue, quelle que fût la chaleur ou la pluie. Le duc d'Angoulême, les maréchaux de Schomberg et d'Estrées, Fabert et d'autres dignitaires étaient à cheval aux portières. On distinguait le cardinal de La Valette et Mazarin parmi les plus empressés, ainsi que Chavigny et le maréchal de Vitry, qui cherchait à éviter la Bastille, dont il était menacé, disait-on.

Deux carrosses suivaient pour les secrétaires du Cardinal, ses médecins et son confesseur ; huit voitures et quatre chevaux pour ses gentilshommes, et vingt-quatre mulets pour ses bagages ; deux cents mousquetaires à pied l'escortaient de très près ; sa compagnie de gens d'armes de la garde et ses chevau-légers, tous gentilshommes, marchaient devant et derrière ce cortège, sur de magnifiques chevaux.

Ce fut dans cet équipage que le premier ministre se rendit en peu de jours à Perpignan. La dimension de la litière obligea plusieurs fois de faire élargir des chemins et abattre les murailles de quelques *villes et villages* où elle ne pouvait entrer; en sorte, disent les auteurs des manuscrits du temps, tout pleins d'une sincère admiration pour ce luxe, *en sorte qu'il semblait un conquérant qui entre par la brèche.* Nous avons cherché en vain avec beaucoup de soin quelque manuscrit des propriétaires ou habitants des maisons qui s'ouvraient à son passage où la même admiration fût témoignée, et nous avouons ne l'avoir pu trouver.

CHAPITRE VIII

L'ENTREVUE

Mon génie étonné tremble devant le sien.

E pompeux cortège du Cardinal s'était arrêté à l'entrée du camp; toutes les troupes sous les armes étaient rangées dans le plus bel ordre, et ce fut au bruit du canon et de la musique successive de chaque régiment que la litière traversa une longue haie de cavalerie et d'infanterie, formée depuis la première tente jusqu'à celle du ministre, disposée à quelque distance du quartier royal, et que la pourpre dont elle était couverte faisait reconnaître de loin. Chaque chef de corps obtint un signe ou un mot du Cardinal, qui, enfin rendu sous sa tente, congédia sa suite, s'y enferma,

attendant l'heure de se présenter chez le Roi. Mais, avant lui, chaque personnage de son escorte s'y était porté individuellement, et, sans entrer dans la demeure royale, tous attendaient dans de longues galeries couvertes de coutil rayé et disposées comme des avenues qui conduisaient chez le prince. Les courtisans s'y rencontraient et se promenaient par groupes, se saluaient et se présentaient la main, ou se regardaient avec hauteur, selon leurs intérêts ou les seigneurs auxquels ils appartenaient. D'autres chuchotaient longtemps et donnaient des signes d'étonnement, de plaisir ou de mauvaise humeur, qui montraient que quelque chose d'extraordinaire venait de se passer. Un singulier dialogue, entre mille autres, s'éleva dans un coin de la galerie principale.

— « Puis-je savoir, monsieur l'abbé, pourquoi vous me regardez d'une manière si assurée?

— Parbleu! monsieur de Launay, c'est que je suis curieux de voir ce que vous allez faire. Tout le monde abandonne votre Cardinal-Duc depuis votre voyage en Touraine; vous n'y pensez pas, allez donc causer un moment avec les gens de Monsieur ou de la Reine; vous êtes en retard de dix minutes sur la montre du cardinal de La Valette, qui vient de toucher la main à Rochepot et à tous les gentilshommes du feu comte de Soissons, que je pleurerai toute ma vie.

— Voilà qui est bien, monsieur de Gondi, je vous entends assez, c'est un appel que vous me faites l'honneur de m'adresser.

— Oui, monsieur le comte, reprit le jeune abbé en saluant avec toute la gravité du temps; je cherchais l'occasion de vous appeler au nom de M. d'Attichi, mon ami, avec qui vous eûtes quelque chose à Paris.

— Monsieur l'abbé, je suis à vos ordres, je vais chercher mes seconds, cherchez les vôtres.

— Ce sera à cheval, avec l'épée et le pistolet, n'est-il pas vrai? ajouta Gondi, avec le même air dont on arrangerait une partie de campagne, en époussetant la manche de sa soutane avec le doigt.

— Si tel est votre bon plaisir, » reprit l'autre.

Et ils se séparèrent pour un instant, en se saluant avec grande politesse et de profondes révérences.

Une foule brillante de jeunes gentilshommes passait et repassait autour d'eux dans la galerie. Ils s'y mêlèrent pour chercher leurs amis. Toute l'élégance des costumes du temps était déployée par la cour dans cette matinée : les petits manteaux de toutes les couleurs, en velours ou en satin, brodés d'or ou d'argent, des croix de Saint-Michel et du Saint-Esprit, les fraises, les plumes nombreuses des chapeaux, les aiguillettes d'or, les chaînes qui suspendaient de longues épées, tout brillait, tout étincelait, moins encore que le feu des regards de cette jeunesse guerrière, que ses propos vifs, ses rires spirituels et éclatants. Au milieu de cette assemblée passaient lentement des personnages graves et de grands seigneurs suivis de leurs nombreux gentilshommes.

Le petit abbé de Gondi, qui avait la vue très basse, se promenait parmi la foule, fronçant les sourcils, fermant à demi les yeux pour mieux voir, et relevant sa moustache, car les ecclésiastiques en portaient alors. Il regardait chacun sous le nez pour reconnaître ses amis, et s'arrêta enfin à un jeune homme d'une fort grande taille, vêtu de noir de la tête aux pieds, et dont l'épée même était d'acier bronzé fort noir. Il causait avec un capitaine des gardes, lorsque l'abbé de Gondi le tira à part :

« Monsieur de Thou, lui dit-il, j'aurai besoin de vous pour second dans une heure, à cheval, avec l'épée et le pistolet, si vous voulez me faire cet honneur...

— Monsieur, vous savez que je suis des vôtres tout à fait et à tout venant. Où nous trouverons-nous ?

— Devant le bastion espagnol, s'il vous plaît.

L'Entrevue.

— Pardon si je retourne à une conversation qui m'intéressait beaucoup ; je serai exact au rendez-vous. »

Et de Thou le quitta pour retourner à son capitaine. Il avait dit tout ceci avec une voix fort douce, le plus inaltérable sang-froid, et même avec quelque chose de distrait.

Le petit abbé lui serra la main avec une vive satisfaction, et continua sa recherche.

Il ne lui fut pas si facile de conclure le marché avec les jeunes seigneurs auxquels il s'adressa, car ils le connaissaient mieux que M. de Thou, et, du plus loin qu'ils le voyaient venir, ils cherchaient à l'éviter, ou riaient de lui-même avec lui, et ne s'engageaient point à le servir.

— « Eh ! l'abbé, vous voilà encore à chercher ; je gage que c'est un second qu'il vous faut ? dit le duc de Beaufort.

— Et moi, je parie, ajouta M. de la Rochefoucauld, que c'est contre quelqu'un du Cardinal-Duc.

— Vous avez raison tous deux, messieurs ; mais depuis quand riez-vous des affaires d'honneur ?

— Dieu m'en garde ! reprit M. de Beaufort ; des hommes d'épée comme nous sommes vénèrent toujours tierce, quarte et octave ; mais, quant aux plis de la soutane, je n'y connais rien.

— Parbleu, monsieur, vous savez bien qu'elle

ne m'embarrasse pas le poignet, et je le prouverai à qui voudra. Je ne cherche du reste qu'à jeter ce froc aux orties.

— C'est donc pour le déchirer que vous vous battez si souvent? dit La Rochefoucauld. Mais rappelez-vous, mon cher abbé, que vous êtes dessous. »

Gondi tourna le dos en regardant à une pendule et ne voulant pas perdre plus de temps à de mauvaises plaisanteries ; mais il n'eut pas plus de succès ailleurs, car, ayant abordé deux gentilshommes de la jeune Reine, qu'il supposait mécontents du Cardinal, et heureux par conséquent de se mesurer avec ses créatures, l'un lui dit fort gravement :

« Monsieur de Gondi, vous savez ce qui vient de se passer? Le Roi a dit tout haut : « Que notre impérieux Cardinal le veuille ou « non, la veuve de Henri le Grand ne restera « pas plus longtemps exilée. » *Impérieux,* monsieur l'abbé, sentez-vous cela? Le Roi n'avait encore rien dit d'aussi fort contre lui. *Impérieux!* c'est une disgrâce complète. Vraiment, personne n'osera plus lui parler; il va quitter la cour aujourd'hui certainement.

— On m'a dit cela, monsieur, mais j'ai une affaire...

— C'est heureux pour vous, qu'il arrêtait tout court dans votre carrière.

— Une affaire d'honneur...

— Au lieu que Mazarin est pour vous...

— Mais voulez-vous, ou non, m'écouter?

— Ah! s'il est pour vous, vos aventures ne peuvent lui sortir de la tête, votre beau duel avec M. de Coutenan et la jolie petite épinglière; il en a même parlé au Roi. Allons, adieu, cher abbé, nous sommes fort pressés; adieu, adieu... »

Et, reprenant le bras de son ami, le jeune persifleur, sans écouter un mot de plus, marcha vite dans la galerie et se perdit dans la multitude des passants.

Le pauvre abbé restait donc fort mortifié de ne pouvoir trouver qu'un second, et regardait tristement s'écouler l'heure et la foule, lorsqu'il aperçut un jeune gentilhomme qui lui était inconnu, assis près d'une table et appuyé sur son coude d'un air mélancolique. Il portait des habits de deuil qui n'indiquaient aucun attachement particulier à une grande maison ou à un corps; et, paraissant attendre sans impatience le moment d'entrer chez le Roi, il regardait d'un air insouciant ceux qui l'entouraient et semblait ne les pas voir et n'en connaître aucun.

Gondi, jetant les yeux sur lui, l'aborda sans hésiter.

— « Ma foi, monsieur, lui dit-il, je n'ai pas

l'honneur de vous connaître ; mais une partie d'escrime ne peut jamais déplaire à un homme comme il faut ; et, si vous voulez être mon second, dans un quart d'heure nous serons sur le pré. Je suis Paul de Gondi, et j'ai appelé M. de Launay, qui est au Cardinal, fort galant homme d'ailleurs. »

— L'inconnu, sans être étonné de cette apostrophe, lui répondit sans changer d'attitude :

« Et quels sont ses seconds ?

— Ma foi, je n'en sais rien ; mais que vous importe qui le servira ? on n'en est pas plus mal avec ses amis pour leur avoir donné un petit coup de pointe. »

L'étranger sourit nonchalamment, resta un instant à passer sa main dans ses longs cheveux châtains, et lui dit enfin avec indolence et regardant à une grosse montre ronde suspendue à sa ceinture :

« Au fait, monsieur, comme je n'ai rien de mieux à faire et que je n'ai pas d'amis ici, je vous suis : j'aime autant faire cela qu'autre chose. »

Et, prenant sur la table son large chapeau à plumes noires, il partit lentement, suivant le martial abbé, qui allait vite devant lui et revenait le hâter, comme un enfant qui court devant son père, ou un jeune carlin qui va et revient vingt fois avant d'arriver au bout d'une allée.

Cependant, deux huissiers, vêtus de livrées royales, ouvrirent les grands rideaux qui séparaient la galerie de la tente du Roi, et le silence s'établit partout. On commença à entrer successivement et avec lenteur dans la demeure passagère du prince. Il reçut avec grâce toute sa cour, et c'était lui-même qui le premier s'offrait à la vue de chaque personne introduite.

Devant une très petite table entourée de fauteuils dorés, était debout le Roi Louis XIII, environné des grands officiers de la couronne; son costume étoit fort élégant : une sorte de veste de couleur chamois, avec les manches ouvertes et ornées d'aiguillettes et de rubans bleus, le couvrait jusqu'à la ceinture. Un haut-de-chausses large et flottant ne lui tombait qu'aux genoux, et son étoffe jaune et rayée de rouge était ornée en bas de rubans bleus. Ses bottes à l'écuyère, ne s'élevant guère à plus de trois pouces au-dessus de la cheville du pied, étaient doublées d'une profusion de dentelles, et si larges, qu'elles semblaient les porter comme un vase porte des fleurs. Un petit manteau de velours bleu, où la croix du Saint-Esprit était brodée, couvrait le bras gauche du Roi, appuyé sur le pommeau de son épée.

Il avait la tête découverte, et l'on voyait parfaitement sa figure pâle et noble éclairée par le soleil que le haut de sa tente laissait pénétrer.

La petite barbe pointue que l'on portait alors augmentait encore la maigreur de son visage, mais en accroissait aussi l'expression mélancolique ; à son front élevé, à son profil antique, à son nez aquilin, on reconnaissait un prince de la grande race des Bourbons ; il avait tout de ses ancêtres, hormis la force du regard : ses yeux semblaient rougis par des larmes et voilés par un sommeil perpétuel, et l'incertitude de sa vue lui donnait l'air un peu égaré.

Il affecta en ce moment d'appeler autour de lui et d'écouter avec attention les plus grands ennemis du Cardinal, qu'il attendait à chaque minute, en se balançant un peu d'un pied sur l'autre, habitude héréditaire de sa famille ; il parlait avec assez de vitesse, mais s'interrompant pour faire un signe de tête gracieux ou un geste de la main à ceux qui passaient devant lui en le saluant profondément.

Il y avait deux heures pour ainsi dire que l'on passait devant le Roi sans que le Cardinal eût paru ; toute la cour était accumulée et serrée derrière le prince et dans les galeries tendues qui se prolongeaient derrière sa tente ; déjà un intervalle de temps plus long commençait à séparer les noms des courtisans que l'on annonçait.

— « Ne verrons-nous pas notre cousin le Cardinal ? dit le Roi en se retournant et regardant Montrésor, gentilhomme de Monsieur, comme pour l'encourager à répondre.

— Sire, on le croit fort malade en cet instant, repartit celui-ci.

— Et je ne vois pourtant que Votre Majesté qui le puisse guérir, dit le duc de Beaufort.

— Nous ne guérissons que les écrouelles, dit le Roi ; et les maux du Cardinal sont toujours si mystérieux, que nous avouons n'y rien connaître. »

Le prince s'esseyait ainsi de loin à braver son ministre, prenant des forces dans la plaisanterie pour rompre mieux son joug insupportable, mais si difficile à soulever. Il croyait presque y avoir réussi, et, soutenu par l'air de joie de tout ce qui l'environnait, il s'applaudissait déjà intérieurement d'avoir su prendre l'empire suprême et jouissait en ce moment de toute la force qu'il se croyait. Un trouble involontaire au fond du cœur lui disait bien que, cette heure passée, tout le fardeau de l'État allait retomber sur lui seul ; mais il parlait pour s'étourdir sur cette pensée importune, et se dissimulant le sentiment intime qu'il avait de son impuissance à régner, il ne laissait plus flotter son imagination sur le résultat des entreprises, se contraignant ainsi lui-même à oublier les pénibles chemins qui peuvent y conduire. Des phrases rapides se succédaient sur ses lèvres.

— « Nous allons bientôt prendre Perpignan, disait-il de loin à Fabert. — Eh bien, Cardinal, la Lorraine est à nous, » ajoutait-il pour La Valette.

Puis touchant le bras de Mazarin :

« Il n'est pas si difficile que l'on croit de mener tout un royaume, n'est-ce pas ? »

L'Italien, qui n'avait pas autant de confiance que le commun des courtisans dans la disgrâce du Cardinal, répondit sans se compromettre :

« Ah ! sire, les derniers succès de Votre Majesté, au dedans et au dehors, prouvent assez combien elle est habile à choisir ses instruments et à les diriger, et... »

Mais le duc de Beaufort, l'interrompant avec cette confiance, cette voix élevée et cet air qui lui méritèrent par la suite le surnom d'*Important*, s'écria tout haut de sa tête :

« Pardieu, Sire, il ne faut que le vouloir ; une nation se mène comme un cheval, avec l'éperon et la bride ; et comme nous sommes tous de bons cavaliers, on n'a qu'à prendre parmi nous tous. »

Cette belle sortie du fat n'eut pas le temps de faire son effet, car deux huissiers à la fois crièrent : « Son Éminence ! »

Le Roi rougit involontairement, comme surpris en flagrant délit ; mais bientôt, se raffermissant, il prit un air de hauteur résolue qui n'échappa point au ministre.

Celui-ci, revêtu de toute la pompe du costume de cardinal, appuyé sur deux jeunes pages et suivi de son capitaine des gardes et de plus de cinq cents gentilshommes attachés à sa maison, s'avança vers le Roi lentement, et s'arrêtant à chaque pas, comme éprouvant des souffrances qui l'y forçaient, mais en effet pour observer les physionomies qu'il avait en face. Un coup d'œil lui suffit.

Sa suite resta à l'entrée de la tente royale, et de tous ceux qui la remplissaient, pas un n'eut l'assurance de le saluer ou de jeter un regard sur lui ; La Valette même feignait d'être fort occupé d'une conversation avec Montrésor ; et le Roi, qui voulait mal le recevoir, affecta de le saluer légèrement et de continuer un *aparté* à voix basse avec le duc de Beaufort.

Le Cardinal fut donc forcé, après le premier salut, de s'arrêter et de passer du côté de la foule des courtisans, comme s'il eût voulu s'y confondre ; mais son dessein était de les éprouver de plus près : ils reculèrent tous comme à l'aspect d'un lépreux ; le seul Fabert s'avança vers lui avec l'air franc et brusque qui lui était habituel, et employant dans son langage les expressions de son métier :

« Eh bien ! monseigneur, vous faites une

brèche au milieu d'eux comme un boulet de canon; je vous en demande pardon pour eux.

— Et vous tenez ferme devant moi comme devant l'ennemi, dit le Cardinal-Duc; vous n'en serez pas fâché par la suite, mon cher Fabert. »

Mazarin s'approcha aussi, mais avec précaution, du Cardinal, et, donnant à ses traits mobiles l'expression d'une tristesse profonde, lui fit cinq ou six révérences fort basses et tournant le dos au groupe du Roi, de sorte que l'on pouvait les prendre de là pour ces saluts froids et précipités que l'on fait à quelqu'un dont on veut se défaire, et du côté du Duc pour des marques de respect, mais d'une discrète et silencieuse douleur.

Le ministre, toujours calme, sourit avec dédain; et, prenant ce regard fixe et cet air de grandeur qui paraissait en lui dans les dangers imminents, il s'appuya de nouveau sur ses pages, et sans attendre un mot ou un regard de son souverain, prit tout à coup son parti et marcha directement vers lui en traversant la tente dans toute sa longueur. Personne ne l'avait perdu de vue, tout en faisant paraître le contraire, et tout se tut, ceux mêmes qui parlaient au Roi; tous les courtisans se penchèrent en avant pour voir et écouter.

Louis XIII étonné se retourna, et, la présence d'esprit lui manquant totalement, il demeura immobile et attendit avec un regard glacé, qui était sa seule force, force d'inertie très grande dans un prince.

Le Cardinal, arrivé près du monarque, ne s'inclina pas ; mais, sans changer d'attitude, les yeux baissés et les deux mains posées sur l'épaule des deux enfants à demi courbés, il dit :

« Sire, je viens supplier Votre Majesté de m'accorder enfin une retraite après laquelle je soupire depuis longtemps. Ma santé chancelle ; je sens que ma vie est bientôt achevée ; l'éternité s'approche pour moi, et, avant de rendre compte au Roi éternel, je vais le faire au roi passager. Il y a dix-huit ans, Sire, que vous m'avez remis entre les mains un royaume faible et divisé ; je vous le rends uni et puissant. Vos ennemis sont abattus et humiliés. Mon œuvre est accomplie. Je demande à Votre Majesté la permission de me retirer à Cîteaux, où je suis abbé-général, pour y finir mes jours dans la prière et la méditation. »

Le Roi, choqué de quelques expressions hautaines de ces paroles, ne donna aucun des signes de faiblesse qu'attendait le Cardinal, et qu'il lui avait vus toutes les fois qu'il l'avait menacé de quitter les affaires. Au contraire, se sentant observé par toute sa cour, il le regarda en roi et dit froidement :

« Nous vous remercions donc de vos services,

monsieur le Cardinal, et nous vous souhaitons le repos que vous demandez. »

Richelieu fut ému au fond, mais d'un sentiment de colère qui ne laissa nulle trace sur ses traits. « Voilà bien cette froideur, se dit-il en lui-même, avec laquelle tu laissas mourir Montmorency ; mais tu ne m'échapperas pas ainsi. » Il reprit en s'inclinant :

« La seule récompense que je demande de mes services, est que Votre Majesté daigne accepter de moi, en pur don, le Palais-Cardinal, élevé de mes deniers dans Paris. »

Le Roi étonné fit un signe de tête consentant. Un murmure de surprise agita un moment la cour attentive.

— « Je me jette aussi aux pieds de Votre Majesté pour qu'elle veuille m'accorder la révocation d'une rigueur que j'ai provoquée (je l'avoue publiquement), et que je regardai peut-être trop à la hâte comme utile au repos de l'État. Oui, quand j'étais de ce monde, j'oubliais trop mes plus anciens sentiments de respect et d'attachement pour le bien général ; à présent que je jouis déjà des lumières de la solitude, je vois que j'ai eu tort ; et je me repens. »

L'attention redoubla, et l'inquiétude du Roi devint visible.

— « Oui, il est une personne, Sire, que j'ai toujours aimée, malgré ses torts envers vous et l'éloignement que les affaires du royaume me forcèrent à lui montrer ; une personne à qui j'ai dû beaucoup, et qui vous doit être chère, malgré ses entreprises à main armée contre vousmême ; une personne enfin que je vous supplie de rappeler de l'exil : je veux dire la Reine Marie de Médicis, votre mère. »

Le Roi laissa échapper un cri involontaire, tant il était loin de s'attendre à ce nom. Une agitation tout à coup réprimée parut sur toutes les physionomies. On attendait en silence les paroles royales. Louis XIII regarda longtemps son vieux ministre sans parler, et ce regard décida du destin de la France. Il se rappela en un moment tous les services infatigables de Richelieu, son dévouement sans bornes, sa surprenante capacité, et s'étonna d'avoir voulu s'en séparer ; il se sentit profondément attendri à cette demande qui allait chercher sa colère au fond de son cœur pour l'en arracher, et lui faisait tomber des mains la seule arme qu'il eût contre son ancien serviteur ; l'amour filial amena le pardon sur ses lèvres et les larmes dans ses yeux ; heureux d'accorder ce qu'il désirait le plus au monde, il tendit la main au Duc avec toute la noblesse d'un Bourbon. Le Cardinal s'inclina, la baisa avec respect ; et son cœur, qui aurait dû se briser de repentir, ne se remplit que de la joie d'un orgueilleux triomphe.

Le prince touché, lui abandonnant sa main, se retourna avec grâce vers sa cour, et dit d'une voix très émue :

« Nous nous trompons souvent, messieurs, et surtout pour connaître un aussi grand politique que celui-ci ; il ne nous quittera jamais, j'espère, puisqu'il a un cœur aussi bon que sa tête. »

Aussitôt le cardinal de La Valette s'empara du bas du manteau du Roi pour le baiser avec l'ardeur d'un amant, et le jeune Mazarin en fit presque autant au duc de Richelieu lui-même, prenant un visage rayonnant de joie et d'attendrissement avec l'admirable souplesse italienne. Deux flots d'adulateurs fondirent, l'un sur le Roi, l'autre sur le ministre : le premier groupe, non moins adroit que le second, quoique moins direct, n'adressait au prince que les remercîments que pouvait entendre le ministre, et brûlait aux pieds de l'un l'encens qu'il destinait à l'autre. Pour Richelieu, tout en faisant un signe de tête à droite et donnant un sourire à gauche, il fit deux pas, et se plaça debout à la droite du Roi, comme à sa place naturelle. Un étranger en entrant eût plutôt pensé que le Roi était à sa gauche. — Le maréchal d'Estrées et tous les ambassadeurs, le duc d'Angoulême, le duc d'Halluin (Schomberg), le maréchal de Châtillon et tous les grands officiers de l'armée et de la couronne l'entouraient, et chacun d'eux attendait impatiemment que le compliment des autres fût achevé pour apporter le sien, craignant qu'on ne s'emparât du madrigal flatteur qu'il venait d'improviser, ou de la formule d'adulation qu'il inventait. Pour Fabert, il s'était retiré dans un coin de la tente, et ne semblait pas avoir fait grande attention à toute cette scène. Il causait avec Montrésor et les gentilshommes de Monsieur, tous ennemis jurés du Cardinal, parce que, hors de la foule qu'il fuyait, il n'avait trouvé qu'eux à qui parler. Cette conduite eût été d'une extrême maladresse dans tout autre moins connu ; mais on sait que, tout en vivant au milieu de la cour, il ignorait toujours ses intrigues ; et on disait qu'il revenait d'une bataille gagnée comme le cheval du Roi de la chasse, laissant les chiens caresser leur maître et se partager la curée, sans chercher à rappeler la part qu'il avait eue au triomphe.

L'orage semblait donc entièrement apaisé, et aux agitations violentes de la matinée succédait un calme fort doux ; un murmure respectueux interrompu par des rires agréables, et l'éclat des protestations d'attachement, était tout ce qu'on entendait dans la tente. La voix du Cardinal s'élevait de temps à autre pour s'écrier : « Cette pauvre Reine ! nous allons donc la revoir ! je n'aurais jamais osé espérer ce bonheur avant de mourir ! » Le Roi l'écoutait avec confiance et ne cherchait pas à cacher sa satisfaction : « C'est vraiment une idée qui lui est venue d'en haut, disait-il ; ce bon Cardinal, contre lequel on m'avait tant fâché, ne songeait qu'à l'union de ma famille ; depuis la naissance du Dauphin, je n'ai jamais goûté de plus vive satisfaction qu'en ce moment. La protection de la sainte Vierge est visible pour le royaume. »

En ce moment un capitaine des gardes vint parler à l'oreille du prince.

— « Un courrier de Cologne? dit le Roi ; qu'il m'attende dans mon cabinet. »

Puis, n'y tenant pas : « J'y vais, j'y vais, » dit-il. Et il entra seul dans une petite tente carrée attenante à la grande. On y vit un jeune courrier tenant un portefeuille noir, et les rideaux s'abaissèrent sur le Roi.

Le Cardinal, resté seul maître de la cour, en concentrait toutes les adorations ; mais on s'aperçut qu'il ne les recevait plus avec la même présence d'esprit ; il demanda plusieurs fois quelle heure il était, et témoigna un trouble qui n'était pas joué ; ses regards durs et inquiets se tournaient vers le cabinet : il s'ouvrit tout à coup ; le Roi reparut seul, et s'arrêta à l'entrée. Il était plus pâle qu'à l'ordinaire et tremblait de tout son corps ; il tenait à la main une large lettre couverte de cinq cachets noirs.

— « Messieurs, dit-il avec une voix haute mais entrecoupée, la Reine-mère vient de mourir à Cologne, et je n'ai peut-être pas été le premier à l'apprendre, ajouta-t-il en jetant un regard sévère sur le Cardinal impassible ; mais Dieu sait tout. Dans une heure, à cheval, et l'attaque des lignes. Messieurs les Maréchaux, suivez-moi. »

Et il tourna le dos brusquement, et rentra dans son cabinet avec eux.

La cour se retira après le ministre, qui, sans donner un signe de tristesse ou de dépit, sortit aussi gravement qu'il était entré, mais en vainqueur.

CHAPITRE IX

LE SIÈGE

> Il papa alzato le mani e fattomi un patente crocione sopra la mia figura, mi disse, che mi benediva e che mi perdonava tutti gli omicidii che io avevo mai fatti, e tutti quelli che mai io farei in servizio della Chiesa apostolica.
>
> BENVENUTO CELLINI.

L est des moments dans la vie où l'on souhaite avec ardeur les fortes commotions pour se tirer des petites douleurs ; des époques où l'âme, semblable au lion de la fable et fatiguée des atteintes continuelles de l'insecte, souhaite un plus fort ennemi, et appelle les dangers de toute la puissance de son désir. Cinq-Mars se trouvait dans cette disposition d'esprit, qui naît toujours d'une sensibilité mala-

dive des organes et d'une perpétuelle agitation du cœur. Las de retourner sans cesse en lui-même les combinaisons d'événements qu'il souhaitait et celles qu'il avait à redouter ; las d'appliquer à des probabilités tout ce que sa tête avait de force pour les calculs, d'appeler à son secours tout ce que son éducation lui avait fait apprendre de la vie des hommes illustres pour le rapprocher de sa situation présente ; accablé de ses regrets, de ses songes, des prédictions, des chimères, des craintes et de tout ce monde imaginaire dans lequel il avait vécu pendant son voyage solitaire, il respira en se trouvant jeté dans un monde réel presque aussi bruyant, et le sentiment de deux dangers véritables rendit à son sang la circulation, et la jeunesse à tout son être.

Depuis la scène nocturne de son auberge près de Loudun, il n'avait pu reprendre assez d'empire sur son esprit pour s'occuper d'autre chose que de ses chères et douloureuses pensées ; et une sorte de consomption s'emparait déjà de lui, lorsque heureusement il arriva au camp de Perpignan, et heureusement encore eut occasion d'accepter la proposition de l'abbé de Gondi ; car on a sans doute reconnu Cinq-Mars dans la personne de ce jeune étranger en deuil, si insouciant et si mélancolique, que le duelliste en soutane avait pris pour témoin.

Il avait fait établir sa tente comme volontaire dans la rue du camp assignée aux jeunes seigneurs qui devaient être présentés au Roi et servir comme aides de camp des généraux ; il s'y rendit promptement, fut bientôt armé, à cheval et cuirassé selon la coutume qui subsistait encore alors, et partit seul pour le bastion espagnol, lieu du rendez-vous. Il s'y trouva le premier, et reconnut qu'un petit champ de gazon caché par les ouvrages de la place assiégée avait été fort bien choisi par le petit abbé pour ses projets homicides ; car, outre que personne n'eût soupçonné des officiers d'aller se battre sous la ville même qu'ils attaquaient, le corps du bastion les séparait du camp français, et devait les voiler comme un immense paravent. Il était bon de prendre ces précautions, car il n'en coûtait pas moins que la tête alors pour s'être donné la satisfaction de risquer son corps.

En attendant ses amis et ses adversaires, Cinq-Mars eut le temps d'examiner le côté sud de Perpignan, devant lequel il se trouvait. Il avait entendu dire que ce n'était pas ces ouvrages que l'on attaquerait, et cherchait en vain à se rendre compte de ces projets. Entre cette face méridionale de la ville, les montagnes de l'Albère et le col du Perthus, on aurait pu tracer des lignes d'attaque et les redoutes contre le point accessible ; mais pas un soldat de l'armée n'y était placé ; toutes les forces semblaient dirigées sur le nord de Perpignan, du côté le plus difficile, contre un fort de brique nommé le Castillet, qui surmonte la porte de Notre-Dame. Il vit qu'un terrain en apparence marécageux, mais très solide, conduisait jusqu'au pied du bastion espagnol ; que ce poste était gardé avec toute la négligence castillane, et ne pouvait avoir cependant de force que par ses défenseurs, car ses créneaux et ses meurtrières étaient ruinés et garnis de quatre pièces de canon d'un énorme calibre, encaissées dans du gazon, et par là rendues immobiles et impossibles à diriger contre une troupe qui se précipiterait rapidement au pied du mur.

Il était aisé de voir que ces énormes pièces avaient ôté aux assiégeants l'idée d'attaquer ce point, et aux assiégés celle d'y multiplier les moyens de défense. Aussi, d'un côté, les postes avancés et les vedettes étaient fort éloignés ; de l'autre, les sentinelles étaient rares et mal soutenues. Un jeune Espagnol, tenant une longue escopette avec sa fourche suspendue à son côté, et la mèche fumante dans la main droite, se promenait nonchalamment sur le rempart, et s'arrêta à considérer Cinq-Mars, qui faisait à cheval le tour des fossés et du marais.

— « *Senor caballero*, lui dit-il, est-ce que vous voulez prendre le bastion à vous seul et à cheval, comme don Quixote-Quixada de la Mancha? »

Et en même temps il détacha la fourche ferrée qu'il avait au côté, la planta en terre, et y appuyait le bout de son escopette pour ajuster, lorsqu'un grave Espagnol plus âgé, enveloppé dans un sale manteau brun, lui dit dans sa langue :

« *Ambrosio de demonio,* ne sais-tu pas bien qu'il est défendu de perdre la poudre inutilement jusqu'aux sorties ou aux attaques, pour avoir le plaisir de tuer un enfant qui ne vaut pas ta mèche ? C'est ici même que Charles-Quint a jeté et noyé dans le fossé la sentinelle endormie. Fais ton devoir, ou je l'imiterai. »

Ambrosio remit son fusil sur son épaule, son bâton fourchu à son côté, et reprit sa promenade sur le rempart.

Cinq-Mars avait été fort peu ému de ce geste menaçant, et s'était contenté d'élever les rênes de son cheval et de lui approcher les éperons, sachant que d'un saut de ce léger animal il serait transporté derrière un petit mur d'une cabane qui s'élevait dans le champ où il se trouvait, et serait à l'abri du fusil espagnol avant que l'opération de la fourche et de la mèche fût terminée. Il savait d'ailleurs qu'une convention tacite des deux armées empêchait que les tirailleurs ne fissent feu sur les sentinelles, ce qui eût été regardé comme un assassinat de chaque côté. Il fallait même que le soldat qui s'était disposé ainsi à l'attaque fût dans l'ignorance des consignes pour l'avoir fait. Le jeune d'Effiat ne fit donc aucun mouvement apparent ; et lorsque le factionnaire reprit sa promenade sur le rempart, il reprit la sienne sur le gazon, et aperçut bientôt cinq cavaliers qui se dirigeaient vers lui. Les deux premiers, qui arrivèrent au plus grand galop, ne le saluèrent pas ; mais, s'arrêtant presque sur lui, se jetèrent à terre, et il se trouva dans les bras du conseiller de Thou, qui le serrait tendrement, tandis que le petit abbé de Gondi, riant de tout son cœur, s'écriait :

« Voici encore un Oreste qui retrouve son Pylade, et au moment d'immoler un coquin qui n'est pas de la famille du Roi des rois, je vous assure !

— Eh quoi ! c'est vous, cher Cinq-Mars ! s'écriait de Thou ; quoi ! sans que j'aie su votre arrivée au camp ? Oui, c'est bien vous ; je vous reconnais, quoique vous soyez plus pâle. Avez-vous été malade, cher ami ? je vous ai écrit bien souvent ; car notre amitié d'enfance m'est demeurée bien avant dans le cœur.

— Et moi, répondit Henri d'Effiat, j'ai été bien coupable envers vous : mais je vous conterai tout ce qui m'étourdissait ; je pourrai vous en parler, et j'avais honte de vous l'écrire. Mais que vous êtes bon ! votre amitié ne s'est point lassée.

— Je vous connais trop bien, reprenait de Thou ; je savais qu'il ne pouvait y avoir d'orgueil entre nous, et que mon âme avait un écho dans la vôtre. »

Avec ces paroles, ils s'embrassaient, les yeux humides de ces larmes douces que l'on verse si rarement dans la vie, et dont il semble cependant que le cœur soit toujours chargé, tant elles font de bien en coulant.

Cet instant fut court ; et, pendant ce peu de mots, Gondi n'avait cessé de les tirer par leur manteau en disant :

« A cheval ! à cheval ! messieurs. Eh ! pardieu, vous aurez le temps de vous embrasser, si vous êtes si tendres ; mais ne vous faites pas arrêter, et songeons à en finir bien vite avec nos bons amis qui arrivent. Nous sommes dans une vilaine position, avec ces trois gaillards-là en face, les archers pas loin d'ici, et les Espagnols là-haut ; il faut tenir tête à trois feux. »

Il parlait encore lorsque M. de Launay, se trouvant à soixante pas de là avec ses seconds, choisis dans ses amis plutôt que dans les partisans du Cardinal, *embarqua* son cheval au petit galop, selon les termes du manège, et, avec toute la précision des leçons qu'on y reçoit, s'avança de très bonne grâce vers ses jeunes adversaires et les salua gravement :

« Messieurs, dit-il, je crois que nous ferions

bien de nous choisir et de prendre du champ ; car il est question d'attaquer les lignes et il faut que je sois à mon poste.

— Nous sommes prêts, monsieur, dit Cinq-Mars ; et, quant à nous choisir, je serai bien aise de me trouver en face de vous ; car je n'ai point oublié le maréchal de Bassompierre et le bois de Chaumont ; vous savez mon avis sur votre insolente visite chez ma mère.

— Vous êtes jeune, monsieur ; j'ai rempli chez madame votre mère les devoirs d'homme du monde ; chez le maréchal, ceux de capitaine des gardes ; ici, ceux de gentilhomme avec monsieur l'abbé qui m'a appelé ; et ensuite j'aurai cet honneur avec vous.

— Si je vous le permets, » dit l'abbé déjà à cheval.

Ils prirent soixante pas de champ, et c'était tout ce qu'offrait d'étendue le pré qui les renfermait ; l'abbé de Gondi fut placé entre de Thou et son ami, qui se trouvait le plus rapproché des remparts, où deux officiers espagnols et une vingtaine de soldats se placèrent, comme au balcon, pour voir ce duel de six personnes, spectacle qui leur était assez habituel. Ils donnaient les mêmes signes de joie qu'à leurs combats de taureaux, et riaient de ce rire sauvage et amer que leur physionomie tient du sang arabe.

A un signe de Gondi, les six chevaux partirent au galop, et se rencontrèrent sans se heurter au milieu de l'arène; à l'instant six coups de pistolet s'entendirent presque ensemble, et la fumée couvrit les combattants.

Quand elle se dissipa, on ne vit, des six cavaliers et des six chevaux, que trois hommes et trois animaux en bon état. Cinq-Mars était à cheval, donnant la main à son adversaire aussi calme que lui; à l'autre extrémité, de Thou s'approchait du sien, dont il avait tué le cheval, et l'aidait à se relever; pour Gondi et de Launay, on ne les voyait plus ni l'un ni l'autre. Cinq-Mars, les cherchant avec inquiétude, aperçut en avant le cheval de l'abbé qui sautait et caracolait, traînant à sa suite le futur cardinal, qui avait le pied pris dans l'étrier et jurait comme s'il n'eût jamais étudié autre chose que le langage des camps : il avait le nez et les mains tout en sang de sa chute et de ses efforts pour s'accrocher au gazon, et voyait avec assez d'humeur son cheval, que son pied chatouillait bien malgré lui, se diriger vers le fossé rempli d'eau qui entourait le bastion, lorsque heureusement Cinq-Mars, passant entre le bord du marécage et le cheval, le saisit par la bride et l'arrêta.

— « Eh bien ! mon cher abbé, je vois que vous n'êtes pas bien malade, car vous parlez énergiquement.

— Par la corbleu! criait Gondi en se débarbouillant de la terre qu'il avait dans les yeux, pour tirer un coup de pistolet à la figure de ce géant, il a bien fallu me pencher en avant et m'élever sur l'étrier; aussi ai-je un peu perdu l'équilibre; mais je crois qu'il est par terre aussi.

— Vous ne vous trompez guère, monsieur, dit de Thou, qui arriva; voilà son cheval qui nage dans le fossé avec son maître, dont la cervelle est emportée; il faut songer à nous évader.

— Nous évader? c'est assez difficile, messieurs, dit l'adversaire de Cinq-Mars survenant, voici le coup de canon, signal de l'attaque; je ne croyais pas qu'il partît si tôt : si nous retournons, nous rencontrerons les Suisses et les lansquenets qui sont en bataille sur ce point.

— M. de Fontrailles à raison, dit de Thou; mais, si nous ne retournons pas, voici les Espagnols qui courent aux armes et nous feront siffler des balles sur la tête.

— Eh bien! tenons conseil, dit Gondi; appelez donc M. de Montrésor, qui s'occupe inutilement de chercher le corps de ce pauvre de Launay. Vous ne l'avez pas blessé, monsieur de Thou?

— Non, monsieur l'abbé, tout le monde n'a pas la main si heureuse que la vôtre, dit amèrement Montrésor, qui venait boitant un peu à cause de sa chute ; nous n'aurons pas le temps de continuer avec l'épée.

— Quant à continuer, je n'en suis pas, messieurs, dit Fontrailles ; M. de Cinq-Mars en a agi trop noblement avec moi : mon pistolet avait fait long feu, et, ma foi, le sien s'est appuyé sur ma joue, j'en sens encore le froid ; il a eu la bonté de l'ôter et de le tirer en l'air ; je ne l'oublierai jamais, et je suis à lui à la vie et à la mort.

— Il ne s'agit pas de cela, messieurs, interrompit Cinq-Mars ; voici une balle qui m'a sifflé à l'oreille ; l'attaque est commencée de toutes parts, et nous sommes enveloppés par les amis et les ennemis. »

En effet, la canonnade était générale ; la citadelle, la ville et l'armée étaient couvertes de fumée ; le bastion seul qui leur faisait face n'était pas attaqué ; et ses gardes semblaient moins se préparer à le défendre qu'à examiner le sort des fortifications.

— « Je crois que l'ennemi a fait une sortie, dit Montrésor, car la fumée a cessé dans la plaine, et je vois des masses de cavaliers qui chargent pendant que le canon de la place les protège.

— Messieurs, dit Cinq-Mars, qui n'avait cessé d'observer les murailles, nous pourrions prendre un parti : ce serait d'entrer dans ce bastion mal gardé.

— C'est très bien dit, monsieur, dit Fontrailles ; mais nous ne sommes que cinq contre trente au moins, et nous voilà bien découverts et faciles à compter.

— Ma foi, l'idée n'est pas mauvaise, dit Gondi : il vaut mieux être fusillé là-haut que pendu là-bas, si l'on vient à nous trouver ; car ils doivent déjà s'être aperçus que M. de Launay manque à sa compagnie, et toute la cour sait notre affaire.

— Parbleu ! messieurs, dit Montrésor, voilà du secours qui nous vient. »

Une troupe nombreuse à cheval, mais fort en désordre, arrivait sur eux au plus grand galop ; des habits rouges les faisaient voir de loin ; ils semblaient avoir pour but de s'arrêter dans le champ même où se trouvaient nos duellistes embarrassés, car à peine les premiers chevaux y furent-ils, que les cris de *halte* se répétèrent et se prolongèrent par la voix des chefs mêlés à leurs cavaliers.

— « Allons au-devant d'eux, ce sont les gens d'armes de la garde du Roi, dit Fontrailles ; je les reconnais à leurs cocardes noires. Je vois aussi beaucoup de chevau-légers avec eux : mêlons-nous à leur désordre, car je crois qu'ils sont *ramenés*. »

Ce mot est un terme honnête qui voulait dire et signifie encore *en déroute* dans le langage militaire. Tous les cinq s'avancèrent vers cette troupe vive et bruyante, et virent que cette conjecture était très juste. Mais, au lieu de la consternation qu'on pourrait attendre en pareil cas, ils ne trouvèrent qu'une gaîté jeune et bruyante, et n'entendirent que des éclats de rire de ces deux compagnies.

— « Ah! pardieu, Cahuzac, disait l'un, ton cheval courait mieux que le mien; je crois que tu l'as exercé aux chasses du Roi.

— C'est pour que nous soyons plutôt ralliés que tu es arrivé le premier ici, répondait l'autre.

— Je crois que le marquis de Coislin est fou de nous faire charger quatre cents contre huit régiments espagnols.

— Ah! ah! ah! Locmaria, votre panache est bien arrangé! il a l'air d'un saule pleureur. Si nous suivons celui-là, ce sera à l'enterrement.

— Eh! messieurs, je vous l'ai dit d'avance, répondait d'assez mauvaise humeur ce jeune officier; j'étais sûr que ce capucin de Joseph, qui se mêle de tout, se trompait en disant de charger de la part du Cardinal. Mais auriez-vous été contents si ceux qui ont l'honneur de vous commander avaient refusé la charge?

— Non! non! non! répondirent tous ces jeunes gens en reprenant rapidement leurs rangs.

— J'ai dit, reprit le vieux marquis de Coislin,

qui, avec ses cheveux blancs, avait encore le feu de la jeunesse dans les yeux, que si l'on vous ordonnait de monter à l'assaut à cheval, vous le feriez.

— Bravo! bravo! crièrent tous les gens d'armes en battant les mains.

— Eh bien, monsieur le marquis, dit Cinq-Mars en s'approchant, voici l'occasion d'exécuter ce que vous avez promis; je ne suis qu'un simple volontaire, mais il y a déjà un instant que ces messieurs et moi examinons ce bastion, et je crois qu'on en pourrait venir à bout.

— Monsieur, au préalable, il faudrait sonder le gué pour... »

En ce moment, une balle partie du rempart même dont on parlait vint casser la tête au cheval du vieux capitaine.

— « Locmaria, de Mouy, prenez le commandement, et l'assaut, l'assaut! crièrent les deux compagnies nobles, le croyant mort.

— Un moment, un moment, messieurs, dit le vieux Coislin en se relevant, je vous y conduirai, s'il vous plaît; guidez-nous, monsieur le volontaire, car les Espagnols nous invitent à ce bal, et il faut répondre poliment. »

A peine le vieillard fut-il sur un autre cheval, que lui amenait un de ses gens, et eut-il tiré son épée, que, sans attendre son commandement, toute cette ardente jeunesse, précédée par Cinq-

Mars et ses amis, dont les chevaux étaient poussés en avant par les escadrons, se jeta dans les marais, où, à son grand étonnement et à celui des Espagnols, qui comptaient trop sur sa profondeur, les chevaux ne s'enfoncèrent que jusqu'aux jarrets, et malgré une décharge à mitraille des deux plus grosses pièces, tous arrivèrent pêle-mêle sur un petit terrain de gazon, au pied des remparts à demi ruinés. Dans l'ardeur du passage, Cinq-Mars et Fontrailles, avec le jeune Locmaria, lancèrent leurs chevaux sur le rempart même; mais une vive fusillade tua et renversa ces trois animaux, qui roulèrent avec leurs maîtres.

— « Pied à terre, messieurs! cria le vieux Coislin; le pistolet et l'épée, et en avant! abandonnez vos chevaux. »

Tous obéirent rapidement et vinrent se jeter en foule à la brèche.

Cependant de Thou, que son sang-froid ne quittait jamais, non plus que son amitié, n'avait pas perdu de vue son jeune Henri, et l'avait reçu dans ses bras lorsque son cheval était tombé. Il le remit debout, lui rendit son épée échappée, et lui dit avec le plus grand calme, malgré les balles qui pleuvaient de tout côté :

« Mon ami, ne suis-je pas bien ridicule au milieu de toute cette bagarre, avec mon habit de conseiller au Parlement?

— Parbleu, dit Montrésor qui s'avançait, voici l'abbé qui vous justifie bien. »

En effet, le petit Gondi, repoussant des coudes les chevau-légers, criait de toutes ses forces : « Trois duels et un assaut ! J'espère que j'y perdrai ma soutane, enfin ! »

Et, en disant ces mots, il frappait d'estoc et de taille sur un grand Espagnol.

La défense ne fut pas longue. Les soldats castillans ne tinrent pas longtemps contre les officiers français, et pas un d'eux n'eut le temps ni la hardiesse de recharger son arme.

— « Messieurs, nous raconterons cela à nos maîtresses, à Paris ! » s'écria Locmaria en jetant son chapeau en l'air.

Et Cinq-Mars, de Thou, Coislin, de Mouy, Londigny, officiers des compagnies rouges, et tous ces jeunes gentilshommes, l'épée dans la main droite, le pistolet dans la gauche, se heurtant, se poussant et se faisant autant de mal à eux-mêmes qu'à l'ennemi par leur empressement, débordèrent enfin sur la plate-forme du bastion comme l'eau versée d'un vase dont l'entrée est trop étroite jaillit par torrents au dehors.

Dédaignant de s'occuper des soldats vaincus qui se jetaient à leurs genoux, ils les laissèrent errer dans le fort sans même les désarmer, et se mirent à courir dans leur conquête comme des écoliers en vacances, riant de tout leur cœur comme après une partie de plaisir.

Un officier espagnol, enveloppé dans son manteau brun, les regardait d'un air sombre.

— « Quels démons est-ce là, Ambrosio ? disait-il à un soldat. Je ne les ai pas connus autrefois en France. Si Louis XIII a toute une armée ainsi composée, il est bien bon de ne pas conquérir l'Europe.

— Oh ! je ne les crois pas bien nombreux ; il faut que ce soit un corps de pauvres aventuriers qui n'ont rien à perdre et tout à gagner par le pillage.

— Tu as raison, dit l'officier ; je vais tâcher d'en séduire un pour m'échapper. »

Et, s'approchant avec lenteur, il aborda un jeune chevau-léger, d'environ dix-huit ans, qui était à l'écart, assis sur le parapet ; il avait le teint blanc et rose d'une jeune fille, sa main délicate tenait un mouchoir brodé dont il essuyait son front et ses cheveux d'un blond d'argent ; il regardait l'heure à une grosse montre ronde couverte de rubis enchâssés et suspendue à sa ceinture par un nœud de rubans.

L'Espagnol étonné s'arrêta. S'il ne l'eût vu renverser ses soldats, il ne l'aurait cru capable que de chanter une romance couché sur un lit de repos. Mais, prévenu par les idées d'Ambrosio, il songea qu'il se pouvait qu'il eût volé ces objets de luxe au pillage des appartements d'une femme ; et, l'abordant brusquement, lui dit :

« *Hombre !* je suis officier ; veux-tu me rendre la liberté et me faire revoir mon pays ? »

Le jeune Français le regarda avec l'air doux de son âge, et, songeant à sa propre famille, lui dit :

« Monsieur je vais vous présenter au marquis de Coislin, qui vous accordera sans doute ce que vous demandez ; votre famille est-elle de Castille ou d'Aragon ?

— Ton Coislin demandera une autre permission encore, et me fera attendre une année. Je te donnerai quatre mille ducats si tu me fais évader. »

Cette figure douce, ces traits enfantins, se couvrirent de la pourpre de la fureur ; ces yeux bleus lancèrent des éclairs, et, en disant : « De l'argent, à moi ! va-t'en, imbécile ! » le jeune homme donna sur la joue de l'Espagnol un bruyant soufflet. Celui-ci, sans hésiter, tira un long poignard de sa poitrine, et, saisissant le bras du Français, crut le lui plonger facilement dans le cœur : mais, leste et vigoureux, l'adolescent lui prit lui-même le bras droit, et, l'élevant avec force au-dessus de sa tête, le ramena avec le fer sur celle de l'Espagnol frémissant de rage.

— « Eh ! eh ! eh ! doucement, Olivier ! Olivier !

crièrent de toutes parts ses camarades accourant :
il y a assez d'Espagnols par terre. »

Et ils désarmèrent l'officier ennemi.

— « Que ferons-nous de cet enragé ? disait
l'un.

— Je n'en voudrais pas pour mon valet de
chambre, répondait l'autre.

— Il mérite d'être pendu, disait un troisième ;
mais, ma foi, messieurs, nous ne savons pas
pendre ; envoyons-le à ce bataillon de Suisses
qui passe dans la plaine. »

Et cet homme sombre et calme, s'enveloppant
de nouveau dans son manteau, se mit en marche
lui-même, suivi d'Ambrosio, pour aller joindre
le bataillon, poussé par les épaules et hâté par
cinq ou six de ces jeunes fous.

Cependant la première troupe d'assiégeants,
étonnée de son succès, l'avait suivi jusqu'au
bout. Cinq-Mars, conseillé par le vieux Coislin,
avait fait le tour du bastion, et ils virent tous
deux avec chagrin qu'il était entièrement séparé
de la ville, et que leur avantage ne pouvait se
poursuivre. Ils revinrent donc sur la plate-forme,
lentement et en causant, rejoindre de Thou et
l'abbé de Gondi, qu'ils trouvèrent riant avec
les jeunes chevau-légers.

— « Nous avions avec nous la Religion et
la Justice, messieurs, nous ne pouvions pas
manquer de triompher.

— Comment donc? mais c'est qu'elles ont frappé aussi fort que nous ! »

Ils se turent à l'approche de Cinq-Mars, et restèrent un instant à chuchoter et à demander son nom ; puis tous l'entourèrent et lui prirent la main avec transport.

— « Messieurs, vous avez raison, dit le vieux capitaine ; c'est, comme disaient nos pères, *le mieux faisant de la journée*. C'est un volontaire qui doit être présenté aujourd'hui au Roi par le Cardinal.

— Par le Cardinal! nous le présenterons nous-mêmes ; ah ! qu'il ne soit pas *Cardinaliste*[1], il est trop brave garçon pour cela, disaient avec vivacité tous ces jeunes gens.

— Monsieur, je vous en dégoûterai bien, moi, dit Olivier d'Entraigues en s'approchant, car j'ai été son page, et je le connais parfaitement. Servez plutôt dans les Compagnies Rouges ; allez, vous aurez de bons camarades. »

Le vieux marquis évita l'embarras de la réponse à Cinq-Mars en faisant sonner les trompettes pour rallier ses brillantes compagnies. Le canon avait cessé de se faire entendre, et un Garde était venu l'avertir que le Roi et le Cardinal parcouraient la ligne pour voir les

1. La France et l'armée étaient divisées en Royalistes et Cardinalistes.

résultats de la journée ; il fit passer tous les chevaux par la brèche, ce qui fut assez long, et ranger les deux compagnies à cheval en bataille dans un lieu où il semblait impossible qu'une autre troupe que l'infanterie eût jamais pu pénétrer.

CHAPITRE X

LES RÉCOMPENSES

LA MORT.

Ah ! comme du butin ces guerriers trop jaloux
Courent bride abattue au-devant de mes coups.
Agitez tous leurs sens d'une rage insensée.
Tambour, fifre, trompette, ôtez-leur la pensée.

N. LEMERCIER, *Panhypocrisiade.*

OUR assouvir le premier emportement du chagrin royal, avait dit Richelieu ; pour ouvrir une source d'émotions qui détourne de la douleur cette âme incertaine, que cette ville soit assiégée, j'y consens ; que Louis parte, je lui permets de frapper quelques pauvres soldats des coups qu'il vou-

drait et n'ose me donner; que sa colère s'éteigne dans ce sang obscur, je le veux ; mais ce caprice de gloire ne dérangera pas mes immuables desseins : cette ville ne tombera pas encore, elle ne sera française pour toujours que dans deux ans; elle viendra dans mes filets seulement au jour marqué dans ma pensée. Tonnez, bombes et canons; méditez vos opérations, savants capitaines ; précipitez-vous, jeunes guerriers : je ferai taire votre bruit, évanouir vos projets, avorter vos efforts; tout finira par une vaine fumée, et je vais vous conduire pour vous égarer. »

Voilà à peu près ce que roulait sous sa tête chauve le Cardinal-Duc avant l'attaque dont on vient de voir une partie. Il s'était placé à cheval au nord de la ville, sur une des montagnes de Salces; de ce point il pouvait voir la plaine du Roussillon devant lui, s'inclinant jusqu'à la Méditerranée; Perpignan, avec ses remparts de brique, ses bastions, sa citadelle et son clocher, y formait une masse ovale et sombre sur des prés larges et verdoyants, et les vastes montagnes l'enveloppaient avec la vallée comme un arc énorme courbé du nord au sud, tandis que, prolongeant sa ligne blanchâtre à l'orient, la mer semblait en être la corde argentée. A sa droite s'élevait ce mont immense que l'on appelle le Canigou, dont les flancs épanchent deux rivières dans la plaine. La ligne française s'étendait jusqu'au pied de cette barrière de l'occident. Une foule de généraux et de grands seigneurs se tenaient à cheval derrière le ministre, mais à vingt pas de distance et dans un silence profond. Il avait commencé par suivre au plus petit pas la ligne d'opérations, et ensuite était revenu se placer immobile sur cette hauteur, d'où son œil et sa pensée planaient sur les destinées des assiégeants et des assiégés. L'armée avait les yeux sur lui, et de tout point on pouvait le voir. Chaque homme portant les armes le regardait comme son chef immédiat, et attendait son geste pour agir. Dès longtemps la France était ployée à son joug, et l'admiration en avait exclu de toutes ses actions le ridicule auquel un autre eût été quelquefois soumis. Ici, par exemple, il ne vint à l'esprit d'aucun homme de sourire ou même de s'étonner que la cuirasse revêtit un prêtre, et la sévérité de son caractère et de son aspect réprima toute idée de rapprochements ironiques ou de conjectures injurieuses. Ce jour-là le Cardinal parut revêtu d'un costume entièrement guerrier : c'était un habit couleur de feuille morte, bordé en or ; une cuirasse couleur d'eau ; l'épée au côté, des pistolets à l'arçon de sa selle, et un chapeau à plumes qu'il mettait rarement sur sa tête, où il conservait toujours la calotte rouge. Deux pages étaient derrière lui : l'un portait ses gantelets, l'autre son casque, et le capitaine de ses gardes était à son côté.

Comme le Roi l'avait nouvellement nommé généralissime de ses troupes, c'était à lui que les généraux envoyaient demander des ordres ; mais lui, connaissant trop bien les secrets motifs de la colère actuelle de son maître, affecta de renvoyer à ce prince tous ceux qui voulaient avoir une décision de sa bouche. Il arriva ce qu'il avait prévu, car il réglait et calculait les mouvements de ce cœur comme ceux d'une horloge, et aurait pu dire avec exactitude par quelles sensations il avait passé. Louis XIII vint se placer à ses côtés, mais il vint comme vient l'élève adolescent forcé de reconnaître que son maître a raison. Son air était hautain et mécontent, ses paroles étaient brusques et sèches. Le Cardinal demeura impassible. Il fut remarquable que le Roi employait, en consultant, les paroles du commandement, conciliant ainsi sa faiblesse et son pouvoir, son irrésolution et sa fierté, son impéritie et ses prétentions, tandis que son ministre lui dictait ses lois avec le ton de la plus profonde obéissance.

— « Je veux que l'on attaque bientôt, Cardinal, dit le prince en arrivant ; c'est-à-dire, ajouta-t-il avec un air d'insouciance, lorsque tous vos préparatifs seront faits et à l'heure dont vous serez convenu avec nos maréchaux.

— Sire, si j'osais dire ma pensée, je voudrais que Votre Majesté eût pour agréable d'attaquer dans un quart d'heure, car, la montre en main, il suffit de ce temps pour faire avancer la troisième ligne.

— Oui, oui, c'est bon, monsieur le Cardinal ; je le pensais aussi ; je vais donner mes ordres moi-même ; je veux faire tout moi-même. Schomberg, Schomberg ! dans un quart d'heure je veux entendre le canon du signal, je le veux ! »

En partant pour commander la droite de l'armée, Schomberg ordonna, et le signal fut donné.

Les batteries disposées depuis longtemps par le maréchal de La Meilleraie commencèrent à battre en brèche, mais mollement, parce que les artilleurs sentaient qu'on les avait dirigés sur deux points inexpugnables, et qu'avec leur expérience, et surtout le sens droit et la vue prompte du soldat français, chacun d'eux aurait pu indiquer la place qu'il eût fallu choisir.

Le Roi fut frappé de la lenteur des feux.

— « La Meilleraie, dit-il avec impatience, voici des batteries qui ne vont pas, vos canonniers dorment. »

Le maréchal, les mestres de camp d'artillerie

étaient présents, mais aucun ne répondit une syllabe. Ils avaient jeté les yeux sur le Cardinal, qui demeurait immobile comme une statue équestre, et ils l'imitèrent. Il eût fallu répondre que la faute n'était pas aux soldats, mais à celui qui avait ordonné cette fausse disposition de batteries, et c'était Richelieu lui-même qui, feignant de les croire plus utiles où elles se trouvaient, avait fait taire les observations des chefs.

Le Roi fut étonné de ce silence, et, craignant d'avoir commis, par cette question, quelque erreur grossière dans l'art militaire, rougit légèrement, et, se rapprochant du groupe des princes qui l'accompagnaient, leur dit pour prendre contenance :

— « D'Angoulême, Beaufort, c'est bien ennuyeux, n'est-il pas vrai ? nous restons là comme des momies. »

Charles de Valois s'approcha et dit :

« Il me semble, Sire, que l'on n'a pas employé ici les machines de l'ingénieur Pompée-Targon.

— Parbleu, dit le duc de Beaufort en regardant fixement Richelieu, c'est que nous aimions beaucoup mieux prendre La Rochelle que Perpignan, dans le temps où vint cet Italien. Ici, pas une machine préparée, pas une mine, pas un pétard sous ces murailles, et le maréchal de La

Meilleraie m'a dit ce matin qu'il avait proposé d'en faire approcher pour ouvrir la tranchée. Ce n'était ni le Castillet, ni ces six grands bastions de l'enveloppe, ni la demi-lune qu'il fallait attaquer. Si nous allons ce train, le grand bras de pierre de la citadelle nous montrera le poing longtemps encore. »

Le Cardinal, toujours immobile, ne dit pas une seule parole, il fit seulement signe à Fabert de s'approcher ; celui-ci sortit du groupe qui le suivait, et rangea son cheval derrière celui de Richelieu, près du capitaine de ses gardes.

Le duc de La Rochefoucault, s'approchant du Roi, prit la parole :

« Je crois, Sire, que notre peu d'action à ouvrir la brèche donne de l'insolence à ces gens-là, car voici une sortie nombreuse qui se dirige justement vers Votre Majesté ; les régiments de Biron et de Ponts se replient en faisant leurs feux.

— Eh bien, dit le Roi tirant son épée, chargeons-les, et faisons rentrer ces coquins chez eux ; lancez la cavalerie avec moi, d'Angoulême. Où est-elle, Cardinal ?

— Derrière cette colline, Sire, sont en colonne six régiments de dragons et les carabins de La Roque ; vous voyez en bas mes Gens d'armes et mes Chevau-légers, dont je supplie

Votre Majesté de se servir, car ceux de sa garde sont égarés en avant par le marquis de Coislin, toujours trop zélé. Joseph, va lui dire de revenir. »

Il parla bas au capucin, qui l'avait accompagné affublé d'un habit militaire qu'il portait gauchement, et qui s'avança aussitôt dans la plaine.

Cependant les colonnes serrées de la vieille infanterie espagnole sortaient de la porte Notre-Dame comme une forêt mouvante et sombre, tandis que par une autre porte une cavalerie pesante sortait aussi et se rangeait dans la plaine. L'armée française, en bataille au pied de la colline du Roi, sur des torts de gazon et derrière des redoutes et des fascines, vit avec effroi les Gens d'armes et les Chevau-légers entre ces deux corps dix fois supérieurs en nombre.

— « Sonnez donc la charge ! cria Louis XIII, ou mon vieux Coislin est perdu. »

Et il descendit la colline avec toute sa suite, aussi ardente que lui ; mais, avant qu'il fût au bas et à la tête de ses Mousquetaires, les deux Compagnies avaient pris leur parti ; lancées avec la rapidité de la foudre et au cri de *vive le Roi !* elles fondirent sur la longue colonne de la cavalerie ennemie comme deux vautours sur les flancs d'un serpent, et, faisant une large et sanglante trouée, passèrent au travers pour aller se rallier derrière le bastion espagnol, comme nous l'avons vu, et laissèrent les cavaliers si étonnés, qu'ils ne songèrent qu'à se reformer et non à les poursuivre.

L'armée battit des mains ; le Roi étonné s'arrêta ; il regarda autour de lui, et vit dans tous les yeux le brûlant désir de l'attaque ; toute la valeur de sa race étincela dans les siens ; il resta encore une seconde comme en suspens, écoutant avec ivresse le bruit du canon, respirant et savourant l'odeur de la poudre ; il semblait reprendre une autre vie et redevenir Bourbon ; tous ceux qui le virent alors se crurent commandés par un autre homme, lorsque, élevant son épée et ses yeux vers le soleil éclatant, il s'écria :

« Suivez-moi, braves amis ! c'est ici que je suis roi de France ! »

Sa cavalerie, se déployant, partit avec une ardeur qui dévorait l'espace, et, soulevant des flots de poussière du sol qu'elle faisait trembler, fut dans un instant mêlée à la cavalerie espagnole, engloutie comme elle dans un nuage immense et mobile.

— « A présent, c'est à présent ! s'écria de sa hauteur le Cardinal avec une voix tonnante : qu'on arrache ces batteries à leur position inutile. Fabert, donnez vos ordres : qu'elles soient toutes dirigées sur cette infanterie qui va lentement envelopper le Roi. Courez, volez, sauvez le Roi ! »

Aussitôt cette suite, auparavant inébranlable, s'agite en tous sens ; les généraux donnent leurs ordres, les aides de camp disparaissent et fondent dans la plaine, où, franchissant les fossés, les barrières et les palissades, ils arrivent à leur but presque aussi promptement que la pensée qui les dirige et que le regard qui les suit. Tout à coup les éclairs lents et interrompus qui brillaient sur les batteries découragées deviennent une flamme immense et continuelle, ne laissant pas de place à la fumée qui s'élève jusqu'au ciel en formant un nombre infini de couronnes légères et flottantes ; les volées du canon, qui semblaient de lointains et faibles échos, se changent en un tonnerre formidable dont les coups sont aussi rapides que ceux du tambour battant la charge ; tandis que, de trois points opposés, les rayons larges et rouges des bouches à feu descendent sur les sombres colonnes qui sortaient de la ville assiégée.

Cependant Richelieu, sans changer de place, mais l'œil ardent et le geste impératif, ne cessait de multiplier les ordres en jetant sur ceux qui les recevaient un regard qui leur faisait entrevoir un arrêt de mort s'ils n'obéissaient pas assez vite.

— « Le Roi a culbuté cette cavalerie ; mais

les fantassins résistent encore ; nos batteries n'ont fait que tuer et n'ont pas vaincu. Trois régiments d'infanterie en avant, sur-le-champ, Gassion, La Meilleraie et Lesdiguières ! qu'on prenne les colonnes par le flanc. Portez l'ordre au reste de l'armée de ne plus attaquer et de rester sans mouvement sur toute la ligne. Un papier ! que j'écrive moi-même à Schomberg. »

Un page mit pied à terre et s'avança tenant un crayon et du papier. Le ministre, soutenu par quatre hommes de sa suite, descendit de cheval péniblement et en jetant quelques cris involontaires que lui arrachaient ses douleurs ; mais il les dompta et s'assit sur l'affût d'un canon ; le page présenta son épaule comme pupitre en s'inclinant, et le Cardinal écrivit à la hâte cet ordre, que les manuscrits contemporains nous ont transmis, et que pourront imiter les diplomates de nos jours, qui sont plus jaloux, à ce qu'il semble, de se tenir parfaitement en équilibre sur la limite de deux pensées que de chercher ces combinaisons qui tranchent les destinées du monde, trouvant le génie trop grossier et trop clair pour prendre sa marche.

« Monsieur le maréchal, ne hasardez rien, et
« méditez bien avant d'attaquer. Quand on vous
« mande que le Roi désire que vous ne hasar-
« diez rien, ce n'est pas que Sa Majesté vous
« défende absolument de combattre, mais son

« intention n'est pas que vous donniez un combat
« général, si ce n'est avec une notable espérance
« de gain pour l'avantage qu'une favorable
« situation vous pourrait donner, la responsa-
« bilité du combat devant naturellement retom-
« ber sur vous. »

Tous ces ordres donnés, le vieux ministre, toujours assis sur l'affût, appuyant ses deux bras sur la lumière du canon, et son menton sur ses bras, dans l'attitude de l'homme qui ajuste et pointe une pièce, continua en silence et en repos à regarder le combat du Roi, comme un vieux loup qui, rassasié de victimes et engourdi par l'âge, contemple dans la plaine le ravage du lion sur un troupeau de bœufs qu'il n'oserait attaquer; de temps en temps son œil se ranime, l'odeur du sang lui donne de la joie, et pour n'en pas perdre le goût, il passe une langue ardente sur sa mâchoire démantelée.

Ce jour-là, il fut remarqué par ses serviteurs (c'étaient à peu près tous ceux qui l'approchaient) que, depuis son lever jusqu'à la nuit, il ne prit aucune nourriture, et tendit tellement toute l'application de son âme sur les événements nécessaires à conduire, qu'il triompha des douleurs de son corps, et sembla les avoir détruites à force de les oublier. C'était cette puissance d'attention et cette présence continuelle de l'esprit qui le haussaient presque jusqu'au génie.

Il l'aurait atteint s'il ne lui eût manqué l'élévation native de l'âme et la sensibilité généreuse du cœur.

Tout s'accomplit sur le champ de bataille comme il l'avait voulu, et sa fortune du cabinet le suivit près du canon. Louis XIII prit d'une main avide la victoire que lui faisait son ministre, et y ajouta seulement cette part de grandeur et de bravoure qu'un homme apporte dans son triomphe.

Le canon avait cessé de frapper lorsque les colonnes de l'infanterie furent rejetées brisées dans Perpignan; le reste avait eu le même sort, et l'on ne vit plus dans la plaine que les escadrons étincelants du Roi qui le suivaient en se reformant.

Il revenait au pas et contemplait avec satisfaction le champ de bataille entièrement nettoyé d'ennemis; il passa fièrement sous le feu même des pièces espagnoles, qui, soit par maladresse, soit par une secrète convention avec le premier ministre, soit pudeur de tuer un Roi de France, ne lui envoyèrent que quelques boulets qui, passant à dix pieds sur sa tête, vinrent expirer devant les lignes du camp et ajouter à sa réputation de bravoure.

Cependant, à chaque pas qu'il faisait vers la butte où l'attendait Richelieu, sa physionomie changeait d'aspect et se décomposait visiblement : il perdait cette rougeur du combat, et la noble sueur du triomphe tarissait sur son front. A mesure qu'il s'approchait, sa pâleur accoutumée s'emparait de ses traits comme ayant droit de siéger seule sur une tête royale; son regard perdait ses flammes passagères et enfin, lorsqu'il l'eut joint, une mélancolie profonde avait entièrement glacé son visage. Il retrouva le Cardinal comme il l'avait laissé. Remonté à cheval, celui-ci, toujours froidement respectueux, s'inclina, et, après quelques mots de compliment, se plaça près de Louis pour suivre les lignes et voir les résultats de la journée, tandis que les princes et les grands seigneurs, marchant devant et derrière à quelque distance, formaient comme un nuage autour d'eux.

L'habile ministre eut soin de ne rien dire et de ne faire aucun geste qui pût donner le soupçon qu'il eût la moindre part aux événements de la journée, et il fut remarquable que de tous ceux qui vinrent rendre compte, il n'y en eut pas un qui ne semblât deviner sa pensée et ne sût éviter de compromettre sa puissance occulte par une obéissance démonstrative ; tout fut rapporté au Roi. Le Cardinal traversa donc, à côté de ce prince, la droite du camp qu'il n'avait pas eue sous les yeux de la hauteur où il s'était placé, et vit avec satisfaction que

Schomberg, qui le connaissait bien, avait agi précisément comme le maître avait écrit, ne compromettant que quelques troupes légères, et combattant assez pour ne pas encourir de reproche d'inaction et pas assez pour obtenir un résultat quelconque. Cette conduite charma le ministre et ne déplut point au Roi, dont l'amour-propre caressait l'idée d'avoir vaincu seul dans la journée. Il voulut même se persuader et faire croire que tous les efforts de Schomberg avaient été infructueux, et lui dit qu'il ne lui en voulait pas, qu'il venait d'éprouver par lui-même qu'il avait en face des ennemis moins méprisables qu'on ne l'avait cru d'abord.

— « Pour vous prouver que vous n'avez fait que gagner à nos yeux, ajouta-t-il, nous vous nommons chevalier de nos ordres et nous vous donnons les grandes et petites entrées près de notre personne. »

Le Cardinal lui serra affectueusement la main en passant, et le maréchal, étonné de ce déluge de faveurs, suivit le prince la tête baissée, comme un coupable, ayant besoin pour s'en consoler de se rappeler toutes les actions d'éclat qu'il avait faites durant sa carrière, et qui étaient demeurées dans l'oubli, leur attribuant mentalement ces récompenses non méritées pour se réconcilier avec sa conscience.

Le Roi était prêt à revenir sur ses pas, quand

le duc de Beaufort, le nez au vent et l'air étonné, s'écria :

« Mais, Sire, ai-je encore du feu dans les yeux, ou suis-je devenu fou d'un coup de soleil? Il me semble que je vois sur ce bastion des cavaliers en habits rouges qui ressemblent furieusement à vos Chevau-légers que nous avons crus morts. »

Le Cardinal fronça le sourcil.

— « C'est impossible, monsieur, dit-il; l'imprudence de M. de Coislin a perdu les Gens d'armes de Sa Majesté et ces cavaliers; c'est pourquoi j'osais dire au Roi tout à l'heure que si l'on supprimait ces corps inutiles il pourrait en résulter de grands avantages, militairement parlant.

— Pardieu, Votre Éminence me pardonnera, reprit le duc de Beaufort, mais je ne me trompe point, et en voici sept ou huit à pied qui poussent devant eux des prisonniers.

— Eh bien, allons donc visiter ce point, dit le Roi avec nonchalance; si j'y retrouve mon vieux Coislin, j'en serai bien aise. »

Il fallut suivre.

Ce fut avec de grandes précautions que les chevaux du Roi et de sa suite passèrent à travers le marais et les débris, mais ce fut avec un grand étonnement qu'on aperçut en haut les deux Compagnies Rouges en bataille comme un jour de parade.

— « Vive Dieu ! cria Louis XIII, je crois qu'il n'en manque pas un. Eh bien, marquis, vous tenez parole, vous prenez des murailles à cheval.

— Je crois que ce point a été mal choisi, dit Richelieu d'un air de dédain ; il n'avance en rien la prise de Perpignan et a dû coûter du monde.

— Ma foi, vous avez raison, dit le Roi (adressant pour la première fois la parole au Cardinal avec un air moins sec, depuis l'entrevue qui suivit la nouvelle de la mort de la Reine), je regrette le sang qu'il a fallu verser ici.

— Il n'y a eu, Sire, que deux de nos jeunes gens blessés à cette attaque, dit le vieux Coislin, et nous y avons gagné de nouveaux compagnons d'armes dans les volontaires qui nous ont guidés.

— Qui sont-ils ? dit le prince.

— Trois d'entre eux se sont retirés modestement, Sire ; mais le plus jeune, que vous voyez, était le premier à l'assaut, et m'en a donné l'idée. Les deux Compagnies réclament l'honneur de le présenter à Votre Majesté. »

Cinq-Mars, à cheval derrière le vieux capitaine, ôta son chapeau, et découvrit sa jeune et pâle figure, ses grands yeux noirs et ses longs cheveux bruns.

— « Voilà des traits qui me rappellent quelqu'un, dit le Roi ; qu'en dites-vous, Cardinal ? »

Celui-ci avait déjà jeté un coup d'œil pénétrant sur le nouveau venu, et dit :

« Je me trompe ou ce jeune homme est...

— Henri d'Effiat, dit à haute voix le volontaire en s'inclinant.

— Comment donc, Sire, c'est lui-même que j'avais annoncé à Votre Majesté, et qui devait lui être présenté de ma main, le second fils du maréchal.

— Ah! dit Louis XIII avec vivacité, j'aime à le voir présenté par ce bastion. Il y a bonne grâce, mon enfant, à l'être ainsi quand on porte le nom de notre vieil ami. Vous allez nous suivre au camp, où nous avons beaucoup à vous dire. Mais que vois-je! vous ici, monsieur de Thou! qui êtes-vous venu juger?

— Je crois, Sire, répondit Coislin, qu'il a plutôt condamné à mort quelques Espagnols, car il est entré le second dans la place.

— Je n'ai frappé personne, monsieur, interrompit de Thou en rougissant; ce n'est point mon métier; ici je n'ai aucun mérite, j'accompagnais M. de Cinq-Mars, mon ami.

— Nous aimons votre modestie autant que cette bravoure, et nous n'oublierons pas ce trait. Cardinal, n'y a-t-il pas quelque présidence vacante? »

Richelieu n'aimait pas M. de Thou ; et, comme

ses haines avaient toujours une cause mystérieuse, on en cherchait la cause vainement; elle se dévoila par un mot cruel qui lui échappa. Ce motif d'inimitié était une phrase des *Histoires* du président de Thou, père de celui-ci, où il flétrit aux yeux de la postérité un grandoncle du Cardinal, moine d'abord, puis apostat, souillé de tous les vices humains.

Richelieu, se penchant à l'oreille de Joseph, lui dit :

« Tu vois bien cet homme, c'est lui dont le père a mis mon nom dans son histoire ; eh bien ! je mettrai le sien dans la mienne. »

En effet, il l'inscrivit plus tard avec du sang. En ce moment, pour éviter de répondre au Roi, il feignit de ne pas avoir entendu sa question et d'appuyer sur le mérite de Cinq-Mars et le désir de le voir placé à la cour.

— « Je vous ai promis d'avance de le faire capitaine dans mes gardes, dit le prince ; faites-le nommer dès demain. Je veux le connaître davantage, et je lui réserve mieux que cela par la suite, s'il me plaît. Retirons-nous ; le soleil est couché, et nous sommes loin de notre armée. Dites à mes deux bonnes Compagnies de nous suivre. »

Le ministre, après avoir fait donner cet ordre, dont il eut soin de supprimer l'éloge, se mit à la droite du Roi, et toute l'escorte quitta le bastion confié à la garde des Suisses, pour retourner au camp.

Les deux Compagnies Rouges défilèrent lentement par la trouée qu'elles avaient faite avec tant de promptitude ; leur contenance était grave et silencieuse.

Cinq-Mars s'approcha de son ami.

— « Voici des héros bien mal récompensés, lui dit-il ; pas une faveur, pas une question flatteuse !

— En revanche, répondit le simple de Thou, moi qui vins un peu malgré moi, je reçois des compliments. Voilà les cours et la vie ; mais le vrai juge est en haut, que l'on n'aveugle pas.

— Cela ne nous empêchera pas de nous faire tuer demain s'il le faut, » dit le jeune Olivier en riant.

CHAPITRE XI

LES MÉPRISES

> Quand vint le tour de saint Guilin,
> Il jeta trois dés sur la table.
> Ensuite il regarda le diable,
> Et lui dit d'un air très malin :
> Jouons donc cette vieille femme !
> Qui de nous deux aura son âme !
> *Anciennes Légendes.*

POUR paraître devant le Roi, Cinq-Mars avait été forcé de monter le cheval de l'un des Chevau-légers blessés dans l'affaire, ayant perdu le sien au pied du rempart. Pendant l'espace de temps assez long qu'exigea la sortie des deux Compagnies, il se sentit frapper sur l'épaule et vit en se retournant le vieux Grandchamp tenant en main un cheval gris fort beau.

— « Monsieur le marquis veut-il bien monter un cheval qui lui appartienne ? dit-il. Je lui ai mis la selle et la housse de velours brodée en or qui étaient restées dans le fossé. Hélas ! mon Dieu ! quand je pense qu'un Espagnol aurait fort bien pu la prendre, ou même un Français ; car, dans ce temps-ci, il y a tant de gens qui prennent tout ce qu'ils trouvent comme leur appartenant ; et puis, comme dit le proverbe : Ce qui tombe dans le fossé est pour le soldat. Ils auraient pu prendre aussi, quand j'y pense, ces quatre cents écus en or que monsieur le marquis, soit dit sans reproche, avait oubliés dans les fontes de ses pistolets. Et les pistolets, quels pistolets ! Je les avais achetés en Allemagne, et les voici encore aussi bons et avec une détente aussi parfaite que dans ce temps-là. C'était bien assez d'avoir fait tuer le pauvre petit cheval noir qui était né en Angleterre, aussi vrai que je le suis à Tours en Touraine ; fallait-il encore exposer des objets précieux à passer à l'ennemi ? »

Tout en faisant ces doléances, ce brave homme achevait de seller le cheval gris ; la colonne était longue à défiler, et, ralentissant ses mouvements, il fit une attention scrupuleuse à la longueur des sangles et aux ardillons de chaque boucle de la selle, se donnant par là le temps de continuer ses discours.

— « Je vous demande bien pardon, monsieur, si je suis un peu long, c'est que je me suis foulé tant soit peu le bras en relevant M. de Thou, qui lui-même relevait monsieur le marquis pendant la grande culbute.

— Comment! tu es venu là, vieux fou! dit Cinq-Mars : ce n'est pas ton métier ; je t'ai dit de rester au camp.

— Oh! quant à ce qui est de rester au camp, c'est différent, je ne sais pas rester là ; et, quand il se tire un coup de mousquet, je serais malade si je n'en voyais pas la lumière. Pour mon métier, c'est bien le mien d'avoir soin de vos chevaux, et vous êtes dessus, monsieur. Croyez-vous que, si je l'avais pu, je n'aurais pas sauvé les jours de cette pauvre petite bête noire qui est là-bas dans le fossé? Ah! comme je l'aimais, monsieur! un cheval qui a gagné trois prix de course dans sa vie! Quand j'y pense, cette vie-là a été trop courte pour tous ceux qui savaient l'aimer comme moi. Il ne se laissait donner l'avoine que par son Grandchamp, et il me caressait avec sa tête dans ce moment-là ; et la preuve, c'est le bout de l'oreille gauche qu'il m'a emportée un jour, ce pauvre ami ; mais ce n'était pas qu'il voulût me faire du mal, au contraire. Il fallait voir comme il hennissait de colère quand un autre l'approchait ; il a cassé la jambe à Jean à cause de cela, ce bon animal ;

je l'aimais tant! Aussi, quand il est tombé, je le soutenais d'une main, M. de Locmaria de l'autre. J'ai bien cru d'abord que lui et ce monsieur allaient se relever; mais malheureusement il n'y en a qu'un qui soit revenu en vie, et c'était celui que je connaissais le moins. Vous avez l'air d'en rire, de ce que je dis sur votre cheval, monsieur; mais vous oubliez qu'en temps de guerre le cheval est l'âme du cavalier, oui, monsieur, son âme; car, qui est-ce qui épouvante l'infanterie? c'est le cheval. Ce n'est certainement point l'homme qui, une fois lancé, n'y fait guère plus qu'une botte de foin. Qui est-ce qui fait bien des actions que l'on admire? c'est encore le cheval! Et quelquefois son maître voudrait être bien loin, qu'il se trouve malgré lui victorieux et récompensé tandis que le pauvre animal n'y gagne que des coups. Qui est-ce qui gagne des prix à la course? c'est le cheval, qui ne soupe guère mieux qu'à l'ordinaire, tandis que son maître met l'or dans sa poche, et il est envié de ses amis et considéré de tous les seigneurs comme s'il avait couru lui-même. Qui est-ce qui chasse le chevreuil et qui n'en met pas un pauvre petit morceau sous sa dent? c'est encore le cheval! tandis qu'il arrive quelquefois qu'on le mange lui-même, ce pauvre animal; et, dans une campagne avec M. le Maréchal, il m'est arrivé...

Mais qu'avez-vous donc, monsieur le marquis? vous pâlissez...

— Serre-moi la jambe avec quelque chose, un mouchoir, une courroie, ou ce que tu voudras, car je sens une douleur brûlante; je ne sais ce que c'est.

— Votre botte est coupée, monsieur, et ce pourrait bien être quelque balle; mais *le plomb est ami de l'homme.*

— Il me fait cependant bien mal!

— Ah! *qui aime bien châtie bien*, monsieur : ah! le plomb! il ne faut pas dire du mal du plomb : qui est-ce qui... »

Tout en s'occupant de lier la jambe de Cinq-Mais au-dessous du genou, le bonhomme allait commencer l'apologie du plomb aussi sottement qu'il avait fait celle du cheval, quand il fut forcé, ainsi que son maître, de prêter l'oreille à une dispute vive et bruyante entre plusieurs soldats suisses restés très près d'eux après le départ de toutes les troupes; ils se parlaient en gesticulant beaucoup, et semblaient s'occuper de deux hommes que l'on voyait au milieu de trente soldats environ.

D'Effiat, tendant toujours son pied à son domestique et appuyé sur la selle de son cheval, chercha, en écoutant attentivement, à comprendre leurs paroles; mais il ignorait absolument l'allemand, et ne put rien deviner de leur querelle. Grandchamp tenait toujours sa botte et écoutait aussi très sérieusement, et tout à coup se mit à rire de tout son cœur, se tenant les côtés, ce que l'on ne lui avait jamais vu faire.

— « Ah! ah! monsieur, voilà deux sergents qui se disputent pour savoir lequel on doit pendre des deux Espagnols qui sont là; car vos camarades rouges ne se sont pas donné la peine de le dire; l'un de ces Suisses prétend que c'est l'officier; l'autre assure que c'est le soldat, et voilà un troisième qui vient de les mettre d'accord.

— Et qu'a-t-il dit?

— Il a dit de les pendre tous les deux.

— Doucement! doucement! » s'écria Cinq-Mars en faisant des efforts pour marcher.

Mais il ne put s'appuyer sur sa jambe.

— « Mets-moi à cheval, Grandchamp.

— Monsieur, vous n'y pensez pas, votre blessure...

— Fais ce que je te dis, et montes-y toi-même ensuite. »

Le vieux domestique, tout en grondant, obéit et courut, d'après un autre ordre très absolu, arrêter les Suisses, déjà dans la plaine, prêts à suspendre leurs prisonniers à un arbre, ou plutôt à les laisser s'y attacher; car l'officier, avec le sang-froid de son énergique nation avait passé lui-même autour de son cou le nœud coulant d'une corde, et montait, sans en être prié, à une petite échelle appliquée à l'arbre pour y nouer l'autre bout. Le soldat, avec le même calme insouciant, regardait les Suisses se disputer autour de lui, et tenait l'échelle.

Cinq-Mars arriva à temps pour les sauver, se nomma au bas officier suisse, et, prenant Grandchamp pour interprète, dit que ces deux prisonniers étaient à lui, et qu'il allait les faire conduire à sa tente; qu'il était capitaine aux gardes, et s'en rendait responsable. L'Allemand, toujours discipliné, n'osa répliquer; il n'y eut de résistance que de la part du prisonnier. L'officier, encore au haut de l'échelle, se retourna, et parlant de là comme d'une chaire, dit avec un rire sardonique :

« Je voudrais bien savoir ce que tu viens faire ici? Qui t'a dit que j'aime à vivre?

— Je ne m'en informe pas, dit Cinq-Mars, peu m'importe ce que vous deviendrez après; je veux dans ce moment empêcher un acte qui me paraît injuste et cruel. Tuez-vous ensuite si vous voulez.

— C'est bien dit, reprit l'Espagnol farouche; tu me plais, toi. J'ai cru d'abord que tu venais faire le généreux pour me forcer d'être reconnaissant, ce que je déteste. Eh bien, je consens à descendre; mais je te haïrai autant qu'auparavant, parce que tu es Français, je t'en préviens, et je ne te remercierai pas, car tu ne fais que t'acquitter envers moi : c'est moi-même qui t'ai empêché ce matin d'être tué par ce jeune soldat, quand il te mit en joue, et il n'a jamais manqué un isard dans les montagnes de Léon.

— Soit, dit Cinq-Mars, descendez. »

Il entrait dans son caractère d'être toujours avec les autres tel qu'ils se montraient dans leurs relations avec lui, et cette rudesse le rendit de fer.

— « Voilà un fier gaillard, monsieur, dit Grandchamp ; à votre place certainement M. le Maréchal l'aurait laissé sur son échelle. Allons, Louis, Étienne, Germain, venez garder les prisonniers de monsieur et les conduire ; voilà une jolie acquisition que nous faisons là ; si cela nous porte bonheur, j'en serai bien étonné. »

Cinq-Mars, souffrant un peu du mouvement de son cheval, se mit en marche assez lentement pour ne pas dépasser ces hommes à pied ; il suivit de loin la colonne des Compagnies qui s'éloignaient à la suite du Roi, et songeait à ce que ce prince pouvait lui vouloir dire. Un rayon d'espoir lui fit voir l'image de Marie de Mantoue dans l'éloignement, et il eut un instant de calme dans les pensées. Mais tout son avenir était dans ce seul mot : *plaire au Roi ;* il se mit à réfléchir à tout ce qu'il a d'amer.

En ce moment il vit arriver son ami M. de Thou, qui, inquiet de ce qu'il était resté en arrière, le cherchait dans la plaine et accourait pour le secourir s'il l'eût fallu.

— « Il est tard, mon ami, la nuit s'approche ; vous vous êtes arrêté bien longtemps ; j'ai craint pour vous. Qui amenez-vous donc ? Pourquoi vous êtes-vous arrêté ? Le Roi va vous demander bientôt. »

Telles étaient les questions rapides du jeune conseiller, que l'inquiétude avait fait sortir de son calme accoutumé, ce que n'avait pu faire le combat.

— « J'étais un peu blessé ; j'amène un prisonnier, et je songeais au Roi. Que peut-il me vouloir, mon ami ? Que faut-il faire s'il veut m'approcher du trône ? il faudra plaire. A cette idée, vous l'avouerai-je ? je suis tenté de fuir, et j'espère que je n'aurai pas l'honneur fatal de vivre près de lui. Plaire ! que ce mot est humiliant ! obéir ne l'est pas autant. Un soldat s'expose à mourir, et tout est dit. Mais que de souplesse, de sacrifices de son caractère, que de compositions avec sa conscience, que de dégradations de sa pensée dans la destinée d'un courtisan ! Ah ! de Thou, mon cher de Thou !

je ne suis pas fait pour la cour, je le sens, quoique je ne l'ai vue qu'un instant; j'ai quelque chose de sauvage au fond du cœur que l'éducation n'a poli qu'à la surface. De loin, je me suis cru propre à vivre dans ce monde tout-puissant, je l'ai même souhaité, guidé par un projet bien chéri de mon cœur; mais je recule au premier pas; la vue du Cardinal m'a fait frémir; le souvenir du dernier de ses crimes auquel j'assistai m'a empêché de lui parler; il me fait horreur : je ne le pourrai jamais. La faveur du Roi a aussi je ne sais quoi qui m'épouvante, comme si elle devait m'être funeste.

— Je suis heureux de vous voir cet effroi : il vous sera salutaire peut-être, reprit de Thou en cheminant. Vous allez entrer en contact et en commerce avec la Puissance; vous ne la sentirez pas, vous allez la toucher; vous verrez ce qu'elle est, et par quelle main la foudre est portée. Hélas! fasse le ciel qu'elle ne vous brûle pas! Vous assisterez peut-être à ces conseils où se règle la destinée des nations; vous verrez, vous ferez naître ces caprices d'où sortent les guerres sanglantes, les conquêtes et les traités; vous tiendrez dans votre main la goutte d'eau qui enfante les torrents. C'est d'en haut qu'on apprécie bien les choses humaines, mon ami; il faut avoir passé sur les points élevés pour connaître la petitesse de celles que nous voyons grandes.

— Eh! si j'en étais là, j'y gagnerais du moins cette leçon dont vous parlez, mon ami; mais ce Cardinal, cet homme auquel il me faut avoir une obligation, cet homme que je connais trop par son œuvre, que sera-t-il pour moi?

— Un ami, un protecteur, sans doute, répondit de Thou.

— Plutôt la mort mille fois que son amitié! J'ai tout son être et jusqu'à son nom même en haine; il verse le sang des hommes avec la croix du Rédempteur.

— Quelles horreurs dites-vous, mon cher! Vous vous perdrez si vous montrez au roi ces sentiments pour le Cardinal.

— N'importe, au milieu de ces sentiers tortueux, j'en veux prendre un nouveau, la ligne droite. Ma pensée entière, la pensée de l'homme juste, se dévoilera aux regards du Roi même s'il l'interroge, dût-elle me coûter la tête. Je l'ai vu enfin ce Roi, que l'on m'avait peint si faible; je l'ai vu, et son aspect m'a touché le cœur malgré moi; certes, il est bien malheureux, mais il ne peut être cruel, il entendrait la vérité...

— Oui, mais il n'oserait la faire triompher, répondit le sage de Thou. Garantissez-vous de cette chaleur de cœur qui vous entraîne souvent par des mouvements subits et bien dangereux.

N'attaquez pas un colosse tel que Richelieu sans l'avoir mesuré.

— Vous voilà comme mon gouverneur, l'abbé Quillet; mon cher et prudent ami, vous ne me connaissez ni l'un ni l'autre; vous ne savez pas combien je suis las de moi-même, et jusqu'où j'ai jeté mes regards. Il me faut monter ou mourir.

— Quoi! déjà ambitieux! » s'écria de Thou avec une extrême surprise.

Son ami inclina la tête sur ses mains en abandonnant les rênes de son cheval, et ne répondit pas.

— « Quoi! cette égoïste passion de l'âge mûr s'est emparée de vous, à vingt ans, Henri! L'ambition est la plus triste des espérances.

— Et cependant elle me possède à présent tout entier, car je ne vis que par elle; tout mon cœur en est pénétré.

— Ah! Cinq-Mars, je ne vous reconnais plus! que vous étiez différent autrefois! Je ne vous le cache pas, vous me semblez bien déchu : dans ces promenades de notre enfance, où la vie et surtout la mort de Socrate faisaient couler de nos yeux des larmes d'admiration et d'envie; lorsque, nous élevant jusqu'à l'idéal de la plus haute vertu, nous désirions pour nous dans l'avenir ces malheurs illustres, ces infortunes sublimes qui font les grands hommes ; quand nous composions pour nous des occasions imaginaires de sacrifices et de dévouement ; si la voix d'un homme eût prononcé entre nous deux, tout à coup, le mot seul d'ambition, nous aurions cru toucher un serpent... »

De Thou parlait avec la chaleur de l'enthousiasme et du reproche. Cinq-Mars continuait à marcher sans répondre, et la tête dans ses mains ; après un instant de silence, il les ôta et laissa voir des yeux pleins de généreuses larmes ; il serra fortement la main de son ami et lui dit d'un accent pénétrant :

« Monsieur de Thou, vous m'avez rappelé les plus belles pensées de ma première jeunesse ; croyez que je ne suis pas déchu, mais un secret espoir me dévore que je ne puis confier même à vous : je méprise autant que vous l'ambition qui paraîtra me posséder ; la terre entière le croira, mais que m'importe la terre ? Pour vous, noble ami, promettez-moi que vous ne cesserez pas de m'estimer, quelque chose que vous me voyiez faire. Je jure par le ciel que mes pensées sont pures comme lui.

— Eh bien, dit de Thou, je jure par lui que je vous en crois aveuglément ; vous me rendez la vie ! »

Ils se serraient encore la main avec effusion de cœur, lorsqu'ils s'aperçurent qu'ils étaient arrivés presque devant la tente du Roi.

Le jour était entièrement tombé, mais on aurait pu croire qu'un jour plus doux se levait, car la lune sortait de la mer dans toute sa splendeur ; le ciel transparent du Midi ne se chargeait d'aucun nuage, et semblait un voile d'un bleu pâle semé de paillettes argentées : l'air encore enflammé n'était agité que par le rare passage de quelques brises de la Méditerranée, et tous les bruits avaient cessé sur la terre. L'armée fatiguée reposait sous les tentes dont les feux marquaient la ligne, et la ville assiégée semblait accablée du même sommeil ; on ne voyait, sur ses remparts, que le bout des armes des sentinelles qui brillaient aux clartés de la lune, ou le feu errant des rondes de nuit ; on n'entendait que quelques cris sombres et prolongés de ces gardes qui s'avertissaient de ne pas dormir.

C'était seulement autour du Roi que tout veillait, mais à une assez grande distance de lui. Ce prince avait fait éloigner toute sa suite ; il se promenait seul devant sa tente, et, s'arrêtant quelquefois à contempler la beauté du ciel, il paraissait plongé dans une mélancolique méditation. Personne n'osait l'interrompre, et ce qui restait de seigneurs dans le quartier royal s'était approché du Cardinal, qui, à vingt pas du Roi, était assis sur un petit tertre de gazon façonné en banc par les soldats ; là, il essuyait son front pâle ; fatigué des soucis du jour et du poids inaccoutumé d'une armure, il congédiait par quelques mots précipités, mais toujours attentifs et polis, ceux qui venaient le saluer en se retirant ; il n'avait déjà plus près de lui que Joseph, qui causait avec Laubardemont. Le Cardinal regardait du côté du Roi si, avant de rentrer, ce prince ne lui parlerait pas, lorsque le bruit des chevaux de Cinq-Mars se fit entendre ; les gardes du Cardinal le questionnèrent et le laissèrent s'avancer sans suite, et seulement avec de Thou.

— « Vous êtes arrivé trop tard, jeune homme, pour parler au Roi, dit d'une voix aigre le Cardinal-Duc ; on ne fait pas attendre Sa Majesté. »

Les deux amis allaient se retirer, lorsque la voix même de Louis XIII se fit entendre. Ce prince était en ce moment dans une de ces fausses positions qui firent le malheur de sa vie entière. Irrité profondément contre son ministre, mais ne se dissimulant pas qu'il lui devait le succès de la journée, ayant d'ailleurs besoin de lui annoncer son intention de quitter l'armée et de suspendre le siège de Perpignan, il était combattu entre le désir de lui parler et la crainte de faiblir dans son mécontentement ; de son côté, le ministre n'osait lui adresser la parole le premier, incertain sur les pensées qui roulaient dans la tête de son maître, et craignant de mal prendre son temps, mais ne pouvant non plus se décider à se retirer ; tous deux se trouvaient précisément dans la situation de deux amants brouillés qui voudraient avoir une explication, lorsque le Roi saisit avec joie la première occasion d'en sortir. Le hasard fut fatal au ministre ; voilà à quoi tiennent ces destinées qu'on appelle grandes.

— « N'est-ce pas M. de Cinq-Mars ? dit le Roi d'une voix haute ; qu'il vienne, je l'attends. »

Le jeune d'Effiat s'approcha à cheval, et à quelques pas du Roi voulut mettre pied à terre ; mais à peine sa jambe eut-elle touché le gazon qu'il tomba à genoux.

— « Pardon, Sire, je crois que je suis blessé. »

Et le sang sortit violemment de sa botte.

De Thou l'avait vu tomber, et s'était approché pour le soutenir ; Richelieu saisit cette occasion de s'avancer aussi avec un empressement simulé.

— « Otez ce spectacle des yeux du Roi, s'écria-t-il ; vous voyez bien que ce jeune homme se meurt.

— Point du tout, dit Louis, le soutenant lui-même, un roi de France sait voir mourir et n'a point peur du sang qui coule pour lui. Ce jeune homme m'intéresse ; qu'on le fasse porter près de ma tente, et qu'il ait auprès de lui mes médecins ; si sa blessure n'est pas grave, il viendra avec moi à Paris, car le siège est suspendu, monsieur le Cardinal, j'en ai vu assez. D'autres affaires m'appellent au centre du royaume ; je vous laisserai ici commander en mon absence ; c'est ce que je voulais vous dire. »

A ces mots, le Roi rentra brusquement dans sa tente, précédé par ses pages et ses officiers tenant des flambeaux.

Le pavillon royal était fermé, Cinq-Mars emporté par de Thou et ses gens, que le duc de Richelieu, immobile et stupéfait, regardait encore la place où cette scène s'était passée ; il semblait frappé de la foudre et incapable de voir ou d'entendre ceux qui l'observaient.

Laubardemont, encore effrayé de sa mauvaise réception de la veille, n'osait lui dire un mot, et Joseph avait peine à reconnaître en lui son ancien maître ; il sentit un moment le regret de s'être donné à lui, et crut que son étoile pâlissait ; mais, songeant qu'il était haï de tous les hommes et n'avait de ressource qu'en Richelieu, il le saisit par le bras, et le secouant fortement, lui dit à demi-voix, mais avec rudesse :

« Allons donc, monseigneur, vous êtes une poule mouillée ; venez avec nous. »

Et, comme s'il l'eût soutenu par le coude mais en effet l'entraînant malgré lui, aidé de Laubardemont, il le fit rentrer dans sa tente comme un maître d'école fait coucher un écolier pour lequel il redoute le brouillard du soir. Ce vieillard prématuré suivit lentement les volontés de ses deux acolytes, et la pourpre du pavillon retomba sur lui.

CHAPITRE XII

LA VEILLÉE

O coward conscience, how dost thou afflict me!
— The lights burn blue. — It is now dead midnigh't
Cold fearful drops stand on my trembling flesh.
— What do I fear? myself?...
— I love myself!...
      SHAKESPEARE.

peine le Cardinal fut-il dans sa tente qu'il tomba, encore armé et cuirassé, dans un grand fauteuil; et là, portant son mouchoir sur sa bouche et le regard fixe, il demeura dans cette attitude, laissant ses deux noirs confidents chercher si la méditation ou l'anéantissement l'y retenait. Il était mortellement pâle, et une sueur froide ruisselait sur son front. En

l'essuyant avec un mouvement brusque, il jeta en arrière sa calotte rouge, seul signe ecclésiastique qui lui restât, et retomba, la bouche sur ses mains. Le capucin d'un côté, le sombre magistrat de l'autre, le considéraient en silence, et semblaient, avec leurs habits noirs et bruns, le prêtre et le notaire d'un mourant.

Le religieux, tirant du fond de sa poitrine une voix qui semblait plus propre à dire l'office des morts qu'à donner des consolations, parla cependant le premier :

« Si monseigneur veut se souvenir de mes conseils donnés à Narbonne, il conviendra que j'avais un juste pressentiment des chagrins que lui causerait un jour ce jeune homme. »

Le maître des requêtes reprit :

« J'ai su par le vieil abbé sourd qui était à dîner chez la maréchale d'Effiat, et qui a tout entendu, que ce jeune Cinq-Mars montrait plus d'énergie qu'on ne l'imaginait, et qu'il tenta de délivrer le maréchal de Bassompierre. J'ai encore le rapport détaillé du sourd, qui a très bien joué son rôle ; l'éminentissime Cardinal doit en être satisfait.

— J'ai dit à monseigneur, recommença Joseph, car ces deux séides farouches alternaient leurs discours comme les pasteurs de Virgile ; j'ai dit qu'il serait bon de se défaire de ce petit d'Effiat, et que je m'en chargerais, si tel était son bon plaisir; il serait facile de le perdre dans l'esprit du Roi.

— Il serait plus sûr de le faire mourir de sa blessure, reprit Laubardemont; si Son Éminence avait la bonté de m'en donner l'ordre, je connais intimement le médecin en second, qui m'a guéri d'un coup au front, et qui le soigne. C'est un homme prudent, tout dévoué à monseigneur le Cardinal-Duc, et dont le brelan a un peu dérangé les affaires.

— Je crois, repartit Joseph avec un air de modestie mêlé d'un peu d'aigreur, que si Son Éminence avait quelqu'un à employer à ce projet utile, ce serait plutôt son négociateur habituel, qui a eu quelque succès autrefois.

— Je crois pouvoir en énumérer quelques-uns assez marquants, reprit Laubardemont, et très nouveaux, dont la difficulté était grande.

— Ah! sans doute, dit le père avec un demi-salut et un air de considération et de politesse, votre mission la plus hardie et la plus habile fut le jugement d'Urbain Grandier, le magicien. Mais, avec l'aide de Dieu, on peut faire d'aussi bonnes et fortes choses. Il n'est pas sans quelque mérite, par exemple, ajouta-t-il en baissant les yeux comme une jeune fille, d'extirper vigoureusement une branche royale de Bourbon.

— Il n'était pas bien difficile, reprit avec amertume le maître des requêtes, de choisir un soldat aux gardes pour tuer le comte de Soissons; mais présider, juger...

— Et exécuter soi-même, interrompit le capucin échauffé, est moins difficile certainement que d'élever un homme, dès l'enfance, dans la pensée d'accomplir de grandes choses avec discrétion, et de supporter, s'il le fallait, toutes les tortures pour l'amour du ciel, plutôt que de révéler le nom de ceux qui l'ont armé de leur justice, ou de mourir courageusement sur le corps de celui qu'on a frappé, comme l'a fait celui que j'envoyai; il ne jeta pas un cri au coup d'épée de Riquemont, l'écuyer du prince; il finit comme un saint : c'était mon élève.

— Autre chose est d'ordonner ou de courir les dangers.

— Et n'en ai-je pas couru au siège de La Rochelle?

— D'être noyé dans un égout, sans doute? dit Laubardemont.

— Et vous, dit Joseph, vos périls ont-ils été de vous prendre les doigts dans les instruments de torture? et tout cela parce que l'abbesse des Ursulines est votre nièce.

— C'était bon pour vos frères de Saint-François, qui tenaient les marteaux; mais moi, je fus frappé au front par ce même Cinq-Mars, qui guidait une populace effrénée.

— En êtes-vous bien sûr? s'écria Joseph charmé ; osa-t-il bien aller ainsi contre les ordres du Roi ? »

La joie qu'il avait de cette découverte lui faisait oublier sa colère.

— « Impertinents ! s'écria le Cardinal, rompant tout à coup le silence et ôtant de ses lèvres son mouchoir taché de sang, je punirais votre sanglante dispute, si elle ne m'avait appris bien des secrets d'infamie de votre part. On a dépassé mes ordres : je ne voulais point de torture, Laubardemont ; c'est votre seconde faute ; vous me ferez haïr pour rien, c'était inutile. Mais vous, Joseph, ne négligez pas les détails de cette émeute où fut Cinq-Mars ; cela peut servir par la suite.

— J'ai tous les noms et signalements, dit avec empressement le juge secret, inclinant jusqu'au fauteuil sa grande taille et son visage olivâtre et maigre, que sillonnait un rire servile.

— C'est bon, c'est bon, dit le ministre, le repoussant ; il ne s'agit pas de cela. Vous, Joseph, soyez à Paris avant ce jeune présomptueux qui va être favori, j'en suis certain ; devenez son ami, tirez-en parti pour moi, ou perdez-le ; qu'il me serve ou qu'il tombe. Mais, surtout, envoyez-moi des gens sûrs, et tous les jours, pour me rendre compte verbalement ; jamais d'écrits à l'avenir. Je suis très mécontent de vous, Joseph ; quel misérable courrier avez-vous choisi pour venir de Cologne ! Il ne m'a pas su comprendre ; il a vu le Roi trop tôt, et nous voilà encore avec une disgrâce à combattre. Vous avez manqué me perdre entièrement. Vous allez voir ce qu'on va faire à Paris ; on ne tardera pas à y tramer une conspiration contre moi ; mais ce sera la dernière. Je reste ici pour les laisser tous plus libres d'agir. Sortez tous deux et envoyez-moi mon valet de chambre dans deux heures seulement : je veux être seul. »

On entendait encore les pas de ces deux hommes, et Richelieu, les yeux attachés sur l'entrée de sa tente, semblait les poursuivre de ses regards irrités.

— « Misérables ! s'écria-t-il lorsqu'il fut seul, allez encore accomplir quelques œuvres secrètes, et ensuite je vous briserai vous-mêmes, ressorts impurs de mon pouvoir ! Bientôt le roi succombera sous la lente maladie qui le consume ; je serai régent alors, je serai roi de France moi-même ; je n'aurai plus à redouter les caprices de sa faiblesse ; je détruirai sans retour les races orgueilleuses de ce pays ; j'y passerai un niveau terrible et la baguette de Tarquin ; je serai seul sur eux tous, l'Europe tremblera, je... »

Ici le goût du sang qui remplissait de nouveau sa bouche le força d'y porter son mouchoir.

— « Ah ! que dis-je ? malheureux que je suis ! Me voilà frappé à mort ; je me dissous, mon sang s'écoule, et mon esprit veut travailler encore ! Pourquoi ? Pour qui ? Est-ce pour la gloire ? c'est un mot vide ; est-ce pour les hommes ? je les méprise. Pour qui donc, puisque je vais mourir avant deux, avant trois ans peut-être ? Est-ce pour mon Dieu ? Quel nom !... je n'ai pas marché avec lui, il a tout vu... »

Ici, il laissa tomber sa tête sur sa poitrine, et ses yeux rencontrèrent la grande croix d'or qu'il portait au cou ; il ne put s'empêcher de se jeter en arrière jusqu'au fond du fauteuil ; mais elle le suivait ; il la prit, et, la considérant avec des regards fixes et dévorants : « Signe terrible ! dit-il tout bas, tu me poursuis ! Vous retrouverai-je encore ailleurs... divinité et supplice ? Que suis-je ? qu'ai-je fait ?... »

Pour la première fois, une terreur singulière et inconnue le pénétra ; il trembla, glacé et brûlé par un frisson invincible ; il n'osait lever les yeux, de crainte de rencontrer quelque vision effroyable ; il n'osait appeler, de peur d'entendre le son de sa propre voix ; il demeura profondément enfoncé dans la méditation de l'éternité, si terrible pour lui, et il murmura cette sorte de prière :

« Grand Dieu, si tu m'entends, juge-moi donc, mais ne m'isole pas pour me juger. Regarde-moi entouré des hommes de mon siècle ; regarde l'ouvrage immense que j'avais entrepris ; fallait-il moins qu'un énorme levier pour remuer ces masses ? et si ce levier écrase en tombant quelques misérables inutiles, suis-je bien coupable ? Je semblerai méchant aux hommes ; mais toi, juge suprême, me verras-tu ainsi ? Non ; tu sais que c'est le pouvoir sans borne qui rend la créature coupable envers la créature ; ce n'est pas Armand de Richelieu qui fait périr, c'est le premier ministre. Ce n'est pas pour ses injures personnelles, c'est pour suivre un système. Mais un système... qu'est-ce que ce mot ? M'était-il permis de jouer ainsi avec les hommes, et de les regarder comme des nombres pour accomplir une pensée, fausse peut-être ? Je renverse l'entourage du trône. Si, sans le savoir, je sapais ses fondements et hâtais sa chute ! Oui, mon pouvoir d'emprunt m'a séduit. O dédale ! ô faiblesse de la pensée humaine !... Simple foi ! pourquoi ai-je quitté ta voie ?... pourquoi ne suis-je pas seulement un simple prêtre ? Si j'osais rompre avec l'homme et me donner à Dieu, l'échelle de Jacob descendrait encore dans mes songes ! »

En ce moment son oreille fut frappée d'un grand bruit qui se faisait au dehors ; des rires de soldats, des huées féroces et des jurements se mêlaient aux paroles, assez longtemps soutenues, d'une voix faible et claire ; on eût dit le chant d'un ange entrecoupé par des rires de démons. Il se leva, et ouvrit une sorte de fenêtre en toile pratiquée sur un des côtés de sa tente carrée. Un singulier spectacle se présentait à sa vue ; il resta quelques instants à le contempler, attentif aux discours qui se tenaient.

— « Écoute, écoute, La Valeur, disait un soldat à un autre, la voilà qui recommence à parler et à chanter ; fais-la placer au milieu du cercle, entre nous et le feu.

— Tu ne sais pas, tu ne sais pas, disait un autre, voici Grand-Ferré qui dit qu'il la connaît.

— Oui, je te dis que je la connais, et, par Saint-Pierre de Loudun, je jurerais que je l'ai vue dans mon village, quand j'étais en congé, et c'était à une affaire où il faisait chaud, mais dont on ne parle pas, surtout à un Cardinaliste comme toi.

— Et pourquoi n'en parle-t-on pas, grand nigaud ? reprit un vieux soldat en relevant sa moustache.

— On n'en parle pas parce que cela brûle la langue, entends-tu cela ?

— Non, je ne l'entends pas.

— Eh bien ! ni moi non plus ; mais ce sont les bourgeois qui me l'ont dit. »

Ici un éclat de rire général l'interrompit.

— « Ah! ah! est-il bête! disait l'un; il écoute ce que disent les bourgeois.

— Ah bien! si tu les écoutes bavarder, tu as du temps à perdre, reprenait un autre.

— Tu ne sais donc pas ce que disait ma mère, blanc-bec? reprenait gravement le plus vieux en baissant les yeux d'un air farouche et solennel pour se faire écouter.

— Eh! comment veux-tu que je le sache, La Pipe? Ta mère doit être morte de vieillesse avant que mon grand-père fût au monde.

— Eh bien! blanc-blec, je vais te le dire. Tu sauras d'abord que ma mère était une respectable Bohémienne, aussi attachée au régiment des Carabins de la Roque que mon chien *Canon* que voilà; elle portait l'eau-de-vie à son cou, dans un baril, et la buvait mieux que le premier de chez nous; elle avait eu quatorze époux, tous militaires, et morts sur le champ de bataille.

— Voilà ce qui s'appelle une femme! interrompirent les soldats, pleins de respect.

— Et jamais de sa vie elle ne parla à un bourgeois, si ce n'est pour lui dire en arrivant au logement : « Allume-moi une chandelle et fais « chauffer ma soupe. »

— Eh bien, qu'est-ce qu'elle te disait, ta mère? dit Grand-Ferré.

— Si tu es pressé, tu ne le sauras pas, blanc-bec : elle disait habituellement dans sa conversation : *un soldat vaut mieux qu'un chien ; mais un chien vaut mieux qu'un bourgeois.*

— Bravo ! bravo ! c'est bien dit ! crièrent les soldats pleins d'enthousiasme à ces belles paroles.

— Et ça n'empêche pas, dit Grand-Ferré, que les bourgeois qui m'ont dit que ça brûlait la langue avaient raison ; d'ailleurs, ce n'était pas tout à fait des bourgeois, car ils avaient des épées, et ils étaient fâchés de ce qu'on brûlait un curé, et moi aussi.

— Et qu'est-ce que cela te faisait qu'on brûlât ton curé, grand innocent ? reprit un sergent de bataille appuyé sur la fourche de son arquebuse ; après lui un autre ; tu aurais pu prendre à sa place un de nos généraux, qui sont tous curés à présent ; moi qui suis Royaliste, je le dis franchement.

— Taisez-vous donc ! cria La Pipe : laissez parler cette fille. Ce sont tous ces chiens de Royalistes qui viennent nous déranger quand nous nous amusons.

— Qu'est-ce que tu dis ? reprit Grand-Ferré ; sais-tu seulement ce que c'est que d'être Royaliste, toi ?

— Oui, dit La Pipe, je vous connais bien tous, allez : vous êtes pour les anciens soi-disant Princes de la paix, avec les Croquants, contre le Cardinal et la gabelle ; là ! ai-je raison ou non ?

— Eh bien, non, vieux Bas-rouge ! un Royaliste est celui qui est pour un roi : voilà ce que c'est. Et comme mon père était valet des émérillons du Roi, je suis pour le Roi ; voilà. Et je n'aime pas les Bas-rouges, c'est tout simple.

— Ah ! tu m'appelles Bas-rouge ! reprit le vieux soldat : tu m'en feras raison demain matin. Si tu avais fait la guerre dans la Valteline, tu ne parlerais pas comme ça ; et si tu avais vu l'Éminence se promener sur la digue de la Rochelle, avec le vieux marquis de Spinola, pendant qu'on lui envoyait des volées de canon, tu ne dirais rien des Bas-rouges, entends-tu ?

— Allons, amusons-nous au lieu de nous quereller, » dirent les autres soldats.

Les braves qui discouraient ainsi étaient debout autour d'un grand feu qui les éclairait plus que la lune, toute belle qu'elle était, et au milieu d'eux se trouvait le sujet de leur attroupement et de leurs cris. Le Cardinal distingua une jeune femme vêtue de noir et couverte d'un long voile blanc ; ses pieds étaient nus : une corde grossière serrait sa taille élégante ; un long rosaire tombait de son cou presque jusqu'aux pieds, ses mains délicates et blanches comme l'ivoire en agitaient les grains et les faisaient tournoyer rapidement sous ses doigts. Les soldats, avec une joie barbare, s'amusaient à préparer de petits charbons sur son chemin pour brûler ses pieds nus; le plus vieux prit la mèche fumante de son arquebuse, et, l'approchant du bas de sa robe, lui dit d'une voix rauque :

« Allons, folle, recommence-nous ton histoire, ou bien je te remplirai de poudre, et je te ferai sauter comme une mine ; prends-y garde, parce que j'ai déjà joué ce tour-là à d'autres que toi dans les vieilles guerres des Huguenots. Allons, chante ! »

La jeune femme, les regardant avec gravité, ne répondit rien et baissa son voile.

— « Tu t'y prends mal, dit Grand-Ferré avec un rire bachique ; tu vas la faire pleurer, tu ne sais pas le beau langage de la cour ; je vais lui parler, moi. »

Et lui prenant le menton :

« Mon petit cœur, lui dit-il, si tu voulais, ma mignonne, recommencer la jolie petite historiette que tu racontais tout à l'heure à ces messieurs, je te prierais de voyager avec moi sur le fleuve de Tendre, comme disent les grandes dames de Paris, et de prendre un verre d'eau-de-vie avec ton chevalier fidèle, qui t'a rencontrée autrefois à Loudun quand tu jouais la comédie pour faire brûler un pauvre diable... »

La jeune femme croisa ses bras, et regardant autour d'elle d'un air impérieux, s'écria :

« Retirez-vous, au nom du Dieu des armées : retirez-vous, hommes impurs ! il n'y a rien de commun entre nous. Je n'entends pas votre langue, et vous n'entendriez pas la mienne. Allez vendre votre sang aux princes de la terre à tant d'oboles par jour, et laissez-moi accomplir ma mission. Conduisez-moi vers le Cardinal... »

Un rire grossier l'interrompit.

— « Crois-tu, dit un Carabin de Maurevert, que son Éminence le généralissime te reçoive chez lui avec tes pieds nus ? Va les laver.

— Le Seigneur a dit : « Jérusalem, lève ta « robe et passe les fleuves, » répondit-elle, les bras toujours en croix. Que l'on me conduise chez le Cardinal ! »

Richelieu cria d'une voix forte :

« Qu'on m'amène cette femme, et qu'on la laisse en repos ! »

Tout se tut ; on la conduisit au ministre. — « Pourquoi dit-elle en le voyant, m'amener devant un homme armé ? »

On la laissa seule devant lui sans répondre.

Le Cardinal avait l'air soupçonneux en la regardant.

— « Madame, dit-il, que faites-vous au camp à cette heure ; et, si votre esprit n'est pas égaré, pourquoi ces pieds nus ?

— C'est un vœu, c'est un vœu, répondit la jeune religieuse avec un air d'impatience en s'asseyant près de lui brusquement ; j'ai fait aussi celui de ne pas manger que je n'aie rencontré l'homme que je cherche.

— Ma sœur, dit le Cardinal étonné et radouci en s'approchant pour l'observer, Dieu n'exige pas de telles rigueurs dans un corps faible, et surtout à votre âge, car vous me semblez fort jeune.

— Jeune ? oh ! oui, j'étais bien jeune il y a peu de jours encore ; mais depuis j'ai passé deux existences au moins, j'ai tant pensé et tant souffert : regardez mon visage. »

Et elle découvrit une figure parfaitement belle ; des yeux noirs très réguliers y donnaient la vie ; mais sans eux on aurait cru que ces traits étaient ceux d'un fantôme, tant elle était pâle ; ses lèvres étaient violettes et tremblaient, un grand frisson faisait entendre le choc de ses dents.

— « Vous êtes malade, ma sœur, » dit le ministre ému en lui prenant la main, qu'il sentit brûlante. Une sorte d'habitude d'interroger sa santé et celle des autres lui fit toucher le pouls sur son bras amaigri : il sentit les artères soulevées par les battements d'une fièvre effrayante.

— « Mais, continua-t-il avec plus d'intérêt, vous vous êtes tuée avec des rigueurs plus grandes que les forces humaines; je les ai toujours blâmées, et surtout dans un âge tendre. Qui donc a pu vous y porter? est-ce pour me le confier que vous êtes venue? Parlez avec calme et soyez sûre d'être secourue.

— Se confier aux hommes! reprit la jeune femme, oh! non, jamais! ils m'ont tous trompée! je ne me confierais à personne, pas même à M. de Cinq-Mars, qui cependant doit bientôt mourir.

— Comment! dit Richelieu en fronçant le sourcil, mais avec un rire amer; comment! vous connaissez ce jeune homme? est-ce lui qui a fait vos malheurs?

— Oh! non, il est bien bon, et il déteste les méchants, c'est ce qui le perdra. D'ailleurs, dit-elle en prenant tout à coup un air dur et sauvage, les hommes sont faibles, et il y a des choses que les femmes doivent accomplir. Quand il ne s'est plus trouvé de vaillants en Israël, Déborah s'est levée.

— Eh! comment savez-vous toutes ces belles choses? continua le Cardinal en lui tenant toujours la main.

— Oh! cela, je ne puis vous l'expliquer, reprit

avec un air de naïveté touchante et une voix très douce la jeune religieuse, vous ne me comprendriez pas ; c'est le démon qui m'a tout appris et qui m'a perdue.

— Eh ! mon enfant, c'est toujours lui qui nous perd ; mais il nous instruit mal, dit Richelieu avec l'air d'une protection paternelle et d'une pitié croissante. Quelles ont été vos fautes ? dites-les moi ; je peux beaucoup.

— Ah ! dit-elle d'un air de doute, vous pouvez beaucoup sur des guerriers, sur des hommes braves et généreux ; sous votre cuirasse doit battre un noble cœur ; vous êtes un vieux général, qui ne savez rien des ruses du crime. »

Richelieu sourit ; cette méprise le flattait.

— « Je vous ai entendue demander le Cardinal ; que lui voulez-vous, enfin ? Qu'êtes-vous venue chercher ? »

La religieuse se recueillit et mit un doigt sur son front.

— « Je ne m'en souviens plus, dit-elle, vous m'avez trop parlé... J'ai perdu cette idée, c'était pourtant une grande idée... C'est pour elle que je suis condamnée à la faim qui me tue ; il faut que je l'accomplisse, ou je vais mourir avant. Ah ! dit-elle en portant sa main sous sa robe dans son sein, où elle parut prendre quelque chose, la voilà, cette idée... »

Elle rougit tout à coup, et ses yeux s'ouvrirent extraordinairement ; elle continua en se penchant à l'oreille du Cardinal :

« Je vais vous le dire, écoutez : Urbain Grandier, mon amant Urbain, m'a dit cette nuit que c'était Richelieu qui l'avait fait périr ; j'ai pris un couteau dans une auberge, et je viens ici pour le tuer, dites-moi où il est. »

Le Cardinal, effrayé et surpris, recula d'horreur. Il n'osait appeler ses gardes, craignant les cris de cette femme et ses accusations ; et cependant un emportement de cette folie pouvait lui devenir fatal.

— « Cette histoire affreuse me poursuivra donc partout ! » s'écria-t-il en la regardant fixement, cherchant dans son esprit le parti qu'il devait prendre.

Ils demeurèrent en silence l'un en face de l'autre dans la même attitude, comme deux lutteurs qui se contemplent avant de s'attaquer, ou comme le chien d'arrêt et sa victime pétrifiés par la puissance du regard.

Cependant Laubardemont et Joseph étaient sortis ensemble, et, avant de se séparer, ils se parlèrent un moment devant la tente du Cardinal, parce qu'ils avaient besoin de se tromper mutuellement ; leur haine venait de prendre des forces dans leur querelle, et chacun avait résolu de perdre son rival près du maître. Le juge commença le dialogue, que chacun d'eux avait préparé en se prenant le bras, comme d'un seul et même mouvement :

« Ah ! révérend père, que vous m'avez affligé en ayant l'air de prendre en mauvaise part quelques légères plaisanteries que je vous ai faites tout à l'heure !

— Eh ! mon Dieu, non, cher seigneur, je suis bien loin de là. La charité, où serait la charité ? J'ai quelquefois une sainte chaleur dans le propos, pour ce qui est du bien de l'État et de monseigneur, à qui je suis tout dévoué.

— Ah ! qui le sait mieux que moi, révérend père ? Mais vous me rendez justice, vous savez aussi combien je le suis à l'éminentissime Cardinal-Duc, auquel je dois tout. Hélas ! je n'ai mis que trop de zèle à le servir, puisqu'il me le reproche.

— Rassurez-vous, dit Joseph, il ne vous en veut pas ; je le connais bien, il conçoit qu'on fasse quelque chose pour sa famille ; il est fort bon parent aussi.

— Oui, c'est cela, reprit Laubardemont, voilà mon affaire à moi ; ma nièce était perdue tout à fait avec son couvent si Urbain eût triomphé ; vous sentez cela comme moi ; d'autant plus qu'elle ne nous avait pas bien compris, et qu'elle a fait l'enfant quand il a fallu paraître.

— Est-il possible ? en pleine audience ! Ce

que vous me dites là me fâche véritablement pour vous ! Que cela dut être pénible !

— Plus que vous ne l'imaginez ! Elle oubliait tout ce qu'on lui disait dans la possession, faisait mille fautes de latin que nous avons raccommodées comme nous avons pu ; et même elle a été cause d'une scène désagréable le jour du procès ; fort désagréable pour moi et pour les juges : un évanouissement, des cris. Ah ! je vous jure que je l'aurais bien chapitrée, si je n'eusse été forcé de quitter précipitamment cette petite ville de Loudun. Mais, voyez-vous, il est tout simple que j'y tienne, c'est ma plus proche parente ; car mon fils a mal tourné, on ne sait ce qu'il est devenu depuis quatre ans. La pauvre petite Jeanne de Belfiel ! je ne l'avais faite religieuse, et puis abbesse, que pour conserver tout à ce mauvais sujet-là. Si j'avais pu prévoir sa conduite, je l'aurais réservée pour le monde.

— On la dit d'une fort grande beauté, reprit Joseph ; c'est un don très précieux pour une famille ; on aurait pu la présenter à la cour, et le Roi... Ah ! ah !... Mlle de La Fayette... Eh !... eh !... Mlle d'Hautefort... vous entendez... il serait même possible encore d'y penser.

— Ah ! que je vous reconnais bien là... monseigneur, car nous savons qu'on vous a nommé au cardinalat ; que vous êtes bon de vous souvenir du plus dévoué de vos amis ! »

Laubardemont parlait encore à Joseph, lorsqu'ils se trouvèrent au bout de la rue du camp qui conduisait au quartier des volontaires.

— « Que Dieu vous protège et sa sainte Mère pendant mon absence, dit Joseph s'arrêtant ; je vais partir demain pour Paris ; et, comme j'aurai affaire plus d'une fois à ce petit Cinq-Mars, je vais le voir d'avance et savoir des nouvelles de sa blessure.

— Si l'on m'avait écouté, dit Laubardemont, à l'heure qu'il est vous n'auriez pas cette peine.

— Hélas ! vous avez bien raison, répondit Joseph avec un soupir profond et levant les yeux au ciel ; mais le Cardinal n'est plus le même homme ; il n'accueille pas les bonnes idées, il nous perdra s'il se conduit ainsi. »

Et, faisant une profonde révérence au juge, le capucin entra dans le chemin qu'il lui avait montré.

Laubardemont le suivit quelque temps des yeux, et, quand il fut bien sûr de la route qu'il avait prise, il revint ou plutôt accourut jusqu'à la tente du ministre. — Le Cardinal l'éloigne, s'était-il dit ; donc il s'en dégoûte ; je sais des secrets qui peuvent le perdre. J'ajouterai qu'il est allé faire sa cour au futur favori ; je remplacerai ce moine dans la faveur du ministre. L'instant est propice, il est minuit ; il doit encore rester seul pendant une heure et demie. Courons.

Il arrive à la tente des gardes qui précède le pavillon.

— « Monseigneur reçoit quelqu'un, dit le capitaine hésitant, on ne peut pas entrer.

— N'importe, vous m'avez vu sortir il y a une heure ; il se passe des choses dont je dois rendre compte.

— Entrez, Laubardemont, cria le ministre, entrez vite et seul ! » Il entra. Le Cardinal, toujours assis, tenait les deux mains d'une religieuse dans une des siennes, et de l'autre fit signe de garder le silence à son agent stupéfait, qui resta sans mouvement, ne voyant pas encore le visage de cette femme ; elle parlait avec volubilité, et les choses étranges qu'elle disait contrastaient horriblement avec la douceur de sa voix. Richelieu semblait ému.

— « Oui, je le frapperai avec un couteau ; c'est un couteau que le démon Béhérith m'a donné à l'auberge ; mais c'est le clou de Sisara. Il a un manche d'ivoire, voyez-vous, et j'ai beaucoup pleuré dessus. N'est-ce pas singulier, mon bon général ? Je le retournerai dans la gorge de celui qui a tué mon ami, comme il a dit lui-même de le faire, et ensuite je brûlerai le corps, c'est la peine du talion, la peine que Dieu a permise à Adam... Vous avez l'air étonné,

mon brave général... mais vous le seriez bien
plus si je vous disais sa chanson... la chanson
qu'il m'a chantée encore hier au soir, quand il
est venu me voir à l'heure du bûcher, vous
savez bien ?... l'heure où il pleut, l'heure où mes
mains commencent à brûler comme à présent ;
il m'a dit : « Ils sont bien trompés, les magis-
« trats, les magistrats rouges... j'ai onze démons
« à mes ordres, et je reviens te voir quand la
« cloche sonne... sous un dais de velours pour-
« pré, avec des torches, des torches de résine
« qui nous éclairent ; ah ! c'est de toute beauté ! »
Voilà, voilà ce qu'il chante... »

Et, sur l'air du *De Profundis*, elle chanta
elle-même :

> Je vais être prince d'Enfer,
> Mon sceptre est un manteau de fer,
> Ce sapin brûlant est mon trône.
> Et ma robe est de soufre jaune ;
> Mais je veux t'épouser demain :
> Viens, Jeanne, donne-moi la main.

« N'est-ce pas singulier, mon bon général ?
Et moi je lui réponds tous les soirs ; écoutez
bien ceci, oh ! écoutez bien...

> Le juge a parlé dans la nuit,
> Et dans la tombe on me conduit.
> Pourtant j'étais ta fiancée !
> Viens.., la nuit est longue et glacée,
> Mais tu ne dormiras pas seul,
> Je te prêterai mon linceul.

« Ensuite il parle, et parle comme les esprits et comme les prophètes. Il dit : « Malheur, « malheur à celui qui a versé le sang ! Les « juges de la terre sont-ils des dieux ? Non, ce « sont des hommes qui vieillissent et souffrent, « et cependant ils osent dire à haute voix : « Faites mourir cet homme ! La peine de « mort ! la peine de mort ! Qui a donné à « l'homme le droit de l'exercer sur l'homme ? « Est-ce le nombre deux ?... Un seul serait « assassin, vois-tu ! Mais compte bien, un, « deux, trois... Voilà qu'ils sont sages et justes, « ces scélérats graves et stipendiés ! O crime ! « l'horreur du ciel ! Si tu les voyais d'en haut, « comme moi, Jeanne, combien tu serais plus « pâle encore ! La chair détruire la chair ! elle « qui vit de sang faire couler le sang ! froi- « dement et sans colère ! comme Dieu qui a « créé ! »

Les cris que jetait la malheureuse fille en disant rapidement ces paroles épouvantèrent Richelieu et Laubardemont au point de les tenir immobiles longtemps encore. Cependant le délire et la fièvre l'emportaient toujours.

— « Les juges ont-il frémi ? m'a dit Urbain « Grandier, frémissent-ils de se tromper ? On « agite la mort du juste. » — La question ! On serre ses membres avec des cordes pour le faire parler ; sa peau se coupe, s'arrache et se déroule comme un parchemin ; ses nerfs sont à nu, rouges et luisants ; ses os crient ; la moelle en jaillit... Mais les juges dorment. Ils rêvent de fleurs et de printemps. « Que la grand'salle « est chaude ! dit l'un en s'éveillant ; cet homme « n'a point voulu parler ! Est-ce que la torture « est finie ? » Et, miséricordieux enfin, il accorde la mort. La mort ! seule crainte des vivants ! la mort ! le monde inconnu ! il y jette avant lui une âme furieuse qui l'attendra. Oh ! ne l'a-t-il jamais vu, le tableau vengeur ! ne l'a-t-il jamais vu avant son sommeil, le prévaricateur écorché ? »

Déjà affaibli par la fièvre, la fatigue et le chagrin, le Cardinal, saisi d'horreur et de pitié, s'écria :

« Ah ! pour l'amour de Dieu ! finissons cette affreuse scène ; emmenez cette femme, elle est folle ! »

L'insensée se retourna, et jetant tout à coup de grands cris :

« Ah ! le juge, le juge !... » dit-elle en reconnaissant Laubardemont.

Celui-ci, joignant les mains et s'humiliant devant le ministre, disait avec effroi :

« Hélas ! monseigneur, pardonnez-moi, c'est ma nièce qui a perdu la raison : j'ignorais ce malheur-là, sans quoi, elle serait enfermée depuis longtemps. Jeanne, Jeanne... allons, madame, à genoux; demandez pardon à monseigneur le Cardinal-Duc...

— C'est Richelieu ! » cria-t-elle. Et l'étonnement sembla entièrement paralyser cette jeune et malheureuse beauté ; la rougeur qui l'avait animée d'abord fit place à une mortelle pâleur, ses cris à un silence immobile, ses regards égarés à une fixité effroyable de ses grands yeux, qui suivaient constamment le ministre attristé.

— « Emmenez vite cette malheureuse enfant, dit celui-ci hors de lui-même; elle est mourante et moi aussi; tant d'horreurs me poursuivent depuis cette condamnation, que je crois que tout l'enfer se déchaîne contre moi ! »

Il se leva en parlant. Jeanne de Belfiel, toujours silencieuse et stupéfaite, les yeux hagards, la bouche ouverte, la tête penchée en avant, était restée sous le coup de sa double surprise, qui semblait avoir éteint le reste de sa raison et de ses forces. Au mouvement du Cardinal, elle frémit de se voir entre lui et Laubardemont, regarda tour à tour l'un et l'autre, laissa échapper de sa main le couteau qu'elle tenait, et se retira lentement vers la sortie de la tente, se couvrant tout entière de son voile, et tournant avec terreur ses yeux égarés derrière elle, sur son oncle qui la suivait, comme une brebis épouvantée qui sent déjà sur son dos l'haleine brûlante du loup prêt à la saisir.

Ils sortirent tous deux ainsi, et à peine en plein air, le juge furieux s'empara des mains de sa victime, les lia par un mouchoir, et l'entraîna facilement, car elle ne poussa pas un cri, pas un soupir, mais le suivit, la tête toujours baissée sur son sein et comme plongée dans un profond somnambulisme.

CHAPITRE XIII

L'ESPAGNOL

Qu'un ami véritable est une douce chose !
Il cherche vos besoins au fond de votre cœur,
Il vous épargne la pudeur
De les lui découvrir vous-même.

La Fontaine.

EPENDANT une scène d'une autre nature se passait sous la tente de Cinq-Mars ; les paroles du Roi, premier baume de ses blessures, avaient été suivies des soins empressés des chirurgiens de la cour ; une balle morte, facilement extraite, avait causé seule son accident : le voyage lui était permis, tout était près pour l'accomplir. Le malade avait reçu jusqu'à minuit des visites amicales et

intéressées ; dans les premières furent celles du petit Gondi et de Fontrailles, qui se disposaient aussi à quitter Perpignan pour Paris ; l'ancien page Olivier d'Entraigues s'était joint à eux pour complimenter l'heureux volontaire que le Roi semblait avoir distingué ; la froideur habituelle du prince envers tout ce qui l'entourait ayant fait regarder, à tous ceux qui en furent instruits, le peu de mots qu'il avait dits, comme des signes assurés d'une haute faveur, tous étaient venus le féliciter.

Enfin il était seul, sur son lit de camp ; M. de Thou, près de lui, tenait sa main, et Grandchamp, à ses pieds, grondait encore de toutes les visites qui avaient fatigué son maître blessé et prêt à partir pour un long voyage. Pour Cinq-Mars, il goûtait enfin un de ces instants de calme et d'espoir qui viennent en quelque sorte rafraîchir l'âme en même temps que le sang ; la main qu'il ne donnait pas à son ami pressait en secret la croix d'or attachée sur son cœur, en attendant la main adorée qui l'avait donnée, et qu'il allait bientôt presser elle-même. Il n'écoutait qu'avec le regard et le sourire les conseils du jeune magistrat, et rêvait au but de son voyage, qui était aussi le but de sa vie. Le grave de Thou lui disait d'une voix calme et douce :

« Je vous suivrai bientôt à Paris. Je suis heureux plus que vous-même de voir le Roi vous y mener avec lui ; c'est un commencement d'amitié qu'il faut ménager, vous avez raison. J'ai réfléchi bien profondément aux causes secrètes de votre ambition, et je crois avoir deviné votre cœur. Oui, ce sentiment d'amour pour la France, qui le faisait battre dans votre première jeunesse, a dû y prendre des forces plus grandes ; vous voulez approcher le Roi pour servir votre pays, pour mettre en action ces songes dorés de nos premiers ans. Certes, la pensée est vaste et digne de vous ! je vous admire ; je m'incline ! Abordez le monarque avec le dévouement chevaleresque de nos pères, avec un cœur plein de candeur et prêt à tous les sacrifices. Recevoir les confidences de son âme, verser dans la sienne celles de ses sujets, adoucir les chagrins du Roi en lui apprenant la confiance de son peuple en lui, fermer les plaies du peuple en les découvrant à son maître, et, par l'entremise de votre faveur, rétablir ainsi ce commerce d'amour du père aux enfants, qui fut interrompu pendant dix-huit ans par un homme au cœur de marbre ; s'exposer pour cette noble entreprise à toutes les horreurs de sa vengeance, et bien plus encore braver les calomnies perfides qui poursuivent le favori jusque sur les marches du trône : ce songe était digne de vous. Poursuivez, mon ami, ne soyez jamais découragé ; parlez hautement au Roi du mérite et des malheurs de ses plus illustres amis que l'on écrase; dites-lui sans crainte que sa vieille noblesse n'a jamais conspiré contre lui; et que, depuis le jeune Montmorency jusqu'à cet aimable comte de Soissons, tous avaient combattu le ministre et jamais le monarque; dites lui que les vieilles races de France sont nées avec sa race, qu'en les frappant il remue toute la nation, et que, s'il les éteint, la sienne en souffrira, qu'elle demeurera seule exposée au souffle du temps et des événements, comme un vieux chêne frissonne et s'ébranle au vent de la plaine, lorsque l'on a renversé la forêt qui l'entoure et le soutient. — Oui, s'écria de Thou en s'animant, ce but est noble et beau; marchez dans votre route d'un pas inébranlable, chassez même cette honte secrète, cette pudeur qu'une âme noble éprouve avant de se décider à flatter, à faire ce que le monde appelle sa *cour*. Hélas! les rois sont accoutumés à ces paroles continuelles de fausse admiration pour eux; considérez-les comme une langue nouvelle qu'il faut apprendre, langue bien étrangère à vos lèvres jusqu'ici, mais que l'on peut parler noblement, croyez-moi, et qui saurait exprimer de belles et généreuses pensées. »

Pendant le discours enflammé de son ami, Cinq-Mars ne put se défendre d'une rougeur subite, et il tourna son visage sur l'oreiller, du côté de la tente, et de manière à ne pas être vu. De Thou s'arrêta.

— « Qu'avez-vous, Henri ? vous ne me répondez pas ; me serais-je trompé ? »

Cinq-Mars soupira profondément et se tut encore.

— « Votre cœur n'est-il pas ému de ces idées que je croyais devoir le transporter ! »

Le blessé regarda son ami avec moins de trouble et lui dit :

« Je croyais, cher de Thou, que vous ne deviez plus m'interroger, et que vous vouliez avoir une aveugle confiance en moi. Quel mauvais génie vous pousse donc à vouloir sonder ainsi mon âme ? Je ne suis pas étranger à ces idées qui vous possèdent. Qui vous dit que je ne les aie pas conçues ? Qui vous dit que je n'aie pas formé la ferme résolution de les pousser plus loin dans l'action que vous n'osez le faire même dans les paroles ? L'amour de la France, la haine vertueuse de l'ambitieux qui l'opprime et brise ses antiques mœurs avec la hache du bourreau, la ferme croyance que la vertu peut être aussi habile que le crime, voilà mes dieux, les mêmes que les vôtres. Mais, quand vous voyez un homme à genoux dans une église, lui demandez-vous quel saint ou quel ange protège et reçoit sa prière ? Que vous importe, pourvu qu'il prie au pied des autels que vous adorez, pourvu qu'il y tombe martyr, s'il le faut ! Eh ! lorsque nos pères s'acheminaient pieds nus vers le saint sépulcre, un bourdon à la main, s'informait-on du vœu secret qui les conduisait à la Terre sainte ? Ils frappaient, ils mouraient, et les hommes et Dieu même peut-être n'en demandaient pas plus ; le pieux capitaine qui les guidait ne faisait point dépouiller leurs corps pour voir si la croix rouge et le cilice ne cachaient pas quelque autre signe mystérieux ; et, dans le ciel, sans doute, ils n'étaient pas jugés avec plus de rigueur pour avoir aidé la force de leurs résolutions sur la terre par quelque espoir permis au chrétien, quelque seconde et secrète pensée, plus humaine et plus proche du cœur mortel. »

De Thou sourit et rougit légèrement en baissant les yeux.

— « Mon ami, reprit-il avec gravité, cette agitation peut vous faire mal ; ne continuons pas sur ce sujet ; ne mêlons pas Dieu et le ciel dans nos discours, parce que cela n'est pas bien, et mettez vos draps sur votre épaule, parce qu'il fait froid cette nuit. Je vous promets, ajouta-t-il en recouvrant son jeune malade avec un soin maternel, je vous promets de ne plus vous mettre en colère par mes conseils.

— Ah ! s'écria Cinq-Mars malgré la défense

de parler, moi je vous jure, par cette croix d'or que vous voyez, et par sainte Marie, de mourir plutôt que de renoncer à ce plan même que vous avez tracé le premier; vous serez peut-être un jour forcé de me prier de m'arrêter; mais il ne sera plus temps.

— C'est bon, c'est bon, dormez, répéta le conseiller; si vous ne vous arrêtez pas, alors je continuerai avec vous, quelque part que cela me conduise. »

Et, prenant dans sa poche un livre d'heures, il se mit à le lire attentivement; un instant après, il regarda Cinq-Mars, qui ne dormait pas encore; il fit signe à Grandchamp de changer la lampe de place pour la vue du malade; mais ce soin nouveau ne réussit pas mieux; celui-ci, les yeux toujours ouverts, s'agitait sur sa couche étroite.

— « Allons, vous n'êtes pas calme, dit de Thou en souriant; je vais faire quelque lecture pieuse qui vous remette l'esprit en repos. Ah! mon ami, c'est là qu'il est, le repos véritable, c'est dans ce livre consolateur! car, ouvrez-le où vous voudrez, et toujours vous y verrez d'un côté l'homme dans le seul état qui convienne à sa faiblesse : la prière et l'incertitude de sa destinée; et, de l'autre, Dieu lui parlant lui-même de ses infirmités. Quel magnifique et céleste spectacle! quel lien sublime entre le ciel et la terre ! la vie, la mort et l'éternité sont là : ouvrez-le au hasard.

— Ah ! oui, dit Cinq-Mars, se levant encore avec une vivacité qui avait quelque chose d'enfantin, je le veux bien ; laissez-moi l'ouvrir ; vous savez la vieille superstition de notre pays ? quand on ouvre un livre de messe avec une épée, la première page que l'on trouve à gauche est la destinée de celui qui la lit, et le premier qui entre quand il a fini doit influer puissamment sur l'avenir du lecteur.

— Quel enfantillage ! Mais je veux bien. Voici votre épée ; prenez la pointe... voyons...

— Laissez-moi lire moi-même, » dit Cinq-Mars, prenant du bord de son lit un côté du livre. Le vieux Grandchamp avança gravement sa figure basanée et ses cheveux gris sur le pied du lit pour écouter. Son maître lut, s'interrompit à la première phrase, mais, avec un sourire un peu forcé peut-être, poursuivit jusqu'au bout :

« I. Or c'était dans la cité de Mediolanum
« qu'ils comparurent.

« II. Le grand-prêtre leur dit : Inclinez-vous
« et adorez les dieux.

« III. Et le peuple était silencieux, regardant
« leurs visages, qui parurent comme les visages
« des anges.

« IV. Mais Gervais, prenant la main de Pro-
« tais, s'écria, levant les yeux au ciel, et tout
« rempli du Saint Esprit :

« V. O mon frère ! je vois le Fils de l'homme
« qui nous sourit ; laisse-moi mourir le premier.

« VI. Car si je voyais ton sang, je craindrais
« de verser des larmes indignes du Seigneur
« notre Dieu.

« VII. Or Protais lui répondit ces paroles :

« VIII. Mon frère, il est juste que je périsse
« après toi, car j'ai plus d'années et des forces
« plus grandes pour te voir souffrir.

« IX. Mais les sénateurs et le peuple grin-
« çaient des dents contre eux.

« X. Et, les soldats les ayant frappés, leurs
« têtes tombèrent ensemble sur la même pierre.

« XI. Or c'est en ce lieu même que le bien-
« heureux saint Ambroise trouva la cendre des
« deux martyrs, qui rendit la vue à un aveu-
« gle. »

— « Eh bien, dit Cinq-Mars en regardant
son ami lorsqu'il eut fini, que répondez-vous à
cela ?

— La volonté de Dieu soit faite ! mais nous
ne devons pas la sonder.

— Ni reculer dans nos desseins pour un jeu

d'enfant, reprit d'Effiat avec impatience et s'enveloppant d'un manteau jeté sur lui. Souvenez-vous des vers que nous récitions autrefois : *Justum et tenacem propositi virum...* ces mots de fer se sont imprimés dans ma tête. Oui, que l'univers s'écroule autour de moi, ses débris m'emporteront inébranlable.

— Ne comparons pas les pensées de l'homme à celles du ciel, et soumettons-nous, dit de Thou gravement.

— *Amen,* dit le vieux Grandchamp, dont les yeux s'étaient remplis de larmes qu'il essuyait brusquement.

— De quoi te mêles-tu, vieux soldat ? tu pleures ! lui dit son maître.

— *Amen,* dit à la porte de la tente une voix nasillarde.

— Parbleu, monsieur, faites plutôt cette question à l'Éminence grise qui vient chez vous, répondit le fidèle serviteur en montrant Joseph, qui s'avançait les bras croisés en saluant d'un air caressant.

— Ah ! ce sera donc lui ! murmura Cinq-Mars.

— Je viens peut-être mal à propos ? dit Joseph doucement.

— Fort à propos, peut-être, dit Henri d'Effiat en souriant avec un regard à de Thou. Qui peut vous amener, mon père, à une heure du matin ? Ce doit être quelque bonne œuvre. »

Joseph se vit mal accueilli ; et, comme il ne marchait jamais sans avoir au fond de l'âme cinq ou six reproches à se faire vis-à-vis des gens qu'il abordait, et autant de ressources dans l'esprit pour se tirer d'affaire, il crut ici que l'on avait découvert le but de sa visite, et sentit que ce n'était pas le moment de la mauvaise humeur qu'il fallait prendre pour préparer l'amitié. S'asseyant donc assez froidement près du lit :

« Je viens, dit-il, monsieur, vous parler, de la part du Cardinal généralissime, des deux prisonniers espagnols que vous avez faits ; il désire avoir des renseignements sur eux le plus promptement possible ; je dois les voir et interroger. Mais je ne comptais pas vous trouver veillant encore ; je voulais seulement les recevoir de vos gens. »

Après un échange de politesses contraintes, on fit entrer dans la tente les deux prisonniers, que Cinq-Mars avait presque oubliés. Ils parurent, l'un jeune et montrant à découvert une physionomie vive et un peu sauvage : c'était le soldat ; l'autre, cachant sa taille sous un manteau brun, et ses traits sombres, mais ambigus dans leur expression, sous l'ombre de son chapeau à larges bords, qu'il n'ôta pas : c'était l'officier ; il parla seul et le premier :

« Pourquoi me faites-vous quitter ma paille et mon sommeil? est-ce pour me délivrer ou me pendre?

— Ni l'un ni l'autre, dit Joseph.

— Qu'ai-je à faire avec toi, homme à longue barbe? je ne t'ai pas vu à la brèche. »

Il fallut quelque temps, d'après cet exorde aimable, pour faire comprendre à l'étranger les droits qu'avait un capucin à l'interroger.

— « Eh bien, dit-il enfin, que veux-tu?

— Je veux savoir votre nom et votre pays.

— Je ne dis pas mon nom; et quant à mon pays, j'ai l'air d'un Espagnol; mais je ne le suis peut-être pas, car un Espagnol ne l'est jamais. »

Le père Joseph, se retournant vers les deux amis, dit :

« Je suis bien trompé, ou j'ai entendu ce son de voix quelque part : cet homme parle français sans accent; mais il me semble qu'il veut nous donner des énigmes comme dans l'Orient.

— L'Orient? c'est cela, dit le prisonnier, un Espagnol est un homme de l'Orient, c'est un Turc catholique; son sang languit ou bouillonne, il est paresseux ou infatigable; l'indolence le rend esclave; l'ardeur, cruel; immobile dans son ignorance, ingénieux dans sa superstition, il ne veut qu'un livre religieux, qu'un maître tyrannique; il obéit à la loi du bûcher, il commande par celle du poignard, il s'endort le soir dans sa misère sanglante, cuvant le fanatisme et rêvant le crime. Qui est-ce là, messieurs ? est-ce l'Espagnol ou le Turc ? devinez. Ah ! ah ! vous avez l'air de trouver que j'ai de l'esprit parce que je rencontre un rapport. Vraiment, messieurs, vous me faites bien de l'honneur, et cependant l'idée pourrait se pousser plus loin, si l'on voulait ; si je passais à l'ordre physique, par exemple, ne pourrais-je pas vous dire : Cet homme a les traits graves ou allongés, l'œil noir et coupé en amande, les sourcils durs, la bouche triste et mobile, les joues basanées, maigres et ridées ; sa tête est rasée, et il la couvre d'un mouchoir noué en turban ; il passe un jour entier couché ou debout sous un soleil brûlant, sans mouvement, sans parole, fumant un tabac qui l'enivre. Est-ce un Turc ou un Espagnol ? Êtes-vous contents, messieurs ? Vraiment, vous en avez l'air, vous riez : et de quoi riez-vous ? Moi qui vous ai présenté cette seule idée, je n'ai pas ri ; voyez, mon visage est triste. Ah ! c'est peut-être parce que le sombre prisonnier est devenu tout à coup bavard, et parle vite ? Ah ! ce n'est rien ; je pourrais vous en dire d'autres, et vous rendre quelques services, mes braves amis. Si je me mettais dans les anecdotes, par exemple, si je vous disais que je connais un prêtre qui avait ordonné la mort de quelques hérétiques avant de dire la messe, et qui, furieux d'être interrompu à l'autel durant le saint sacrifice, cria à ceux qui lui demandaient ses ordres : *Tuez tout! tuez tout!* ririez-vous bien tous, messieurs ? Non, pas tous. Monsieur que voilà, par exemple, mordrait sa lèvre et sa barbe. Oh! il est vrai qu'il pourrait répondre qu'il a fait sagement, et qu'on avait tort d'interrompre sa pure prière. Mais si j'ajoutais qu'il s'est caché pendant une heure derrière la toile de votre tente, monsieur de Cinq-Mars, pour vous écouter parler, et qu'il est venu pour vous faire quelque perfidie, et non pour moi, que dirait-il? Maintenant, messieurs, êtes-vous contents ? Puis-je me retirer après cette parade ? »

Le prisonnier avait débité tout ceci avec la rapidité d'un vendeur d'orviétan, et avec une voix si haute, que Joseph en fut tout étourdi. Il se leva indigné à la fin, et s'adressant à Cinq-Mars :

« Comment souffrez-vous, monsieur, lui dit-il, qu'un prisonnier qui devait être pendu vous parle ainsi ? »

L'Espagnol, sans daigner s'occuper de lui davantage, se pencha vers d'Effiat, et lui dit à l'oreille :

« Je ne vous importe guère, donnez-moi ma

liberté, j'ai déjà pu la prendre, mais je ne l'ai pas voulu sans votre consentement ; donnez-la moi, ou faites-moi tuer.

— Partez si vous le pouvez, lui répondit Cinq-Mars, je vous jure que j'en serai fort aise. »

Et il fit dire à ses gens de se retirer avec le soldat, qu'il voulut garder à son service.

Ce fut l'affaire d'un moment ; il ne restait plus dans la tente que les deux amis, le père Joseph décontenancé et l'Espagnol, lorsque celui-ci, ôtant son chapeau, montra une figure française, mais féroce : il riait, et semblait respirer plus d'air dans sa large poitrine.

— « Oui, je suis Français, dit-il à Joseph ; mais je hais la France, parce qu'elle a donné le jour à mon père, qui est un monstre, et à moi, qui le suis devenu, et qui l'ai frappé une fois ; je hais ses habitants parce qu'ils m'ont volé toute ma fortune au jeu, et que je les ai volés et tués depuis ; j'ai été deux ans Espagnol pour faire mourir plus de Français ; mais à présent je hais encore plus l'Espagne : on ne saura jamais pourquoi. Adieu, je vais vivre sans nation désormais ; tous les hommes sont mes ennemis. Continue, Joseph, et tu me vaudras bientôt. Oui, tu m'as vu autrefois, continua-t-il en le poussant violemment par la poitrine et le renversant... je suis Jacques de Laubardemont, fils de ton digne ami. »

A ces mots, sortant brusquement de la tente, il disparut comme une apparition s'évanouirait. De Thou et les laquais, accourus à l'entrée, le virent s'élancer en deux bonds par-dessus un soldat surpris et désarmé, et courir vers les montagnes avec la vitesse d'un cerf, malgré plusieurs coups de mousquet inutiles. Joseph profita du désordre pour s'évader en balbutiant quelques mots de politesse, et laissa les deux amis riant de son aventure et de son désappointement, comme deux écoliers riraient d'avoir vu tomber les lunettes de leur pédagogue, et s'apprêtant enfin à chercher un sommeil dont ils avaient besoin l'un et l'autre, et qu'ils trouvèrent bientôt, le blessé dans son lit, et le jeune conseiller dans son fauteuil.

Pour le capucin, il s'acheminait vers sa tente, méditant comment il tirerait parti de tout ceci pour la meilleure vengeance possible, lorsqu'il rencontra Laubardemont traînant par ses mains liées la jeune insensée. Ils se racontèrent leurs mutuelles et horribles aventures.

Joseph n'eut pas peu de plaisir à retourner le poignard dans la plaie de son cœur en lui apprenant le sort de son fils.

— « Vous n'êtes pas précisément heureux dans votre intérieur, ajouta-t-il; je vous conseille de faire enfermer votre nièce et pendre votre héritier, si par bonheur vous le retrouvez. »

Laubardemont rit affreusement : « Quant à cette petite imbécile que voilà, je vais la donner à un ancien juge secret, à présent contrebandier dans les Pyrénées, à Oloron : il la fera ce qu'il voudra, servante dans sa *posada,* par exemple ; je m'en soucie peu, pourvu que monseigneur ne puisse jamais en entendre parler. »

Jeanne de Belfiel, la tête baissée, ne donna aucun signe d'intelligence ; toute lueur de raison était éteinte en elle ; un seul mot lui était resté sur les lèvres, elle le prononçait continuellement : « Le juge ! le juge ! le juge ! » dit-elle tout bas. Et elle se tut.

Son oncle et Joseph la chargèrent, à peu près comme un sac de blé, sur un des chevaux qu'amenèrent deux domestiques ; Laubardemont en monta un, et se disposa à sortir du camp, voulant s'enfoncer dans les montagnes avant le jour.

— « Bon voyage ! dit-il à Joseph, faites bien vos affaires à Paris ; je vous recommande Oreste et Pylade.

— « Bon voyage ! répondit celui-ci. Je vous recommande Cassandre et Œdipe.

— Oh ! il n'a ni tué son père, ni épousé sa mère...

— Mais il est en bon chemin pour ces gentillesses.

— Adieu, mon révérend père !

— Adieu, mon vénérable ami! dirent-ils tout haut; — mais tout bas :

— Adieu, assassin à robe grise : je retrouverai l'oreille du Cardinal en ton absence.

— Adieu, scélérat à robe rouge : va détruire toi-même ta famille maudite ; achève de répandre ton sang dans les autres ; ce qui en restera en toi, je m'en charge... Je pars à présent. Voilà une nuit bien remplie ! »

CHAPITRE XIV

L'ÉMEUTE

> Le danger, sire, est pressant et universel, et au delà de tous les calculs de la prudence humaine.
>
> MIRABEAU, *Adresse au Roi.*

UE *d'une vitesse égale à celle de la pensée, la scène vole sur une aile imaginaire,* s'écrie l'immortel Shakspeare avec le chœur de l'une de ses tragédies, *figurez-vous le roi sur l'Océan, suivi de sa belle flotte; voyez-le, suivez-le.* » Avec ce poétique mouvement il traverse le temps et l'espace, et transporte à son gré l'assemblée attentive dans les lieux de ses sublimes scènes.

L'Émeute. 297

Nous allons user des mêmes droits sans avoir le même génie; nous ne voulons pas nous asseoir plus que lui sur le trépied des unités, et jetant les yeux sur Paris et sur le vieux et noir palais du Louvre, nous passerons tout à coup l'espace de deux cents lieues et le temps de deux années.

Deux années! que de changements elles peuvent apporter sur le front des hommes, dans leurs familles, et surtout dans cette grande famille si troublée des nations, dont un jour brise les alliances, dont une naissance apaise les guerres, dont une mort détruit la paix! Nos yeux ont vu des rois rentrer dans leur demeure un jour de printemps; ce jour-là même un vaisseau partit pour une traversée de deux ans; le navigateur revint; ils étaient sur leur trône : rien ne semblait s'être passé dans son absence; et pourtant Dieu leur avait ôté cent jours de règne.

Mais rien n'était changé pour la France en 1642, époque à laquelle nous passons, si ce n'était ses craintes et ses espérances. L'avenir seul avait changé d'aspect. Avant de revoir nos personnages, il importe de contempler en grand l'état du royaume.

La puissante unité de la monarchie était plus imposante encore par le malheur des États voisins; les révoltes de l'Angleterre et celles de l'Espagne et du Portugal faisaient admirer d'autant plus le calme dont jouissait la France ; Strafford et Olivarès, renversés ou ébranlés grandissaient l'immuable Richelieu.

Six armées formidables, reposées sur leurs armes triomphantes, servaient de rempart au royaume : celles du Nord, liguées avec la Suède avaient fait fuir les Impériaux, poursuivis encore par l'ombre de Gustave-Adolphe ; celles qui regardaient l'Italie recevaient dans le Piémont les clefs des villes qu'avait défendues le prince Thomas ; et celles qui redoublaient la chaîne des Pyrénées soutenaient la Catalogne révoltée, et frémissaient encore devant Perpignan, qu'il ne leur était pas permis de prendre. L'intérieur n'était pas heureux, mais tranquille. Un invisible génie semblait avoir maintenu ce calme ; car le Roi, mortellement malade, languissait à Saint-Germain près d'un jeune favori ; et le Cardinal, disait-on, se mourait à Narbonne. Quelques morts pourtant trahissaient sa vie, et de loin en loin des hommes tombaient comme frappés par un souffle empoisonné, et rappelaient la puissance invisible.

Saint-Preuil, l'un des ennemis de Richelieu, venait de porter sa *tête de fer*[1] sur l'échafaud,

---

1. Ce nom lui fut donné pour sa valeur et un caractère trop ferme, qui fut son seul crime.

sans honte ni peur, comme il le dit en y montant.

Cependant la France semblait gouvernée par elle-même; car le prince et le ministre étaient séparés depuis longtemps : et, de ces deux malades, qui se haïssaient mutuellement, l'un n'avait jamais tenu les rênes de son État, l'autre n'y faisait plus sentir sa main; on ne l'entendait plus nommer dans les actes publics, il ne paraissait plus dans le gouvernement, s'effaçait partout; il dormait comme l'araignée au centre de ses filets.

S'il s'était passé quelques événements et quelques révolutions durant ces deux années, ce devait donc être dans les cœurs; ce devait être quelques-uns de ces changements occultes, d'où naissent, dans les monarchies sans base, des bouleversements effroyables et de longues et sanglantes dissensions.

Pour en être éclaircis, portons nos yeux sur le vieux et noir bâtiment du Louvre inachevé, et prêtons l'oreille aux propos de ceux qui l'habitent et qui l'environnent.

On était au mois de décembre; un hiver rigoureux avait attristé Paris, où la misère et l'inquiétude du peuple étaient extrêmes; cependant sa curiosité l'aiguillonnait encore, et il était avide des spectacles que lui donnait la cour. Sa pauvreté lui était moins pesante lorsqu'il contemplait les agitations de la richesse ; ses larmes moins amères à la vue des combats de la puissance ; et le sang des grands, qui arrosait ses rues et semblait alors le seul digne d'être répandu, lui faisait bénir son obscurité. Déjà quelques scènes tumultueuses, quelques assassinats éclatants, avaient fait sentir l'affaiblissement du monarque, l'absence et la fin prochaine du ministre, et, comme une sorte de prologue à la sanglante comédie de la Fronde, venaient aiguiser la malice et même allumer les passions des Parisiens. Ce désordre ne leur déplaisait pas ; indifférents aux causes des querelles, fort abstraites pour eux, ils ne l'étaient point aux individus, et commençaient déjà à prendre les chefs de parti en affection ou en haine, non à cause de l'intérêt qu'ils leur supposaient pour le bien-être de leur classe, mais tout simplement parce qu'ils plaisaient ou déplaisaient comme des acteurs.

- Une nuit surtout, des coups de pistolet et de fusil avaient été entendus fréquemment dans la Cité ; les patrouilles nombreuses des Suisses et des gardes du corps venaient même d'être attaquées et de rencontrer quelques barricades dans les rues tortueuses de l'île Notre-Dame ; des charrettes, enchaînées aux bornes et couvertes de tonneaux, avaient empêché les cavaliers d'y pénétrer, et quelques coups de mousquet avaient blessé des chevaux et des hommes. Cependant la ville dormait encore, excepté le quartier qui environnait le Louvre, habité dans ce moment par la Reine et MONSIEUR, duc d'Orléans. Là, tout annonçait une expédition nocturne d'une nature très grave.

Il était deux heures du matin ; il gelait, et l'ombre était épaisse, lorsqu'un nombreux rassemblement s'arrêta sur le quai, à peine pavé alors, et occupa, lentement et par degrés, le terrain sablé qui descendait en pente jusqu'à la Seine. Deux cents hommes, à peu près, semblaient composer cet attroupement ; ils étaient enveloppés de grands manteaux, relevés par le fourreau des longues épées à l'espagnole qu'ils portaient. Se promenant sans ordre, en long et en large, ils semblaient attendre les événements plutôt que les chercher. Beaucoup d'entre eux s'assirent, les bras croisés, sur les pierres éparses du parapet commencé ; ils observaient le plus grand silence. Après quelques minutes cependant, un homme, qui paraissait sortir d'une porte voûtée du Louvre, s'approcha lentement avec une lanterne sourde, dont il portait les rayons au visage de chaque individu, et qu'il souffla, ayant démêlé celui qu'il cherchait entre tous : il lui parla de cette façon, à demi-voix, en lui serrant la main :

« Eh bien, Olivier, que vous a dit M. le Grand[1] ? Cela va-t-il bien ?

— Oui, oui, je l'ai vu hier à Saint-Germain; le vieux chat est bien malade à Narbonne, il va s'en aller *ad patres;* mais il faut mener nos affaires rondement, car ce n'est pas la première fois qu'il fait l'engourdi. Avez-vous vu du monde pour ce soir, mon cher Fontrailles ?

— Soyez tranquille, Montrésor va venir avec une centaine de gentilshommes de MONSIEUR; vous le reconnaîtrez : il sera déguisé en maître maçon, une règle à la main. Mais n'oubliez pas surtout les mots d'ordre : les savez-vous bien tous, vous et vos amis ?

— Oui, tous, excepté l'abbé de Gondi, qui n'est pas arrivé encore; mais, Dieu me pardonne, je crois que le voilà lui-même. Qui diable l'aurait reconnu ? »

En effet, un petit homme sans soutane, habillé en soldat des gardes françaises, et portant de très noires et fausses moustaches, se glissa entre eux. Il sautait d'un pied sur l'autre avec un air de joie, et se frottait les mains.

— « Vive Dieu ! tout va bien; mon ami Fiesque ne faisait pas mieux. » Et, se levant sur

---

1. On nommait ainsi par abréviation le grand écuyer Cinq-Mars. Ce nom reviendra souvent dans le cours du récit.

la pointe des pieds pour frapper sur l'épaule d'Olivier : « Savez-vous que, pour un homme qui sort presque des pages, vous ne vous conduisez pas mal, sire Olivier d'Entraigues ? vous serez dans nos hommes illustres, si nous trouvons un Plutarque. Tout est bien organisé, vous arrivez à point ; ni plus tôt, ni plus tard, comme un vrai chef de parti. Fontrailles, ce jeune homme ira loin, je vous le prédis. Mais dépêchons-nous ; il nous viendra dans deux heures des paroissiens de mon oncle l'archevêque de Paris ; je les ai bien échauffés, et ils crieront : *Vive Monsieur ! vive la Régence ! et plus de Cardinal !* comme des enragés. Ce sont de bonnes dévotes, tout à moi, qui leur ont monté la tête. Le Roi est fort mal. Oh ! tout va bien, très bien. Je viens de Saint-Germain ; j'ai vu l'ami Cinq-Mars ; il est bon, très bon, toujours ferme comme un roc. Ah ! voilà ce que j'appelle un homme ! Comme il les a joués avec son air mélancolique et insouciant ! Il est le maître de la cour à présent. C'est fini, le roi va, dit-on, le faire duc et pair ; il en est fortement question ; mais il hésite encore : il faut décider cela par notre mouvement de ce soir : *le vœu du peuple !* il faut faire *le vœu du peuple* absolument ; nous allons le faire entendre. Ce sera la mort de Richelieu, savez-vous ? Surtout, c'est la haine pour lui qui doit dominer dans les cris, car c'est là l'essentiel. Cela décidera enfin notre Gaston, qui flotte toujours, n'est-ce pas?

— Eh! que peut-il faire autre chose? dit Fontrailles; s'il prenait une résolution aujourd'hui en notre faveur, ce serait bien fâcheux.

— Et pourquoi?

— Parce que nous serions bien sûrs que demain, au jour, il serait contre.

— N'importe, reprit l'abbé, la reine a de la tête.

— Et du cœur aussi, dit Olivier; cela me donne de l'espoir pour Cinq-Mars, qui me semble avoir osé faire le boudeur quelquefois en la regardant.

— Enfant que vous êtes! que vous connaissez encore mal la cour! Rien ne peut le soutenir que la main du roi, qui l'aime comme son fils; et, pour la reine, si son cœur bat, c'est de souvenir et non d'avenir. Mais il ne s'agit pas de ces fadaises-là; dites-moi, mon cher, êtes-vous bien sûr de votre jeune avocat que je vois rôder là? pense-t-il bien?

— Parfaitement; c'est un excellent Royaliste; il jetterait le Cardinal à la rivière tout à l'heure: d'ailleurs c'est Fournier, de Loudun, c'est tout dire.

— Bien, bien; voilà comme nous les aimons. Mais garde à vous, messieurs : on vient de la rue Saint-Honoré.

— Qui va là? crièrent les premiers de la troupe à des hommes qui venaient. Royalistes ou Cardinalistes?

— *Gaston* et *le Grand*, répondirent tout bas les nouveau-venus.

— C'est Montrésor avec les gens de Monsieur, dit Fontrailles; nous pourrons bientôt commencer.

— Oui, par la corbleu! dit l'arrivant; car les Cardinalistes vont passer à trois heures; on nous en a instruits tout à l'heure.

— Où vont-ils? dit Fontrailles.

— Ils sont plus de deux cents pour conduire M. de Chavigny, qui va voir le vieux chat à Narbonne, dit-on; ils ont cru plus sûr de longer le Louvre.

— Eh bien, nous allons leur faire patte de velours, » dit l'abbé.

Comme il achevait, un bruit de carrosses et de chevaux se fit entendre. Plusieurs hommes à manteaux roulèrent une énorme pierre au milieu du pavé. Les premiers cavaliers passèrent rapidement à travers la foule et le pistolet à la main, se doutant bien de quelque chose; mais le postillon qui guidait les chevaux de la première voiture s'embarrassa dans la pierre et s'abattit.

— « Quel est donc ce carrosse qui écrase les piétons? crièrent à la fois tous les hommes en manteau. C'est bien tyrannique! Ce ne peut être qu'un ami du Cardinal de *La Rochelle*[1].

— C'est quelqu'un qui ne craint pas les amis du petit *le Grand,* s'écria une voix à la portière ouverte, d'où un homme s'élança sur un cheval.

— Rangez ces Cardinalistes jusque dans la rivière!» dit une voix aigre et perçante.

Ce fut le signal des coups de pistolet qui s'échangèrent avec fureur de chaque côté, et qui prêtèrent une lumière à cette scène tumultueuse et sombre; le cliquetis des épées et le piétinement des chevaux n'empêchaient pas de distinguer les cris, d'un côté : « A bas le ministre! vive le roi! vive MONSIEUR et monsieur le Grand! à bas les *bas rouges!* » de l'autre : « Vive Son Éminence! vive le grand Cardinal! mort aux factieux! vive le Roi!» car le nom du Roi présidait à toutes les haines comme à toutes les affections, à cette étrange époque.

Cependant les hommes à pied avaient réussi à placer les deux carrosses à travers du quai, de manière à s'en faire un rempart contre les chevaux de Chavigny, et de là, entre les roues, par les portières et sous les ressorts, les acca-

---

[1]. Dans le long siège de cette ville, on donna ce nom à M. de Richelieu, pour tourner en ridicule son obstination à commander comme général en chef et s'attribuer le mérite de la prise de La Rochelle.

blaient de coups de pistolet et en avaient démonté plusieurs. Le tumulte était affreux, lorsque les portes du Louvre s'ouvrirent tout à coup, et deux escadrons des gardes du corps sortirent au trot ; la plupart avaient des torches à la main pour éclairer ceux qu'ils allaient attaquer et eux-mêmes. La scène changea. A mesure que les gardes arrivaient à l'un des hommes à pied, on voyait cet homme s'arrêter, ôter son chapeau, se faire reconnaître et se nommer, et le garde se retirait, quelquefois en saluant, d'autres fois en lui serrant la main Ce secours aux carrosses de Chavigny fut donc à peu près inutile et ne servit qu'à augmenter la confusion. Les gardes du corps, comme pour l'acquit de leur conscience, parcouraient la foule des duellistes en disant mollement : « Allons, messieurs, de la modération. »

Mais, lorsque deux gentilshommes avaient bien *engagé le fer* et se trouvaient bien acharnés, le garde qui les voyait s'arrêtait pour juger les coups, et quelquefois même favorisait celui qu'il pensait être de son opinion; car ce corps, comme toute la France, avait ses Royalistes et ses Cardinalistes.

Les fenêtres du Louvre s'éclairaient peu à peu, et l'on y voyait beaucoup de têtes de femmes derrière les petits carreaux en losanges, attentives à contempler le combat.

De nombreuses patrouilles de Suisses sortirent avec des flambeaux; on distinguait ces soldats à leur étrange uniforme. Ils portaient le bras droit rayé de bleu et de rouge, et le bas de soie de leur jambe droite était rouge; le côté gauche rayé de bleu, rouge et blanc, et le bas blanc et rouge. On avait espéré, sans doute, au château royal, que cette troupe étrangère pourrait dissiper l'attroupement; mais on se trompa. Ces impassibles soldats, suivant froidement, exactement et sans les dépasser, les ordres qu'on leur avait donnés, circulèrent avec symétrie entre les groupes armés qu'ils divisaient un moment, vinrent se réunir devant la grille avec une précision parfaite, et rentrèrent en ordre comme à la manœuvre, sans s'informer si les ennemis à travers lesquels ils étaient passés s'étaient rejoints ou non.

Mais le bruit, un moment apaisé, redevint général à force d'explications particulières. On entendait partout des appels, des injures et des imprécations; il ne semblait pas que rien pût faire cesser ce combat que la destruction de l'un des deux partis, lorsque des cris, ou plutôt des hurlements affreux, vinrent mettre le comble au tumulte. L'abbé de Gondi, alors occupé à tirer un cavalier par son manteau pour le faire tomber, s'écria : « Voilà mes gens! Fontrailles, vous allez en voir de belles; voyez,

voyez déjà comme cela court ! c'est charmant, vraiment ! »

Et il lâcha prise et monta sur une pierre, pour considérer les manœuvres de ses troupes, croisant ses bras avec l'importance d'un général d'armée. Le jour commençait à poindre, et l'on vit que du bout de l'île Saint-Louis accourait, en effet, une foule d'hommes, de femmes et d'enfants de la lie du peuple, poussant au ciel et vers le Louvre d'étranges vociférations. Des filles portaient de longues épées, des enfants traînaient d'immenses hallebardes et des piques damasquinées du temps de la Ligue ; des vieilles en haillons tiraient après elles, avec des cordes, des charrettes pleines d'anciennes armes rouillées et rompues ; des ouvriers de tous les métiers, ivres pour la plupart, les suivaient avec des bâtons, des fourches, des lances, des pelles, des torches, des pieux, des crocs, des leviers, des sabres et des broches aiguës ; ils chantaient et hurlaient tour à tour, contrefaisant avec des rires atroces les miaulements du chat, et portant, comme un drapeau, un de ces animaux pendus au bout d'une perche et enveloppé dans un lambeau rouge, figurant ainsi le Cardinal, dont le goût pour les chats était connu généralement. Des crieurs publics couraient, tout rouges et haletants, semer sur les ruisseaux et les pavés, coller sur les parapets, les bornes, les murs des maisons et du palais même, de longues histoires satiriques en petits vers, faites sur les personnages du temps; des garçons bouchers et mariniers, portant de larges coutelas, battaient la charge sur des chaudrons, et traînaient dans la boue un porc nouvellement égorgé, coiffé de la calotte rouge d'un enfant de chœur. De jeunes et vigoureux drôles, vêtus en femmes et enluminés d'un grossier vermillon, criaient d'une voix forcenée : *Nous sommes des mères de famille ruinées par Richelieu : mort au Cardinal!* Ils portaient dans leurs bras des nourrissons de paille qu'ils faisaient le geste de jeter à la rivière, et les y jetaient en effet.

Lorsque cette dégoûtante cohue eut inondé les quais de ses milliers d'individus infernaux, elle produisit un effet étrange sur les combattants, et tout à fait contraire à ce qu'en attendait leur patron. Les ennemis de chaque faction abaissèrent leurs armes et se séparèrent. Ceux de MONSIEUR et de Cinq-Mars furent révoltés de se voir secourus par de tels auxiliaires, et, aidant eux-mêmes les gentilshommes du Cardinal à remonter à cheval et en voiture, leurs valets à y porter les blessés, donnèrent des rendez-vous particuliers à leurs adversaires pour vider leur querelle sur un terrain plus secret et plus digne d'eux. Rougissant de la supériorité du nombre et des ignobles troupes qu'ils semblaient commander, entrevoyant, peut-être pour la première fois, les funestes conséquences de leurs jeux politiques, et voyant quel était le limon qu'ils venaient de remuer, ils se divisèrent pour se retirer, enfonçant leurs chapeaux larges sur leurs yeux, jetant leurs manteaux sur leurs épaules, et redoutant le jour.

— « Vous avez tout dérangé, mon cher abbé, avec cette canaille, dit Fontrailles, en frappant du pied, à Gondi, qui se trouvait assez interdit ; votre bonhomme d'oncle a là de jolis paroissiens !

— Ce n'est pas ma faute, reprit cependant Gondi, d'un ton mutin ; c'est que ces idiots sont arrivés une heure trop tard ; s'ils fussent venus à la nuit on ne les aurait pas vus, ce qui les gâte un peu, à dire le vrai (car j'avoue que le grand jour leur fait tort), et on n'aurait entendu que la voix du peuple : *Vox populi, Vox Dei*. D'ailleurs, il n'y a pas tant de mal ; ils vont nous donner, par leur foule, les moyens de nous évader sans être reconnus, et, au bout du compte, notre tâche est finie ; nous ne voulions pas la mort du pécheur : Chavigny et les siens sont de braves gens que j'aime beaucoup ; s'il n'est qu'un peu blessé, tant mieux. Adieu, je vais voir M. de Bouillon, qui arrive d'Italie.

— Olivier, dit Fontrailles, partez donc pour

Saint-Germain avec Fournier et Ambrosio ; je vais rendre compte à MONSIEUR, avec Montrésor. »

Tout se sépara, et le dégoût fit sur ces gens bien élevés ce que la force n'avait pu faire.

Ainsi se termina cette échauffourée, qui semblait pouvoir enfanter de grands malheurs ; personne n'y fut tué ; les cavaliers, avec quelques égratignures de plus, et quelques-uns avec leurs bourses de moins, à leur grande surprise, reprirent leur route près des carrosses par des rues détournées ; les autres s'évadèrent, un à un, à travers la populace qu'ils avaient soulevée. Les misérables qui la composaient, dénués de chefs de troupes, restèrent encore deux heures à pousser les mêmes cris, jusqu'à ce que leur vin fût cuvé et que le froid éteignît ensemble le feu de leur sang et de leur enthousiasme. On voyait aux fenêtres des maisons du quai de la Cité et le long des murs le sage et véritable peuple de Paris, regardant d'un air triste et dans un morne silence ces préludes de désordre ; tandis que le corps des marchands, vêtu de noir, précédé de ses échevins et de ses prévôts, s'acheminait lentement et courageusement, à travers la populace, vers le *Palais de Justice* où devait s'assembler le parlement, et allait lui porter plainte de ces effrayantes scènes nocturnes.

Cependant les appartements de Gaston d'Orléans étaient dans une grande rumeur. Ce prince occupait alors l'aile du Louvre parallèle aux Tuileries, et ses fenêtres donnaient d'un côté sur la cour, et de l'autre sur un amas de petites maisons et de rues étroites qui couvraient la place presque en entier. Il s'était levé précipitamment, réveillé en sursaut par le bruit des armes à feu, avait jeté ses pieds dans de larges *mules* carrées, à hauts talons, et, enveloppé dans une vaste robe de chambre de soie couverte de dessins d'or brodés en relief, se promenait en long et en large dans sa chambre à coucher, envoyant, de minute en minute, un laquais nouveau pour demander ce qui se passait, et s'écriant qu'on courût chercher l'abbé de La Rivière, son conseil accoutumé; mais, par malheur, il était sorti de Paris. A chaque coup de pistolet, ce prince timide courait aux fenêtres, sans rien voir autre chose que quelques flambeaux que l'on portait en courant; on avait beau lui dire que les cris qu'il entendait étaient en sa faveur, il ne cessait de se promener par les appartements, dans le plus grand désordre, ses longs cheveux noirs et ses yeux bleus ouverts et agrandis par l'inquiétude et l'effroi; il était moitié nu lorsque Montrésor et Fontrailles arrivèrent enfin, et le trouvèrent se frappant la poitrine et répétant mille fois : *Mea culpa, mea culpa.*

— « Eh bien, arrivez donc ! leur cria-t-il de loin, courant au devant d'eux ; arrivez donc enfin ! que se passe-t-il ? que fait-on là ? quels sont ces assassins ? quels sont ces cris ?

— On crie : VIVE MONSIEUR. »

Gaston, sans faire semblant d'entendre, et tenant un instant la porte de sa chambre ouverte, pour que sa voix pénétrât jusque dans les galeries où étaient les gens de sa maison, continua en criant de toute sa force et en gesticulant :

« Je ne sais rien de tout ceci et n'ai rien autorisé ; je ne veux rien entendre, je ne veux rien savoir ; je n'entrerai jamais dans aucun projet ; ce sont des factieux qui font tout ce bruit : ne m'en parlez pas si vous voulez être bien vus ici ; je ne suis l'ennemi de personne, je déteste de telles scènes... »

Fontrailles, qui savait à quel homme il avait affaire, ne répondit rien, et entra avec son ami, mais sans se presser, afin que MONSIEUR eût le temps de jeter son premier feu ; et, quand tout fut dit et la porte fermée avec soin, il prit la parole :

« Monseigneur, dit-il, nous venons vous demander mille pardons de l'impertinence de ce peuple, qui ne cesse de crier qu'il veut la mort de votre ennemi, et qu'il voudrait même vous voir Régent si nous avions le malheur de perdre

Sa Majesté ; oui, le peuple est toujours libre dans ses propos ; mais il était si nombreux, que tous nos efforts n'ont pu le contenir : c'était le cri du cœur dans toute sa vérité ; c'était une explosion d'amour que la froide raison n'a pu réprimer, et qui sortait de toutes les règles.

— Mais enfin, que s'est-il passé? reprit Gaston un peu calmé : qu'ont-ils fait depuis quatre heures que je les entends?

— Cet amour, continua froidement Montrésor, comme M. de Fontrailles a l'honneur de vous le dire, sortait tellement des règles et des bornes, qu'il nous a entraînés nous-mêmes, et nous nous sommes sentis saisis de cet enthousiasme qui nous transporte toujours au nom seul de MONSIEUR, et qui nous a portés à des choses que nous n'avions pas préméditées.

— Mais enfin, qu'avez-vous fait? reprit le prince...

— Ces choses, reprit Fontrailles, dont M. de Montrésor a l'honneur de parler à MONSIEUR, sont précisément de celles que je prévoyais ici même hier au soir, quand j'eus l'honneur de l'entretenir.

— Il ne s'agit pas de cela, interrompit Gaston ; vous ne pourrez pas dire que j'aie rien ordonné ni autorisé ; je ne me mêle de rien, je n'entends rien au gouvernement...

— Je conviens, répondit Fontrailles, que votre

Altesse n'a rien ordonné; mais elle m'a permis de lui dire que je prévoyais que cette nuit serait troublée vers les deux heures, et j'espérais que son étonnement serait moins grand. »

Le prince, se remettant peu à peu, et voyant qu'il n'effrayait pas les deux champions; ayant d'ailleurs dans sa conscience et lisant dans leurs yeux le souvenir du consentement qu'il leur avait donné la veille, s'assit sur le bord de son lit, croisa les bras, et, les regardant d'un air de juge, leur dit encore avec une voix imposante:

« Mais enfin, qu'avez-vous donc fait?

— Eh! presque rien, monseigneur, dit Fontrailles; le hasard nous a fait rencontrer dans la foule quelques-uns de nos amis qui avaient eu querelle avec le cocher de M. de Chavigny qui les écrasait; il s'en est suivi quelques propos un peu vifs, quelques petits gestes un peu brusques, quelques égratignures qui ont fait rebrousser chemin au carrosse, et voilà tout.

— Absolument tout, répéta Montrésor.

— Comment, tout! s'écria Gaston très ému et sautant dans la chambre; et n'est-ce donc rien que d'arrêter la voiture d'un ami du Cardinal-Duc? Je n'aime point les scènes, je vous l'ai déjà dit; je ne hais point le Cardinal: c'est un grand politique, certainement, un très grand politique; vous me compromettez horriblement;

on sait que Montrésor est à moi ; si on l'a reconnu, on dira que je l'ai envoyé...

— Le hasard, répondit Montrésor, m'a fait trouver cet habit du peuple que MONSIEUR peut voir sous mon manteau, et que j'ai préféré à tout autre par ce motif. »

Gaston respira.

— « Vous êtes bien sûr qu'on ne vous a pas reconnu ? dit-il ; c'est que vous sentez, mon cher ami, combien ce serait pénible... convenez-en vous-même...

— Si j'en suis sûr, ô ciel ! s'écria le gentilhomme du prince : je gagerais ma tête et ma part du Paradis que personne n'a vu mes traits et ne m'a appelé par mon nom.

— Eh bien, continua Gaston, se rasseyant sur son lit et prenant un air plus calme, et même où brillait une légère satisfaction, contez-moi donc un peu ce qui s'est passé. »

Fontrailles se chargea du récit, où, comme l'on pense, le peuple jouait un grand rôle et les gens de MONSIEUR aucun ; et, dans sa péroraison, il ajouta, entrant dans les détails : « On a pu voir, de vos fenêtres mêmes, monseigneur, de respectables mères de famille, poussées par le désespoir, jeter leurs enfants dans la Seine en maudissant Richelieu.

— Ah ! c'est épouvantable ! s'écria le prince indigné ou feignant de l'être et de croire à ces excès. Il est donc bien vrai qu'il est détesté si généralement? mais il faut convenir qu'il le mérite! Quoi! son ambition et son avarice ont réduit-là ces bons habitants de Paris que j'aime tant!

— Oui, monseigneur, reprit l'orateur; et ici ce n'est pas Paris seulement, c'est la France entière qui vous supplie avec nous de vous décider à la délivrer de ce tyran; tout est prêt; il ne faut qu'un signe de votre tête auguste pour anéantir ce pygmée, qui a tenté l'abaissement de la maison royale elle-même.

— Hélas! Dieu m'est témoin que je lui pardonne cette injure, reprit Gaston en levant les yeux; mais je ne puis entendre plus longtemps les cris du peuple; oui, j'irai à son secours!...

— Ah! nous tombons à vos genoux! s'écria Montrésor s'inclinant...

— C'est-à-dire, reprit le prince en reculant, autant que ma dignité ne sera pas compromise et que l'on ne verra nulle part mon nom.

— Et c'est justement lui que nous voudrions! s'écria Fontrailles, un peu plus à son aise... Tenez, monseigneur, il y a déjà quelques noms à mettre à la suite du vôtre, et qui ne craignent pas de s'inscrire; je vous les dirai sur-le-champ si vous voulez...

— Mais, mais, mais... dit le duc d'Orléans avec un peu d'effroi, savez-vous que c'est une conjuration que vous me proposez là tout simplement?...

— Fi donc! fi donc! monseigneur, des gens d'honneur comme nous! une conjuration! ah! du tout! une ligue, tout au plus, un petit accord pour donner la direction au vœu unanime de la nation et de la cour : voilà tout!

— Mais... mais cela n'est pas clair, car enfin cette affaire ne serait ni générale ni publique : donc ce serait une conjuration ; vous n'avoueriez pas que vous en êtes?

— Moi, monseigneur? pardonnez-moi, à toute la terre, puisque tout le royaume en est déjà, et je suis du royaume. Eh! qui ne mettrait son nom après celui de MM. de Bouillon et de Cinq-Mars?...

— Après, peut-être, mais avant? » dit Gaston en fixant ses regards sur Fontrailles, et plus finement qu'il ne s'y attendait.

Celui-ci sembla hésiter un moment...

— « Eh bien, que ferait MONSIEUR, si je lui disais des noms après lesquels il pût mettre le sien?

— Ah! ah! voilà qui est plaisant, reprit le prince en riant ; savez-vous qu'au-dessus du mien il n'y en a pas beaucoup? Je n'en vois qu'un.

— Enfin, s'il y en a un, monseigneur nous promet-il de signer celui de Gaston au-dessous?

— Ah! parbleu, de tout mon cœur, je ne risque rien, car je ne vois que le Roi, qui n'est sûrement pas de la partie.

— Eh bien, à dater de ce moment, permettez, dit Montrésor, que nous vous prenions au mot, et veuillez bien consentir à présent à deux choses seulement : voir M. de Bouillon chez la Reine, et M. le grand écuyer chez le Roi.

— Tope! dit MONSIEUR gaiement et frappant l'épaule de Montrésor, j'irai dès aujourd'hui à la toilette de ma belle-sœur, et je prierai mon frère de venir courre un cerf à Chambord avec moi. »

Les deux amis n'en demandaient pas plus, et furent surpris eux-mêmes de leur ouvrage ; jamais ils n'avaient vu tant de résolution à leur chef. Aussi, de peur de le mettre sur une voie qui pût le détourner de la route qu'il venait de prendre, ils se hâtèrent de jeter la conversation sur d'autres sujets, et se retirèrent charmés, en laissant pour derniers mots dans son oreille qu'ils comptaient sur ses dernières promesses.

CHAPITRE XV

L'ALCOVE

Les reines ont été vues pleurant comme de simples femmes.
CHATEAUBRIAND.

Qu'il est doux d'être belle, alors qu'on est aimée.
DELPHINE GAY.

ANDIS qu'un prince était ainsi rassuré avec peine par ceux qui l'entouraient, et leur laissait voir un effroi qui pouvait être contagieux pour eux, une princesse, plus exposée aux accidents, plus isolée par l'indifférence de son mari, plus faible par sa nature et par la timidité qui vient de l'absence du bonheur, donnait de son côté l'exemple du courage

le plus calme et de la plus pieuse résignation, et raffermissait sa suite effrayée : c'était la Reine. A peine endormie depuis une heure, elle avait entendu des cris aigus derrière les portes et les épaisses tapisseries de sa chambre. Elle ordonna à ses femmes de faire entrer; et la duchesse de Chevreuse, en chemise et enveloppée dans un grand manteau, vint tomber presque évanouie au pied de son lit, suivie de quatre dames d'atours et de trois femmes de chambre. Ses pieds délicats étaient nus, et ils saignaient, parce qu'elle s'était blessée en courant ; elle criait, en pleurant comme un enfant, qu'un coup de pistolet avait brisé ses volets et ses carreaux, et l'avait blessée ; qu'elle suppliait la Reine de la renvoyer en exil, où elle se trouvait plus tranquille que dans un pays où l'on voulait l'assassiner parce qu'elle était l'amie de Sa Majesté. Elle avait ses cheveux dans un grand désordre et tombant jusqu'à ses pieds : c'était sa principale beauté, et la jeune Reine pensa qu'il y avait dans cette toilette moins de hasard que l'on ne l'eût pu croire.

— « Eh! ma chère, qu'arrive-t-il donc? lui dit-elle avec assez de sang-froid ; vous avez l'air de Madeleine, mais dans sa jeunesse, avant le repentir. Il est probable que si l'on en veut à quelqu'un ici, c'est à moi ; tranquillisez-vous.

— Non, madame, sauvez-moi, protégez-moi !

c'est ce Richelieu qui me poursuit, j'en suis certaine. »

Le bruit des pistolets qui s'entendit alors plus distinctement, convainquit la Reine que les terreurs de madame de Chevreuse n'étaient pas vaines.

— « Venez m'habiller, madame de Motteville ! » cria-t-elle.

Mais celle-ci avait perdu la tête entièrement, et, ouvrant un de ces immenses coffres d'ébène qui servaient d'armoire alors, en tirait une cassette de diamants de la princesse pour la sauver, et ne l'écoutait pas. Les autres femmes avaient vu sur une fenêtre la lueur des torches, et, s'imaginant que le feu était au palais, précipitaient les bijoux, les dentelles, les vases d'or, et jusqu'aux porcelaines, dans des draps qu'elles voulaient ensuite jeter par la fenêtre. En même temps survint madame de Guémenée, un peu plus habillée que la duchesse de Chevreuse, mais ayant pris la chose plus au tragique encore ; l'effroi qu'elle avait en donna un peu à la Reine, à cause du caractère cérémonieux et paisible qu'on lui connaissait. Elle entra sans saluer, pâle comme un spectre, et dit avec volubilité :

« Madame, il est temps de nous confesser ; on attaque le Louvre, et tout le peuple arrive de la Cité, m'a-t-on dit. »

La stupeur fit taire et rendit immobile toute la chambre.

— « Nous allons mourir! cria la duchesse de Chevreuse, toujours à genoux. Ah! mon Dieu! que ne suis-je restée en Angleterre! Oui, confessons-nous; je me confesse hautement : j'ai aimé... j'ai été aimée de...

— C'est bon, c'est bon, dit la Reine, je ne me charge pas d'entendre jusqu'à la fin; ce ne serait peut-être pas le moindre de mes dangers, dont vous ne vous occupez guère. »

Le sang-froid d'Anne d'Autriche et cette seconde réponse sévère rendirent pourtant un peu de calme à cette belle personne, qui se releva confuse, et s'aperçut du désordre de sa toilette, qu'elle alla réparer le mieux qu'elle put dans un cabinet voisin.

— « Dona Stephania, dit la Reine à une de ses femmes, la seule Espagnole qu'elle eût conservée auprès d'elle, allez chercher le capitaine des gardes : il est temps que je voie des hommes enfin, et que j'entende quelque chose de raisonnable. »

Elle dit ceci en espagnol, et le mystère de cet ordre, dans une langue qu'elles ne comprenaient pas, fit rentrer le bon sens dans la chambre.

La camériste disait son chapelet; mais elle se leva du coin de l'alcôve où elle s'était réfugiée et sortit en courant pour obéir à sa maîtresse.

Cependant les signes de la révolte et les symptômes de la terreur devenaient plus distincts au-dessous et dans l'intérieur. On entendait dans la grande cour du Louvre le piétinement des chevaux de la garde, les commandements des chefs, le roulement des carrosses de la Reine, qu'on attelait pour fuir s'il le fallait, le bruit des chaînes de fer que l'on traînait sur le pavé pour former les barricades en cas d'attaque, les pas précipités, le choc des armes, des troupes d'hommes qui couraient dans les corridors, les cris sourds et confus du peuple qui s'élevaient et s'éteignaient, s'éloignaient et se rapprochaient comme le bruit des vagues et des vents.

La porte s'ouvrit encore, et cette fois c'était pour introduire un charmant personnage.

— « Je vous attendais, chère Marie, dit la Reine, tendant les bras à la duchesse de Mantoue : vous avez eu plus de bravoure que nous toutes, vous venez parée pour être vue de toute la cour.

— Je n'étais pas couchée, heureusement, répondit la princesse de Gonzague en baissant les yeux, j'ai vu tout ce peuple par mes fenêtres. Oh ! madame, madame, fuyez ! je vous supplie de vous sauver par les escaliers secrets, et de nous permettre de rester à votre place ; on pourra prendre l'une de nous pour la Reine, et, ajouta-t-elle en versant une larme, je viens d'entendre des cris de mort. Sauvez-vous, madame ! je n'ai pas de trône à perdre ! vous êtes fille, femme et mère de rois, sauvez-vous et laissez-nous ici.

— Vous avez à perdre plus que moi, mon amie, en beauté, en jeunesse, et, j'espère, en bonheur, dit la Reine avec un sourire gracieux et lui donnant sa belle main à baiser. Restez dans mon alcôve, je le veux bien, mais nous y serons deux. Le seul service que j'accepte de vous, belle enfant, c'est de m'apporter ici dans mon lit cette petite cassette d'or que ma pauvre Motteville a laissée par terre, et qui contient ce que j'ai de plus précieux. »

Puis, en la recevant, elle ajouta à l'oreille de Marie :

« S'il m'arrivait quelque malheur, jure-moi que tu la prendras pour la jeter dans la Seine.

— Je vous obéirai, madame, comme à ma bienfaitrice et à ma seconde mère, » dit-elle en pleurant.

Cependant le bruit du combat redoublait sur les quais, et les vitraux de la chambre réfléchissaient souvent la lueur des coups de feu dont on entendait l'explosion. Le capitaine des gardes et celui des Suisses firent demander des ordres par doña Stephania.

— « Je leur permets d'entrer, dit la princesse.

Rangez-vous de ce côté, mesdames ; je suis homme dans ce moment, et je dois l'être. »

Puis, soulevant les rideaux de son lit, elle continua en s'adressant aux deux officiers : « Messieurs, souvenez-vous d'abord que vous répondez sur votre tête de la vie des princes mes enfants, vous le savez, monsieur de Guitaut ?

— Je couche en travers de leur porte, madame ; mais ce mouvement ne menace ni eux ni Votre Majesté.

— C'est bien, ne pensez à moi qu'après eux, interrompit la Reine, et protégez indistinctement tous ceux que l'on menace. Vous m'entendez aussi, vous, monsieur de Bassompierre ; vous êtes gentilhomme ; oubliez que votre oncle est encore à la Bastille, et faites votre devoir près des petits-fils du feu Roi son ami. »

C'était un jeune homme d'un visage franc et ouvert.

— « Votre Majesté, dit-il avec un léger accent allemand, peut voir que je n'oublie que ma famille, et non la sienne. »

Et il montra sa main gauche, où il manquait deux doigts qui venaient d'être coupés.

— « J'ai encore une autre main, » dit-il en saluant et se retirant avec Guitaut.

La Reine émue se leva aussitôt, et, malgré les prières de la princesse de Guéménée, les pleurs de Marie de Gonzague et les cris de Mme de Chevreuse, voulut se mettre à la fenêtre et l'entr'ouvrit, appuyée sur l'épaule de la duchesse de Mantoue.

— « Qu'entends-je ? dit-elle ; en effet : Vive le Roi !... Vive la Reine ! »

Le peuple, croyant la reconnaître, redoubla de cris en ce moment, et l'on entendit : « A bas le Cardinal ! Vive M. le Grand ! »

Marie tressaillit.

— « Qu'avez-vous ? » lui dit la Reine en l'observant.

Mais, comme elle ne répondait pas et tremblait de tout son corps, cette bonne et douce princesse ne parut pas s'en apercevoir, et, prêtant la plus grande attention aux cris du peuple et à ses mouvements, elle exagéra même une inquiétude qu'elle n'avait plus depuis le premier nom arrivé à son oreille. Une heure après, lorsqu'on vint lui dire que la foule n'attendait qu'un geste de sa main pour se retirer, elle le donna gracieusement et avec un air de satisfaction ; mais cette joie était loin d'être complète, car le fond de son cœur était troublé par bien des choses et surtout par le pressentiment de la régence. Plus elle se penchait hors de la fenêtre pour se montrer, plus elle voyait les scènes révoltantes que le jour naissant n'éclairait que trop : l'effroi rentrait dans son cœur à mesure qu'il lui devenait plus nécessaire de paraître calme et confiante, et son âme s'attristait de l'enjouement de ses paroles et de son visage. Exposée à tous ces regards, elle se sentait femme, et frémissait en voyant ce peuple qu'elle aurait peut-être bientôt à gouverner, et qui savait déjà demander la mort de quelqu'un et appeler ses Reines.

Elle salua donc.

Cent cinquante ans après, ce salut a été répété par une autre princesse, comme elle née du sang d'Autriche, et Reine de France. La monarchie, sans base, telle que Richelieu l'avait faite, naquit et mourut entre ces deux comparutions.

Enfin, la princesse fit refermer ses fenêtres et se hâta de congédier sa suite timide. Les épais rideaux retombèrent sur les vitres bariolées, et la chambre ne fut plus éclairée par un jour qui lui était odieux; de gros flambeaux de cire blanche brûlaient dans les candélabres en forme de bras d'or qui sortaient des tapisseries encadrées et fleurdelisées dont le mur était garni. Elle voulut rester seule avec Marie de Mantoue, et, rentrée avec elle dans l'enceinte que formait la balustrade royale, elle tomba assise sur son lit, fatiguée de son courage et de ses sourires, et se mit à fondre en larmes, le front appuyé contre son oreiller. Marie, à genoux sur le marchepied de velours, tenait l'une de ses mains dans les siennes, et, sans oser parler la première, y appuyait sa tête en tremblant; car, jusque-là, jamais on n'avait vu une larme dans les yeux de la Reine.

Elles restèrent ainsi pendant quelques minutes. Après quoi la princesse, se soulevant péniblement, lui parla ainsi :

« Ne t'afflige pas, mon enfant, laisse-moi pleurer; cela fait tant de bien quand on règne ! Si tu pries Dieu pour moi, demande-lui qu'il me donne la force de ne pas haïr l'ennemi qui me poursuit partout, et qui perdra la famille royale de France et la monarchie par son ambition demesurée; je le reconnais encore dans ce qui vient de se passer, je le vois dans ces tumultueuses révoltes.

— Eh quoi? madame, n'est-il pas à Narbonne? car c'est le Cardinal dont vous parlez, sans doute? et n'avez-vous pas entendu que ces cris étaient pour vous et contre lui?

— Oui, mon amie, il est à trois cents lieues de nous, mais son génie fatal veille à cette porte. Si ces cris ont été jetés, c'est qu'il les a permis; si ces hommes se sont assemblés, c'est qu'ils n'ont pas atteint l'heure qu'il a marquée pour les perdre. Crois-moi, je le connais, et j'ai payé cher la science de cette âme perverse; il m'en a coûté toute la puissance de mon rang, les plaisirs de mon âge, les affections de ma famille, et jusqu'au cœur de mon mari; il m'a isolée du monde entier; il m'enferme à présent dans une barrière d'honneurs et de respects; et naguère il a osé, au scandale de la France entière, me mettre en accusation moi-même; on a visité mes papiers, on m'a interrogée; on m'a fait signer que j'étais coupable et demander pardon au Roi d'une faute que j'ignorais; enfin, j'ai dû au dévouement et à la prison, peut-être éternelle, d'un fidèle domestique [1], la conservation de cette cassette que tu m'as sauvée. Je vois dans tes regards que tu me crois trop effrayée; mais ne t'y trompe pas, comme toute la cour le fait à présent, ma chère fille; sois sûre que cet homme est partout, et qu'il sait jusqu'à nos pensées.

— Quoi! madame, saurait-il tout ce qu'ont crié ces gens sous vos fenêtres et le nom de ceux qui les envoient?

— Oui, sans doute, il le sait d'avance ou le prévoit; il le permet, il l'autorise, pour me compromettre aux yeux du Roi et le tenir éternellement séparé de moi; il veut achever de m'humilier.

---

1. Il se nommait Laporte. Ni la crainte des supplices, ni l'espoir de l'or du Cardinal ne lui arrachèrent un mot des secrets de la Reine.

— Mais cependant le Roi ne l'aime plus depuis deux ans: c'est un autre qu'il aime. »

La Reine sourit; elle contempla quelques instants en silence les traits naïfs et purs de la belle Marie, et son regard plein de candeur qui se levait sur elle languissamment; elle écarta les boucles noires qui voilaient ce beau front, et parut reposer ses yeux et son âme en voyant cette innocence ravissante exprimée sur un visage si beau; elle baisa sa joue et reprit :

« Tu ne soupçonnes pas, pauvre ange, une triste vérité; c'est que le Roi n'aime personne, et que ceux qui paraissent le plus en faveur sont les plus près d'être abandonnés par lui et jetés à celui qui engloutit et dévore tout.

— Ah! mon Dieu! que me dites-vous?

— Sais-tu combien il en a perdu? poursuivit la Reine d'une voix plus basse, et regardant ses yeux comme pour y lire toute sa pensée et y faire entrer la sienne; sais-tu la fin de ses favoris? T'a-t-on conté l'exil de Baradas, celui de Saint-Simon, le couvent de Mlle de La Fayette, la honte de Mme de Hautefort, la mort de M. de Chalais, un enfant, le plus jeune et le premier de tous ceux qui furent suppliciés, proscrits ou empoisonnés, tous ont disparu sous son souffle, par un seul ordre de Richelieu à son maître, et, sans cette faveur que tu prends pour de l'amitié, leur vie eût été paisible; mais cette faveur est mortelle, c'est un poison. Tiens, vois cette tapisserie qui représente Sémélé; les favoris de Louis XIII ressemblent à cette femme : son attachement dévore comme ce feu qui l'éblouit et la brûle. »

Mais la jeune duchesse n'était plus en état d'entendre la Reine; elle continuait à fixer sur elle de grands yeux noirs, qu'un voile de larmes obscurcissait; ses mains tremblaient dans celles d'Anne d'Autriche, et une agitation convulsive faisait frémir ses lèvres.

— « Je suis bien cruelle, n'est-ce pas, Marie? poursuivit la Reine avec une voix d'une douceur extrême et en la caressant comme un enfant dont on veut tirer un aveu; oh! oui, sans doute, je suis bien méchante, notre cœur est bien gros; vous n'en pouvez plus, mon enfant. Allons, parlez-moi; où en êtes-vous avec M. de Cinq-Mars? »

A ce mot, la douleur se fit un passage, et, toujours à genoux aux pieds de la Reine, Marie versa à son tour sur le sein de cette bonne princesse un déluge de pleurs avec des sanglots enfantins et des mouvements si violents dans sa tête et ses belles épaules, qu'il semblait que son cœur dût se briser. La Reine attendit longtemps la fin de ce premier mouvement en la berçant dans ses bras comme pour apaiser sa douleur, et répétant souvent : « Ma fille, allons, ma fille, ne t'afflige pas ainsi !

— Ah ! madame, s'écria-t-elle, je suis bien coupable envers vous; mais je n'ai pas compté sur ce cœur-là ! J'ai eu bien tort, j'en serai peut-être bien punie ! Mais, hélas ! comment aurais-je osé vous parler, madame ? Ce n'était pas d'ouvrir mon âme qui m'était difficile; c'était de vous avouer que j'avais besoin d'y faire lire. »

La Reine réfléchit un moment, comme pour rentrer en elle-même, en mettant son doigt sur ses lèvres.

— « Vous avez raison, reprit-elle ensuite, vous avez bien raison, c'est toujours le premier mot qu'il est difficile de nous dire, et cela nous perd souvent : mais il le faut, et, sans cette étiquette, on serait bien près de manquer de dignité ! Ah ! qu'il est difficile de régner ! Aujourd'hui, voilà que je veux descendre dans votre cœur; et j'arrive trop tard pour vous faire du bien. »

Marie de Mantoue baissa la tête sans répondre.

— « Faut-il vous encourager à parler ? reprit la Reine; faut-il vous rappeler que je vous ai presque adoptée comme ma fille aînée; qu'après avoir cherché à vous faire épouser le frère du Roi je vous préparais le trône de Pologne ? Faut-il plus, Marie ? Oui, il faut plus; je le ferai pour toi : si ensuite tu ne me fais pas connaître tout ton cœur, je t'ai mal jugée. Ouvre de ta main cette cassette d'or : voici la clef; ouvre-la hardiment, ne tremble pas comme moi. »

La duchesse de Mantoue obéit en hésitant, et vit dans ce petit coffre ciselé un couteau d'une forme grossière dont la poignée était de fer et la lame très rouillée; il était posé sur quelques lettres ployées avec soin, sur lesquelles était le nom de Buckingham. Elle voulut les soulever, Anne d'Autriche l'arrêta.

— « Ne cherche pas autre chose, lui dit-elle; c'est là tout le trésor de la Reine... C'en est un, car c'est le sang d'un homme qui ne vit plus, mais qui a vécu pour moi : il était le plus beau, le plus brave, le plus illustre des grands de l'Europe; il se couvrit des diamants de la couronne d'Angleterre pour me plaire; il fit naître une guerre sanglante et arma des flottes, qu'il commanda lui-même, pour le bonheur de combattre une fois celui qui était mon mari; il traversa les mers pour cueillir une fleur sur laquelle j'avais marché, et courut le risque de la mort pour baiser et tremper de larmes les pieds de ce lit, en présence de deux femmes de ma cour. Dirai-je plus? oui, je te le dis à toi, je l'ai aimé, je l'aime encore dans le passé plus qu'on ne peut aimer d'amour. Eh bien, il ne l'a jamais su, jamais deviné : ce visage, ces yeux, ont été de marbre pour lui, tandis que mon cœur brûlait et se brisait de douleur ; mais j'étais Reine de France... »

Ici Anne d'Autriche serra fortement le bras de Marie.

— « Ose te plaindre à présent, continua-t-elle, si tu n'as pas pu me parler d'amour ; et ose te taire quand je viens de te dire de telles choses !

— Ah ! oui, madame, j'oserai vous confier ma douleur, puisque vous êtes pour moi...

— Une amie, une femme, interrompit la Reine ; j'ai été femme par mon effroi, qui t'a fait savoir un secret inconnu au monde entier ; j'ai été femme, tu le vois, par un amour qui survit à l'homme que j'aimais... Parle, parle-moi, il est temps...

— Il n'est plus temps, au contraire, reprit Marie avec un sourire forcé ; M. de Cinq-Mars et moi nous sommes unis pour toujours.

— Pour toujours ! s'écria la Reine ; y pensez-vous ? et votre rang, votre nom, votre avenir, tout est-il perdu ? Réserveriez-vous ce désespoir à votre frère le duc de Rethel et à tous les Gonzague ?

— Depuis plus de quatre ans j'y pense et j'y suis résolue ; et depuis dix jours nous sommes fiancés...

— Fiancés ! s'écria la Reine en frappant ses

mains; on vous a trompée, Marie. Qui l'eût osé sans l'ordre du Roi? C'est une intrigue que je veux savoir; je suis sûre qu'on vous a entraînée et trompée. »

Marie se recueillit un moment et dit :

« Rien ne fut plus simple, madame, que mon attachement. J'habitais, vous le savez, le vieux château de Chaumont, chez la maréchale d'Effiat, mère de M. de Cinq-Mars. Je m'y étais retirée pour pleurer mon père, et bientôt il arriva qu'il eut lui-même à regretter le sien. Dans cette nombreuse famille affligée, je ne vis que sa douleur qui fût aussi profonde que la mienne; tout ce qu'il disait, je l'avais déjà pensé; et lorsque nous vînmes à nous parler de nos peines, nous les trouvâmes toutes semblables. Comme j'avais été la première malheureuse, je me connaissais mieux en tristesse, et j'essayais de le consoler en lui disant ce que j'avais souffert, de sorte qu'en me plaignant il s'oublia. Ce fut le commencement de notre amour, qui, vous le voyez, naquit presque entre deux tombeaux.

— Dieu veuille, ma chère, qu'il ait une fin heureuse! dit la Reine.

— Je l'espère, madame, puisque vous priez pour moi, poursuivit Marie; d'ailleurs, tout me sourit à présent; mais alors j'étais bien malheureuse! La nouvelle arriva un jour au château que le Cardinal appelait M. de Cinq-Mars à l'armée ; il me sembla que l'on m'enlevait encore un des miens, et pourtant nous étions étrangers. Mais M. de Bassompierre ne cessait de parler de batailles et de mort ; je me retirais chaque soir toute troublée, et je pleurais dans la nuit. Je crus d'abord que mes larmes coulaient encore pour le passé ; mais je m'aperçus que c'était pour l'avenir, et je sentis bien que ce ne pouvait plus être les mêmes pleurs, puisque je désirais les cacher.

Quelque temps se passa dans l'attente de ce départ ; je le voyais tous les jours, et je le plaignais de partir, parce qu'il me disait à chaque instant qu'il aurait voulu vivre éternellement, comme dans ce temps-là, dans son pays et avec nous. Il fut ainsi sans ambition jusqu'au jour de son départ, parce qu'il ne savait pas s'il était... je n'ose dire à Votre Majesté... »

Marie, rougissant, baissait des yeux humides en souriant...

— « Allons, dit la Reine, s'il était aimé, n'est-ce pas ?

— Et le soir, madame, il partit ambitieux.

— On s'en est aperçu, en effet. Mais enfin il partit, dit Anne d'Autriche, soulagée d'un peu d'inquiétude ; mais il est revenu depuis deux ans, et vous l'avez vu ?...

— Rarement, madame, dit la jeune duchesse

avec un peu de fierté, et toujours dans une église et en présence d'un prêtre, devant qui j'ai promis de n'être qu'à M. de Cinq-Mars.

— Est-ce bien là un mariage ? a-t-on bien osé le faire ? je m'en informerai. Mais, bon Dieu ! que de fautes, que de fautes, mon enfant, dans le peu de mots que j'entends ! Laissez-moi y rêver. »

Et, se parlant tout haut à elle-même, la Reine poursuivit, les yeux et la tête baissés, dans l'attitude de la réflexion :

« Les reproches sont inutiles et cruels si le mal est fait : le passé n'est plus à nous, pensons au reste du temps. Cinq-Mars est bien par lui-même, brave, spirituel, profond même dans ses idées ; je l'ai observé, il a fait en deux ans bien du chemin, et je vois que c'était pour Marie... Il se conduit bien ; il est digne, oui, il est digne d'elle à mes yeux ; mais, à ceux de l'Europe, non. Il faut qu'il s'élève davantage encore : la princesse de Mantoue ne peut pas avoir épousé moins qu'un prince. Il faudrait qu'il le fût. Pour moi, je n'y peux rien ; je ne suis point la Reine, je suis la femme négligée du Roi. Il n'y a que le Cardinal, l'éternel Cardinal... et il est son ennemi, et peut-être cette émeute...

— Hélas ! c'est le commencement de la guerre entre eux, je l'ai trop vu tout à l'heure.

— Il est donc perdu ! s'écria la Reine en embrassant Marie. Pardon, mon enfant, je te déchire le cœur; mais nous devons tout voir et tout dire aujourd'hui; oui, il est perdu s'il ne renverse lui-même ce méchant homme, car le Roi n'y renoncera pas; la force seule...

— Il le renversera, madame; il le fera si vous l'aidez. Vous êtes comme la divinité de la France; oh! je vous en conjure! protégez l'ange contre le démon; c'est votre cause, celle de votre royale famille, celle de toute votre nation... »

La Reine sourit.

— « C'est ta cause surtout, ma fille, n'est-il pas vrai ? et c'est comme telle que je l'embrasserai de tout mon pouvoir; il n'est pas grand, je te l'ai dit; mais, tel qu'il est, je te le prête tout entier : pourvu cependant que cet *ange* ne descende pas jusqu'à des péchés mortels, ajouta-t-elle avec un regard plein de finesse; j'ai entendu prononcer son nom cette nuit par des voix bien indignes de lui.

— Oh! madame, je jurerais qu'il n'en savait rien!

— Ah! mon enfant, ne parlons pas d'affaires d'État, tu n'es pas bien savante encore; laisse-moi dormir un peu, si je le puis, avant l'heure de ma toilette; j'ai les yeux bien brûlants, et toi aussi peut-être. »

En disant ces mots, l'aimable Reine pencha

sa tête sur son oreiller qui couvrait la cassette, et bientôt Marie la vit s'endormir à force de fatigue. Elle se leva alors, et, s'asseyant sur un grand fauteuil de tapisserie à bras et de forme carrée, joignit les mains sur ses genoux et se mit à rêver à sa situation douloureuse : consolée par l'aspect de sa douce protectrice, elle reportait souvent ses yeux sur elle pour surveiller son sommeil, et lui envoyait, en secret, toutes les bénédictions que l'amour prodigue toujours à ceux qui le protègent ; baisant quelquefois les boucles de ses cheveux blonds, comme si, par ce baiser, elle eût dû lui glisser dans l'âme toutes les pensées favorables à sa pensée continuelle.

Le sommeil de la Reine se prolongeait, et Marie pensait et pleurait. Cependant elle se souvint qu'à dix heures elle devait paraître à la toilette royale devant toute la cour ; elle voulut cesser de réfléchir pour arrêter ses larmes, et prit un gros volume in-folio placé sur une table marquetée d'émail et de médaillons : c'était l'*Astrée* de M. *d'Urfé,* ouvrage *de belle galanterie,* adoré des belles prudes de la cour. L'esprit naïf, mais juste, de Marie ne put entrer dans ces amours pastorales ; elle était trop simple pour comprendre les bergers du Lignon, trop spirituelle pour se plaire à leurs discours, et trop passionnée pour sentir leur tendresse. Cependant la grande vogue de ce roman lui en imposait tellement qu'elle voulut se forcer à y prendre intérêt, et, s'accusant intérieurement chaque fois qu'elle éprouvait l'ennui qu'exhalaient les pages de son livre, elle le parcourut avec impatience pour trouver ce qui devait lui plaire et la transporter : une gravure l'arrêta; elle représentait la bergère Astrée avec des talons hauts, un corset et un immense *vertugadin,* s'élevant sur la pointe du pied pour regarder passer dans le fleuve le tendre Céladon, qui se noyait du désespoir d'avoir été reçu un peu froidement dans la matinée. Sans se rendre compte des motifs de son dégoût et des faussetés accumulées de ce tableau, elle chercha, en faisant rouler les pages sous son pouce, un mot qui fixât son attention; elle vit celui de *druide.* — Ah! voilà un grand caractère, se dit-elle; je vais voir sans doute un de ces mystérieux sacrificateurs dont la Bretagne, m'a-t-on dit, conserve encore les pierres levées; mais je le verrai sacrifiant des hommes : ce sera un spectacle d'horreur : cependant lisons.

En se disant cela, Marie lut avec répugnance, en fronçant le sourcil et presque en tremblant, ce qui suit :

« [1] Le druide Adamas appela délicatement

---

1. Lisez l'*Astrée,* s'il est possible.

« les bergers Pimandre, Ligdamont et Clida-
« mant, arrivés tout nouvellement de Calais :
« Cette aventure ne peut finir, leur dit-il, que
« par extrémité d'amour. L'esprit, lorsqu'il
« aime, se transforme en l'objet aimé ; c'est
« pour figurer ceci que mes enchantements
« agréables vous font voir, dans cette fontaine,
« la nymphe Sylvie, que vous aimez tous trois.
« Le grand prêtre Amazis va venir de Mont-
« brison, et vous expliquera la délicatesse de
« cette idée. Allez donc, gentils bergers ; si vos
« désirs sont bien réglés, ils ne vous causeront
« point de tourments ; et, s'ils ne le sont pas,
« vous en serez punis par des évanouissements
« semblables à ceux de Céladon et de la ber-
« gère Galatée, que le volage Hercule aban-
« donna dans les montagnes d'Auvergne, et
« qui donna son nom au tendre pays des
« Gaules ; ou bien encore vous serez lapidés
« par les bergères du Lignon, comme le fut le
« farouche Amidor. La grande nymphe de cet
« antre a fait un enchantement... »

L'enchantement de la *grande nymphe* fut
complet sur la princesse, qui eut à peine assez
de force pour chercher d'une main défaillante,
vers la fin du livre, que le druide Adamas était
une *ingénieuse allégorie,* figurant le lieutenant
général de *Montbrison, de la famille des Papon;*
ses yeux fatigués se fermèrent, et le gros livre

glissa sur sa robe jusqu'au coussin de velours où s'appuyaient ses pieds, et où reposèrent mollement la belle Astrée et le galant Céladon, moins immobiles que Marie de Mantoue, vaincue par eux et profondément endormie.

FIN DU TOME PREMIER

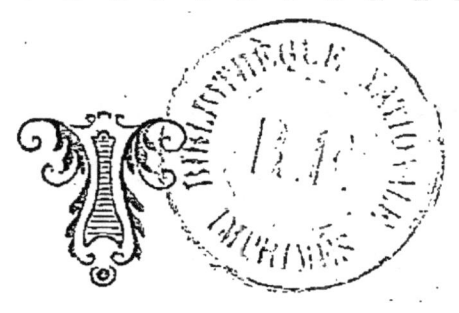

TABLE

Pages.

RÉFLEXIONS SUR LA VÉRITÉ DANS L'ART.   1

CINQ-MARS

CHAPITRE I.	— Les Adieux	17
— II.	— La Rue	51
— III.	— Le Bon Prêtre	68
— IV.	— Le Procès	87
— V.	— Le Martyre	104
— VI.	— Le Songe	120
— VII.	— Le Cabinet	135
— VIII.	— L'Entrevue	171
— IX.	— Le Siège	192
— X.	— Les Récompenses	213
— XI.	— Les Méprises	233
— XII.	— La Veillée	251
— XIII.	— L'Espagnol	278
— XIV.	— L'Émeute	296
— XV.	— L'Alcôve	321

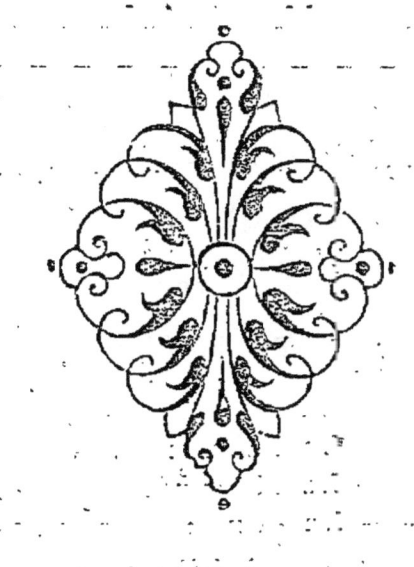

Achevé d'imprimer
Le premier juillet mil huit cent quatre-vingt-trois
PAR CH. UNSINGER
POUR
ALPHONSE LEMERRE, ÉDITEUR
A PARIS

PETITE BIBLIOTHÈQUE LITTÉRAIRE
(AUTEURS ANCIENS)

Volumes petit in-12 (format des Elzévirs)
imprimés sur papier de Hollande.
Chaque volume 5 fr.

Chaque ouvrage est orné d'un portrait-frontispice gravé à l'eau-forte.

LA FONTAINE. *Fables*, avec une notice et des notes par A. PAULY. 2 volumes (épuisé).

LA FONTAINE. *Contes*, avec des notes par A. PAULY. 2 volumes (épuisé).

RÉGNIER. *Œuvres complètes*, publiées par E. COURBET. 1 vol. (épuisé).

LA ROCHEFOUCAULD, textes de 1665 et de 1678, publiés par CH. ROYER. 1 volume (épuisé).

MANON LESCAUT. 1 volume (épuisé).
6 Eaux-fortes d'après GRAVELOT et PASQUIER, pour illustrer *Manon Lescaut* . . . . 12 fr.

BEAUMARCHAIS. *Théâtre*. (Le Barbier de Séville). 1 vol. (épuisé).
— — (Le Mariage de Figaro). 1 vol. (épuisé).

DAPHNIS ET CHLOÉ, avec notice par E. CHARAVAY. 1 volume (épuisé).

7 Eaux-fortes d'après les dessins de PRUD'HON pour illustrer *Daphnis et Chloé*, gravées par BOILVIN. 10 fr.

ŒUVRES COMPLÈTES DE MOLIÈRE, avec notice et notes par A. PAULY, 8 vol. (épuisé).

35 Eaux-fortes d'après BOUCHER, pour illustrer les *Œuvres de Molière* . . . . 40 fr.

ARIOSTE. *Roland furieux*. Traduction nouvelle par FRANCISQUE REYNARD, 4 vol. Chaque vol. 5 fr.

BERNARDIN DE SAINT-PIERRE. *Paul et Virginie*, avec une préface et des notes par ANATOLE FRANCE. 1 volume . . . . 5 fr.

7 Eaux-fortes pour illustrer *Paul et Virginie*, dessinées et gravées par ED. HÉDOUIN . . . . 15 fr.

BOILEAU. Œuvres avec notice et notes par A. PAULY. 2 volumes . . . . 10 fr.

7 Eaux-fortes d'après COCHIN, gravées par MONZIÈS, pour illustrer les *Œuvres de Boileau* . . . 10 fr.

DANTE. *La Divine Comédie*, traduction nouvelle par FRANCISQUE REYNARD. 2 volumes . . . . . 10 fr.

PARIS. — UNSINGER, imprimeur, rue du Bac, 85.

www.ingramcontent.com/pod-product-compliance
Lightning Source LLC
Chambersburg PA
CBHW050733170426
43202CB00013B/2272